"十三五"职业教育部委级规划教材

国际贸易实务

徐龙志　左武荣　主　编
黄亦薇　许留芳　副主编

中国纺织出版社

内 容 提 要

本书共分为四个项目，即交易前准备、交易磋商、合同签订、合同履行，每个项目又分为若干个任务，共 16 项任务。

本书为国际贸易相关专业的基础教材，同时也可供物流管理、市场营销等其他经济管理类专业科研人员参考。

图书在版编目（CIP）数据

国际贸易实务/徐龙志，左武荣主编. --北京：中国纺织出版社，2018.6（2024.1重印）

"十三五"职业教育部委级规划教材

ISBN 978-7-5180-4814-4

Ⅰ. ①国… Ⅱ. ①徐… ②左… Ⅲ. ①国际贸易—贸易实务—高等职业教育—教材 Ⅳ. ①F740.4

中国版本图书馆 CIP 数据核字（2018）第 056720 号

策划编辑：范雨昕 孔会云 责任编辑：范雨昕
责任校对：寇晨晨 责任设计：何 建 责任印制：何 建

中国纺织出版社出版发行
地址：北京市朝阳区百子湾东里 A407 号楼 邮政编码：100124
销售电话：010—67004422 传真：010—87155801
http://www.c-textilep.com
中国纺织出版社天猫旗舰店
官方微博 http://weibo.com/2119887771
北京虎彩文化传播有限公司印刷 各地新华书店经销
2024年1月第5次印刷
开本：787×1092 1/16 印张：13.75
字数：318 千字 定价：58.00 元

凡购本书，如有缺页、倒页、脱页，由本社图书营销中心调换

前言

Preface

　　2008 年世界性的金融危机爆发以来，世界经济与国际贸易出现了周期性的复苏。但与此同时，贸易保护主义抬头，发达经济体经济政策的不确定等因素出现，国际贸易的发展仍面临着诸多困难。从而，外贸企业发展面临新的情境，其对外贸人才的需求出现了新的要求。为适应这些情形，结合高职高专新的教学要求，编者依据国际贸易操作实践及最新的国际贸易惯例编写了本书。

　　教材以实际外贸操作过程项目为载体，遵循学生职业能力培养的基本规律，将项目划分为若干个学习性工作任务来完成。根据完成职业岗位实际工作任务所需要的知识、能力、素质要求，精选教学内容，并融入外销员、跟单员、单证员等职业资格鉴定标准。以实用技能为主，以培养学生的技能应用能力为目的，基于工作过程导向，整合、序化、重构教学内容，使教学内容更贴近外贸操作实际，让学生在完成任务的过程中，学会外贸操作中的交易前准备工作、交易磋商、合同的签订、合同的履行以及业务善后等一系列操作技能。这种融教、学、做为一体，理实一体化的教材内容设计，更能激发学生的学习积极性和兴趣，为学生毕业就业和可持续发展奠定良好的基础。

　　1. 本书以"工作岗位导向，项目操作引领"的方式重构编写体例和重塑教学内容。本书采用"工作岗位导向，项目操作引领"的工学结合模式作为编写思路，其特色是通过解析对外贸易岗位人才的能力素质要求，重构了以真实贸易业务为背景的操作流程及各流程下需完成的任务。本书共分为四个项目，包含 16 项任务即:交易前准备、交易磋商、合同的签订、合同的履行。

　　为加强学生对外贸操作流程的直观认识，本书以一位刚从事外贸业务的外贸业务员开展的第一笔交易为基础，将外贸知识嵌入交易的履行过程中去。本书中的每个项目首先给出了相应"项目目标"，即在本项目中这位外贸业务员要完成的工作要求，包括知识、技能、素质目标；其次，以该业务员所在岗位面临的各种操作流程作为"项目导入"；再次，以各任务的学习作为"项目实施"；然后，对该项目进行"项目小结"；最后，通过知识运用、案例分析、规则练习、技能实训、情景接力训练五个方面进行"项目评价"。这样既巩固了知识点，也锻炼了职业技能，形成了真实情境下的"实践指导学习"的新型教学模式。

　　2. 常州纺织服装职业技术学院"国际经济与贸易"，是江苏省重点专业群"现代纺织贸易专业群"的引领专业，也是江苏省高水平骨干专业以及校级品牌专业。在该专业的建设过程中，建设团队对实践性教学做了全新探索，并进行了一系列的教学改革。其中组织团队进行核心课程的教材改革是一项重要内容，也为"国际贸易实务"课程的进一步发展奠定了坚实的基础。

3. 该书是校企合作共同开发的教材。该书得到了多位外贸企业一线专家的指导，他们熟悉外贸企业的运作流程，更了解具体的外贸工作岗位任务，他们的指导使本书更适应外贸岗位的需要。其中，特别感谢常州都源服饰有限公司都晓江经理、常州大华进出口（集团）外贸经理彭飞为本书提供了丰富的素材和宝贵建议。

本书由徐龙志、左武荣主编，黄亦薇、许留芳副主编。具体编写分工为：徐龙志编写项目一、项目二、项目三的任务一、项目四；左武荣编写项目三中的任务二、任务三；许留芳编写项目三的任务四、任务五；黄亦薇编写项目三的任务六、任务七。

本书在编写过程中参考了同类教材和相关资料，在此向相关作者表示诚挚的谢意。

由于编者水平有限，加之编写时间仓促，书中疏漏与不妥之处在所难免，敬请广大读者批评指正。

编者

2017 年 10 月

目录
Contents

项目一　交易前准备

知识目标

（1）了解国际贸易中涉及的当事人。

（2）熟悉进出口业务的一般程序。

技能目标

能说出一笔完整进出口贸易的基本程序。

素质目标

在学习和生活中学会做好规划，按照规划中的步骤和程序做事。

学习重点和难点

出口业务一般程序。

项目导入

　　小李从某高等职业技术学院毕业后到某外贸公司应聘业务员，公司安排小李到业务部试岗，业务部经理给了小李三个月的试用期，小李的目标就是在三个月的试用期内达到公司对自己的要求，并顺利转正。

　　小李为了达到业务部的工作要求，一方面在公司的岗前培训中努力学习；另一方面仔细观察，并虚心向有经验的同事请教，同时分析整理出自己在实习期间应该完成的工作任务：

　　任务一：通晓国际贸易的特点及风险。

　　任务二：熟悉国际贸易中的当事人。

　　任务三：熟悉公司进出口业务的流程。

项目实施

任务一　通晓国际贸易的特点及风险

※任务目标

　　能说出国际贸易中存在哪些风险，如何规避相关风险。

※任务详解

一、国际贸易的特点

　　国际贸易的最大特点是跨国。因为跨越国界，所以国际贸易比国内贸易复杂。与国内贸易相比，国际贸易具有线长、面广、环节多、难度大、变化快的特点。国际贸易的特点具体表现为：

（1）交易双方处在不同国家和地区，在洽谈交易和履约的过程中，涉及不同的法律、制度、政策措施、惯例和习惯做法等，由于情况错综复杂，稍有疏忽就可能影响经济利益的顺利实现。

（2）国际贸易的中间环节多，涉及面广。除交易双方当事人外，还涉及商检、运输、保险、金融、海关等部门以及各种中间商和代理商。如果某个环节出了问题，就会影响整笔交易的正常进行，并有可能引起法律上的纠纷；另外，在国际贸易中，交易双方的成交量通常都比较大，而且交易的商品在运输过程中可能遭受各种自然灾害、意外事故和其他外来风险，所以通常还需要办理各种保险，以避免或减少经济损失。

（3）国际市场广阔，交易双方相距遥远，加之国际贸易从业机构和人员情况复杂，故容易产生欺诈活动，稍有不慎，就可能上当受骗，货款两空，从而蒙受严重的经济损失。

（4）国际贸易易受经济形势和其他客观条件变化的影响，尤其在当前国际局势动荡不定，国际市场竞争和贸易摩擦愈演愈烈以及国际市场汇率经常浮动和货价瞬息万变的情况下，国际贸易的不稳定性更为明显，从事国际贸易的难度也更大。

二、国际货物贸易的风险

买卖双方都希望从交易中获利并尽可能面临最小的风险。尽管在交易中，双方已经尽了自己的努力，也会面临一些意想不到或无法回避的风险。国际贸易人员首先要了解在贸易中会有哪些风险，然后就要在学习和实践中逐步掌握控制风险发生或降低风险的方法。

（一）交易双方的信用风险

在法律意义上，所谓信用（Credit），是指一种建立在授信人（债权人）对受信人（债务人）偿付承诺的信任基础上，使受信人可以在延期支付的条件下，即时获取商品、服务或货币的能力。信用是现代市场发育的基本条件，守信行为也是确保企业交易正常进行，国家经济健康发展的前提。但是，当授信人授信失当或受信人逃避自己的偿付责任时，信用风险就发生了。信用风险也称为违约风险。

在国际贸易中，如果交易一方没有充分了解另一方的经营情况、财务状况等信息，便向对方提供了商业信用。这时就可能产生信用风险。例如，卖方向买方承诺在收到预付货款后履行发货义务，或是买方向卖方承诺在收到卖方的货物后再履行付款义务，此时，因为只有受信人最了解自己的情况，所以，在受信人的道德缺失、发货或偿付能力出现问题，或者是市场变化不利于受信人时，就有可能出现信用风险。

回避或降低信用风险的方法是加强对市场行情的研究与分析，并通过信用调查选择识别信用良好的客户；其次是对客户信用进行评估、科学地确定信用条件并严格执行信用政策；其三加强对应收账款的监控，一旦发生货款拖欠就应尽早催收。

为了鼓励我国的对外贸易，国内一些保险公司开设了由于进口商商业风险（包括破产、拖欠和拒收）而引起的收汇损失的出口信用险，如果遇到进口方有信誉问题或是进口方无力偿还债务造成的损失，投保有关的保险后可向保险公司索赔，以减少出口商的利益损失。

（二） 货物的运输风险

国际贸易中，货物在从卖方所在地运到买方所在地的整个运输、装卸和储存过程中，可能会遇到各种难以预测和回避的风险致使货物受到损失。为了在货物遇险受损时能得到部分或全部经济补偿，保险对运输业提供了全面的风险分担和补偿功能。

目前国内许多保险公司均可办理国际货物运输保险，作为外贸专业人士，要充分了解保险的基本知识，并在实际业务中综合考虑各方面的因素。如货物性质和特点、包装情况、运输情况等。在投保时做到合理、有利、防范风险于未然。需要说明的是：保险只是转移和分散了风险，保险人在索赔过程中所花费的人力、物力也是不小的代价，所以，外贸人员还是要提高预防运输风险的意识。例如，尽量选择实力强、信誉好的运输公司，在安排装卸过程中增强有关人员的责任感。

（三） 汇率波动的风险

在国际交易中，对商品和服务的支付常涉及不止一个国家的货币。使用哪国货币便成为签订交易合同时的一个重要问题。如果总能以固定不变的价格用买方国家的货币购进或卖出卖方国家的货币就不会有外汇风险的问题了。然而在大多数情况下，各国货币的相对价值是不断变化的。甚至有时是非常不稳定的。

如果在签订合同和进行支付的这段时间内货币价值有了变化，那么这个变化就会给这笔交易的收益带来影响。防范外汇风险的方式有很多，其中最简单的方法便是卖方坚持在支付时使用本国货币。这种策略就是将风险转移至买方；但是，这种方法也许因为得不到买方的认可而变得不可行。所以在需要承担外汇风险时，贸易商会使用多种方式回避或减少损失。这些方法会在国际金融等相关课程中进行详细的讲解。

☞ 技能训练

购物网站上有许多美国iPhone代购店，2015年12月，1美元兑6.2元（指人民币，后同），一部800多美元的iPhone手机，需要多少元？一年后美元升值，2016年12月，1美元兑6.9元，按照此时的汇率，这部手机要花多少元？

（四） 对方国家政治不稳定带来的风险

由于国际贸易中通常都是涉及不同国家之间的交易，特别是在同政治、经济上都不太稳定的国家之间的交易就会带来风险。政局的不稳定会导致贸易政策的变化、外汇转移的限制、某些特定商品进口的限制；此外，货币政策的变化又会导致本国货币币值变化，而暴乱和国内政治的不稳定也会引致商品毁损，这些损失可能不在保险承保范围之内。例如，买卖双方已订立了销售合约，货物也已装运并且完好到达，但不幸的是，货物到达时买方国内发生了巨变。工人罢工损坏了货物，进而买方的付款能力受到了影响；或者是进口国家突然禁止向卖方国家进行款项的支付。当然我们不希望发生这些情况中的任何一种，但是在当今的国际格局中，政治风险发生的可能性还是存在的。所以作为外贸专业人员还要有敏锐的政治头脑，对于与政治高风险地区或国家之间的贸易要有警觉性。

目前，我国保险公司推出的"出口信用险"，可以为出口商承担由于进口国政治风险（包括战争、外汇管制、进口管制和实施延期付款政策等）而引起的收汇损失提供保险。

（五）贸易欺诈风险

欺诈是国际贸易中的一方故意告知对方虚假情况。或者故意隐瞒真实情况，诱使对方做出错误意思表示，并已经或必将造成受欺诈者的财产损害的行为。国际贸易欺诈风险是指由欺诈事故所导致的国际贸易风险。

欺诈性风险是国际贸易中存在的最大风险，它可能发生于国际货物买卖合同、国际货物运输、国际货款结算等贸易的各个不同阶段；其欺诈行为主体可能是进出口商人中的一方或双方，或贸易商与船东共谋，或船东自谋；其欺诈的目标可能是订金、货款、货物、保险金等。由于国际贸易欺诈的贸易标的额通常数额巨大。再加上国际司法救济的难度极大，而且成本极高，所以贸易欺诈会给贸易商或贸易国带来极大的财产损失或社会危害。

国际贸易欺诈通常由高智能、精通国际贸易知识的人所为，所以要想防止欺诈，外贸人员必须提高自身素质。

（六）由于法律体系不同而产生的风险

在国际贸易中，买卖双方还面临着法律风险。由于目前各国法律体系的不同，特别是英美法系与大陆法系国家之间的法律分歧很大，导致贸易中的买卖当事人对合同的条款理解不一致而产生争议，甚至可能由于法律冲突而使当事人有机可乘。尽管联合国国际贸易法委员会在国际贸易合同方面起草了《联合国国际货物销售合同公约》；国际商会在国际结算方面制定了《跟单信用证统一惯例》和《托收统一规则》；在国际货物运输上有《联合国 1978年海上货物运输公约》等国际公约与贸易惯例。但鉴于上述国际公约的缔约国及参加国并没有涵盖所有参与国际贸易的国家和地区，有些国际贸易惯例仍建立在当事人意思自治的基础上。因此，在国际贸易中会不可避免地遇到法律与惯例的适用问题。此外，法律适用的争议还有可能导致增加国际贸易中的法律风险。

从事国际贸易的人员必须要熟悉并掌握各国的法律以及国际贸易方面的公约与惯例，这样才能避免由于法律知识不足带来的贸易损失。合格、优秀的国际贸易人员，不仅必须掌握国际贸易的基本原理、知识、技能与方法，而且还应具有分析和处理实际业务问题的能力，以确保社会经济效益的顺利实现。

任务二　熟悉国际贸易中的当事人

※任务目标

说出国际贸易中涉及哪些当事人及其工作任务。

※任务详解

在国际贸易中，买卖双方经过谈判达成交易合同后，货物从卖方运到买方要历时几个星期或几个月。如果是海洋运输，卖方要将货物经国内运输发至出口港，办理出口结关手续，货物经海运运至目的港口，进入进口国待海关查验、检疫、放行，再经进口国国内运输到达最后目的地最终存储于买方仓库内；此外，买卖双方通过各自所在国的银行付款、收款；如果买卖双方在交易中发生贸易纠纷，还会有律师、公证机构、法院或仲裁机构加入进来。

买方和卖方是交易的核心要素，也是国际贸易的主体。但在国际贸易中，还有许多其他当事人参与到贸易中来。每次交易所涉及的当事人会由于交易目的、交易商品、进出口各国的贸易政策而不同。

一、贸易合同的当事人

按照 1980 年《联合国国际货物销售合同公约》（以下简称《公约》）的要求，货物销售合同的当事人应为双方营业地位于不同缔约国的当事人。如双方的国籍不同，但营业地位于同一个国家，则不适用公约。如果只有一方的营业地位于缔约国也不适用公约。所以，所谓货物买卖具有"国际性"，是指双方当事人为不同国籍，不同营业地，如 A 国企业与 B 国企业之间的贸易；另一种情况是，双方当事人具有相同国籍、营业地不同，如 A 国的企业与该企业设在 B 国的子公司进行货物贸易。但如果双方当事人具有不同国籍，而营业地相同，如具有 A 国国籍的企业与具有 B 国国籍的企业在 C 国所进行的贸易就不是国际货物买卖了。

所谓营业地，是指固定的、永久性的、独立进行营业的场所。例如，一家外国公司在我国设有常驻代表机构，而这家代表机构在法律上实际是外国公司在我国的代理人，它是代表本国公司进行活动。所以，我国某家公司和这家常驻代表签订的货物买卖合同，仍然是国际货物买卖合同。

🖎 技能训练

（1）在 A 国有营业地的美国公司和在 A 国有营业地的中国公司，其订立的货物买卖合同，适用《公约》的规定吗？

（2）在 A 缔约国有营业地的中国公司甲和在 B 缔约国有营业地的中国公司乙订立的货物买卖合同，适用《公约》的规定吗？

通俗来说，在一项交易中，首先要有买方和卖方，因此在国际货物买卖中的当事人主要是指签订货物买卖合同或履行合同的买方和卖方，有时又称买方为"进口商"；卖方为"出口商"。

（一）买方、进口商

国际货物贸易中购买方（Buyer）是指将原材料、零部件、制成品等商品从国外买进来以进一步进行加工制造、装配、转售他人的公司或个人。它们大多是从事生产制造的企业或是从事流通业的商家。进口商（Importer）是特指从国外购入商品后自定价格、自负盈亏在国内销留或专门经营进口业务的商人。

在自由贸易的一些国家或地区，个人或厂商可以直接进行进口贸易，它们可以不受限制地对外签订合约，办理货物的进口和货款的支付。作为贸易中的买方，如果他们可以自己直接办理各项进口业务，那么这时的买方也就是进口商。但是在一些贸易管理比较严格的国家或地区，没有得到对外贸易经营授权的买方按照规定不能直接办理进口手续。如果他们想从国外买进原料或商品，就要委托有进口经营权的人代为办理各项进口业务。这时，进口商代表买方签订进口合同，但实际履行合同责任的还是买方本人。

（二）卖方、出口商

国际贸易中的卖方（Seller）是指从事制造或销售业务的厂商。他们将原材料、零部件、制成品等商品提供给国外买家，有时人们也把卖方称为供货商（Supplier）。大多数的厂商都喜欢进行直接交易，即直接出口，但有时一些规模不大的厂商从事直接贸易就必须有一批具有出口业务常识的从业人员，设置专门处理出口工作的部门。有些规模较大的厂商可能希望进一步扩大销售、开发新市场，也会委托出口代理商作为出口商（Exporter）进行间接出口。

我国有一些专业外贸公司（或进出口公司），它们都具有进出口经营权，可以直接办理各项进口或出口手续，这些公司可以作为进出口商直接从事两国之间或多国之间的贸易。它们也可以受托为国内的企业特别是一些中小企业代理各项进出口事宜。外贸公司或进出口公司作为进出口代理人只可以根据买方或卖方所定的价格购进或卖出，由买方或卖方给予一定的佣金。

由于国际货物贸易的复杂性，在每项交易中除了有买卖双方的参与以外，还会要求有其他的当事人参与进来，才能使交易得以进行。

二、运输方

运输方，通常称为承运人（Carrier），是指在运输合同中承担或取得铁路、公路、海洋、航空、内河运输或多式联运的人。他们负责将货物从一个国家运往另一个国家。在国际贸易中，运输方包括海运公司、航空公司、铁路或公路运输公司、快递公司、物流公司以及它们的代理人。近些年来，这些运输机构不仅提供运输的服务与管理，还对包括保险、包装以及单证、检验、报关等外贸相关环节提供服务或咨询。

三、保险公司

保险公司（Insurer）的职责是根据保险合同使被保险人免受保险范围的风险损失或向被保险人赔偿保险范围内的风险损失。进出口商可以直接或通过保险代理人向保险公司进行投保。

四、银行

国际贸易中的银行（Bank），是指可以处理国际结算有关业务，如汇款、托收和信用证业务的银行。

五、检验机构

检验机构（Inspection Bureau）的业务是为进出口商或进出口国的主管部门提供检验服务。目前，为了保护国内人民的健康、环境与物种的安全、经济的正常运行，大多数国家要求对进出口货物或运输工具实施检验并提供相应的检验证书。

公证机构（Notarization Departmentalism）的职责主要是对进出口单证或文件签署人的签字、身份进行识别或认证。

商会或贸易促进机构也可以向国际贸易商人提供原产地证书以及其他证明文件服务。全球最大的贸易商会是国际商会，我国是国际商会的成员之一。

资料卡

国际商会及国际商会中国国家委员会

国际商会（International Chamber of Commerce，ICC）是世界上重要的民间经贸组织，成立于1919年，总部设在巴黎。其宗旨是：在经济和法律领域里，以有效的行动促进国际贸易和投资的发展。其工作方式为：制定国际经贸领域的规则、惯例并向全世界商界推广；与各国政府以及国际组织对话，以求创造一个利于自由企业、自由贸易、自由竞争的国际环境；促进会员之间的经贸合作，并向全世界商界提供实际的服务等。国际商会通过其下设的十几个专业委员会和数十个工作组，制定许多国际商业领域的规则和惯例。如国际贸易术语、国际贸易结算规则等，为全世界广泛采用。国际商会是联合国的重要对话伙伴，并与其他许多重要的国际组织。如：世界贸易组织、欧盟、经合组织、西方七国集团等，保持着密切的关系，对这些组织制定有关国际商业的政策有着重要的影响。国际商会为广大商界提供的实际服务如仲裁、临时进口单证系统、贸易信息网等，极大地便利了商界的国际经贸实务操作。目前83个国家设有国际商会国家委员会，拥有来自140个国家的8000多家会员公司和会员协会。这些会员多是各国和地区从事国际经贸活动的中坚企业和组织。

1994年11月8日，国际商会在巴黎举行的第168次理事会会议上通过决议，接纳中国加入国际商会并成立国际商会中国国家委员会（ICC CHINA）。1995年1月1日，由中国国际贸易促进委员会（China Council for the Promotion of International Trade，CCPIT，简称中国贸促会）牵头组成的ICC CHINA正式宣告成立。中国贸促会成立于1952年5月，是由中国经济贸易界有代表性的人士、企业和团体组成的全国民间对外经贸组织。

六、领事馆

有些国家规定，在允许货物进口前，有关的单据要由该进口国驻出口国的领事馆（Consulate）或大使馆官员进行认证。通常要求认证的单据是商业发票、海关发票、领事发票等。

七、仲裁机构或法院

在国际交易中出现纠纷是不可避免的。交易各方可以通过非正式的方式来解决纠纷，如果无法做到这一点，就应该采取仲裁（Arbitrate）或诉讼（Litigation）措施保护自己的权利。

此外，大多数的国家都会对进出口贸易进行不同程度的管理。因此，会有相应的管理机构对进出口的货物、服务、进出口商进行管理。这些管理部门包括海关（Customs）、进出口许可（Import or Export License）等机构。它们的主要职责是：执行国家有关进出口和其他方面的法律法规，并在实施过程中控制进出口货物的流向，征收进出口货物关税和有关费用；统计进出口数据；对货物进行检查并核实单证；查禁走私以及违反知识产权的行为。

任务三　了解国际贸易的基本程序

※任务目标

通过学习，了解进出口贸易的基本程序，熟悉各个流程应该掌握的基本工作内容。

※任务详解

国际货物贸易的特点是环节多、战线长、当事人复杂、流程长。以下分别介绍国际货物出口贸易和进口贸易中的主要程序。

一、出口贸易的基本程序

假定我国有一家公司要向国外出口一批产品，这家公司作为贸易中的出口商，应该怎样进行国际货物的买卖呢？从表1-1可以大致看出其贸易的基本流程。

表1-1　出口贸易基本流程

阶段	业务内容	基本当事人	可能当事人
出口前准备	编制出口计划 组织出口货源 调研国外市场 制订商品经营方案	出口商	国内供货商 市场调查机构 驻外使馆 贸促会等
交易磋商	建立业务联系、询盘、发盘、还盘、接受	出口商、进口商	
签订合同	正式签订货物买卖合同或销售确认书	出口商、进口商	
合同履行 （注：以"CIF+海运+信用证"为例）	备货、报检	供货商、商检局	
	审证、改证	出口商、进口商、银行	
	租船订舱	出口商、船公司	货运代理人
	检验、报关后海关放行	出口商、商检局、海关	代理报关行
	办理保险，取得保险单	出口商、保险公司	保险代理人
	装船，取得海运提单	出口商、承运人	货运代理人
	向银行提交单据，银行审单垫付货款	出口商、银行	
	正式收汇后，办理出口退税	出口商、进口商、银行、税务局、外汇管理局	
业务善后	如进口商索赔，办理理赔	出口商、进口商、商检局、船公司、保险公司、公证机构、贸促会等	相关代理人
	如协商不成，提请仲裁或诉讼	出口商、进口商、仲裁庭、法院	律师、公证机构

二、进口贸易的基本程序

假定我国有一家公司要从国外进口一批产品，这家公司作为贸易中的进口商，应该怎样将国外的商品买进来呢？表1-2可以大致描述出一般进口贸易的基本流程。

表1-2 进口贸易基本流程

阶段	业务内容	基本当事人	可能当事人
进口前准备	编制进口计划 选择市场和交易对象 制订商品经营方案	进口商	国内用户、市场调查机构、驻外使馆、贸促会等
交易磋商	建立业务联系、询盘、发盘、还盘、接受	出口商、进口商	
签订合同	正式签订货物买卖合同或购货确认书	出口商、进口商	
合同履行 （注：以"FOB+海运+信用证"为例）	开证	进口商、银行	
	租船订舱、接运货物	出口商、船公司	货运代理人
	投保	进口商、保险公司	
	银行通知付款赎单	进口商、银行	代理报关行
	进口报关	进口商、海关	报关代理
	提货、报验	进口商、承运人、商检局	货运代理人
	收货，如为代理进口，则将货物交用户	进口商、船公司、国内用户	海关、仓储部门
业务善后	如货物验收不合格，进行索赔	出口商、进口商、商检局、船公司、保险公司、公证机构、贸促会等	相关代理人
	如协商不成，提请仲裁或诉讼	出口商、进口商、仲裁庭、法院	律师、公证机构

项目小结

本项目系统地概括了"国际贸易实务"的性质、特点，以及经营国际贸易所必须具备的条件。通过对《国际贸易实务》主要内容的介绍，让我们对《国际贸易实务》的课程体系有了初步的了解。国际贸易的交易程序一般包括交易前的准备阶段、交易磋商阶段、签订合同阶段和履行合同阶段。

项目评价

（一）知识应用

（1）国际货物买卖有哪些特点？

（2）出口交易前的准备工作有哪些？

（3）进出口业务的基本操作程序有哪些？

（4）经营国际贸易必须具备的条件是什么？

（二）规则练习

画出出口贸易的一般程序图。

（三）案例分析

如果甲国 A 公司在乙国设立了一个分公司 B，乙国 C 公司与 A 公司签订了一份来料加工合同，合同规定乙国 C 公司从 A 公司购买机器设备，从 B 公司购得原材料并加工成成品，由 B 公司负责将加工后的成品回购再转卖给 A，然后 A 在国际市场上销售。

请问：根据《联合国国际货物销售合同公约》的规定，这项经贸活动中 A、B、C 三家公司之间的哪些货物贸易是具有国际性的？

（四）技能实训

拟定一份出口商品市场调研计划。

（五）情景接力训练

2017 年 9 月 1 日，张华作为一名实习外贸业务员，进入江苏昌贸进出口公司接受顶岗实习。该公司是一家具有一定规模的专业进出口公司，经营各类纺织服装类产品。该公司新近出口 Polo 衫（Polo Shirt）。上班的第一天，他的部门经理要求他利用互联网搜集有关的商品供求信息，并向潜在的客户发布供货信息。

（1）请根据经理的要求，登录有关的网站查询有关信息。

（2）拟写商品推介信。

项目二 交易磋商

项目目标

*知识目标

（1）了解交易磋商的方式和内容。

（2）通晓国际交易磋商的程序以及各个环节的具体做法。

*技能目标

（1）具备建立业务关系的能力。

（2）具备撰写与客户进行交易磋商信函的能力。

（3）具备拟制合同或销售确认书的能力。

*素质目标

在学习和生活中学会做好规划，按照规划中的步骤和程序做事。

*学习重点和难点

（1）国际货物买卖合同基本知识。

（2）出口业务一般程序。

项目导入

在小李了解并熟悉了国际贸易的基础知识后，公司安排其向德国某公司建立业务联系。之后公司收到了德国公司的回信，经理交给了小李，并让小李针对德国公司的信写一封回信。小李仔细阅读了这封信，其内容为对几种型号衣服的询价。小李对后续工作拟定了以下几个工作任务：

任务一：了解交易磋商中的几个环节。

任务二：建立业务关系。

任务三：交易磋商。

项目实施

任务一 了解交易磋商的方式与内容

※任务目标

通过学习，能通过口头或书面方式进行交易磋商。

※任务详解

交易磋商通常又称做贸易谈判（Business Negotiation），是买卖双方就买卖商品的有关条件进行协商以期达成交易的过程。

一、交易磋商的方式

买卖双方在进行磋商时可以采用多种方式，常见的有口头磋商和书面磋商两种。

（一）口头磋商

口头磋商即面对面谈判。通常适合于交易双方初次进行贸易，或交易内容复杂、条件多的情况。口头谈判比较规范，便于谈判双方就某些问题和难点反复磋商，最后妥协让步，达成一致；同时使谈判双方互相了解，增进感情，产生互惠要求。因此有利于建立长期的伙伴关系。

口头磋商可以是组成谈判班子采用集体谈判的方式，集体谈判一般适合金额巨大，涉及商务、技术、法律等方面谈判内容的合同磋商；或者是一对一的个人谈判，这种方式适合交易简单、金额较少、地位一般的常规贸易。口头磋商一般在商品交易会、博览会、推销人员海外促销等场合使用。另外，它还包括双方通过国际长途电话进行的交易磋商以及用行为表示的方式，如在拍卖市场上的拍卖、购进活动等。

（二）书面磋商

书面磋商一般是指双方通过信函、电报、电传、传真或电子邮件等进行的不见面的间接谈判。书面磋商一般是在有潜在交易意向，已经有过贸易往来，或是需要寻求新的交易对象时采用。

书面磋商已经形成了一定的模式，有关的国际公约或各国的法律对书面磋商也有一定的约定；书面磋商有文字记载作为记录并可以长期保存。此外，书面磋商的费用也比较低。因此，在国际贸易中普遍使用这种方式。

在实际业务中，一般采用其中的一种方式，但有时也可以将两种方式结合起来。

二、交易磋商的内容

交易磋商的目的是为了达成交易、订立合同。因此，交易磋商的内容是围绕合同条款进行的。合同中的各项条款是交易磋商的核心内容。

合同中的各项条款按照在交易中的性质，分为"主要交易条件"和"一般交易条件"。"主要交易条件"包括货物的品名、质量、数量、包装、价格、装运、保险和支付八项内容，它们是合同成立不可缺少的交易条件。"一般交易条件"是指商品的检验、索赔、不可抗力和仲裁四项条款。其主要的作用是保障交易的实施，或是预防争议的发生和解决争议。"一般交易条件"通常印在交易合同的背面，只要对方不提出异议，就不需要逐条协商拟订。因此"一般交易条件"也被称作"背面条款"。当然，如果双方在洽谈时，对方对在合同中已印制的格式条款不接受，那么此时需要另行起草合同条款以改变印刷条款。一般在老客户之间，由于事先已就"一般交易条件"达成协议或形成了一些习惯做法，或者已订立长期的贸易协议等原因，就不一定需要对各项条款——重新协商。当然，并不是说"一般交易条件"不重要，为了提高合同的质量，保证买卖双方的权益，任何一项条款都不容忽视。

任务二　建立业务关系

※任务目标

通过学习，能通过信函的方式建立业务关系。

※任务详解

在国际贸易中，买卖双方业务关系的建立，往往是由贸易一方通过主动向对方写信、发传真或 E-mail 等形式开展，有时也会通过正式的谈判建立。

一、建交信函的内容

建立业务关系是开展出口贸易的基础。出口企业在巩固现有贸易伙伴的同时，应利用各种渠道所获取的信息，通过发送建交业务函的方式努力寻找新的客商，不断拓展国际贸易市场。建立贸易关系的信函通常包含以下内容：

（1）信息来源，即取得对方资料的方法，如通过他人介绍、网上信息等。

（2）说明去函的目的，如扩大交易范围、建立长期业务关系等。

（3）本公司情况，包括公司的营业性质、经营范围、业务能力及公司经营优势等。

（4）产品介绍，在明确对方需求的情况下可选择特定产品进行推荐，不明确对方需求时则可对企业产品具体情况作笼统介绍，必要时可寄送产品样本、产品目录及价格表，供对方参考。

（5）市场状况介绍，可从当前市场动向、消费者购买意愿、市场供需情况、购买力状况等方面进行介绍，提高本公司的声誉，促使对方采取行动。

（6）激励性结尾，表达建立业务合作关系的愿望并期待对方的回音。

资料卡

建交信函的一般用语示范

（1）We've come to know your name and address from the Commercial Counselor's Office of the Chinese Embassy in London.

我们从中国驻伦敦大使馆的商务参赞处得知你们的名字和地址。

（2）By the courtesy of Mr. Black, we are given to understand the name and address of your firm.

承蒙布莱克先生的介绍，我们得知贵公司的名称和地址。

（3）We now avail ourselves of this opportunity to write to you with a view to entering into business relations with you.

现在我们借此机会致函贵公司，希望和贵公司建立业务关系。

（4）Our mutual understanding and cooperation will certainly result in important business.

我们之间的相互了解与合作必将促成今后重要的生意。

（5）Our lines are mainly arts and crafts.

我们经营的商品主要是工艺品。

（6）We have been in this line of business for more than twenty years.

我们经营这类商品已有 20 多年的历史了。

（7）In order to acquaint you with the textiles we handle，we take pleasure in sending you by air our latest catalogue for your perusal.

为了使贵方对我方经营的纺织品有所了解，特航寄我方最新目录，供细阅。

（8）We are looking forward to receiving your earlier reply.

期待您的尽早回复。

二、建交函撰写范例

Dear Sirs,

We have your name and address from the Commercial Office of Chinese Embassy in××. We take this opportunity to write to you with a view to set up friend business relations with you. We are a state-owned company dealing specially with the export of table cloth. We are in a position to accept orders according to the customer's samples. In the customer's samples, request about the assorted pattern, specification and package of the needed goods can he indicated particularly.

In order to give you a general idea of various kinds of the table cloth we are handling. we are airmailing you under separate cover our latest catalogue for your reference. Please let us know immediately if you are interested in our products. We will send you our price list and sample to you as soon as we receive your specific inquiry.

We are looking forward to your early reply.

Yours faithfully

任务三　交易磋商

※任务目标

通过学习，通晓交易磋商的程序，能撰写交易磋商各环节的信函。

※任务详解

在实际业务中，交易磋商的程序一般有询盘（Inquiry）、发盘（Offer）、还盘（Counter

Offer)、接受（Acceptance）四个环节。其中，发盘和接受是达成交易、订立合同必不可少的两个具有法律性的环节。在国际贸易中，买卖双方无论采取口头或书面方式磋商，均需通过发盘和接受达成交易。

一、询盘

（一）询盘的概念

询盘又称邀请发盘，是指交易的一方打算购买或出售某种商品，而向对方询问买卖该商品的有关交易条件，或者就该项交易提出带有保留条件的建议。实践中，询盘的内容可以是只询问价格，也可以询问其他一项或几项交易条件。询盘可由买方发出，也可由卖方发出。

询盘对询盘人和被询盘人均无法律约束力。国际贸易中，询盘常被交易一方用来试探对方对交易的诚意或试探国际市场价格；作为被询盘的一方，在收到对方的询盘后，必须认真对其进行分析，针对不同的询盘目的或背景，做出不同的处理和答复。

（二）询盘时应注意的问题

询盘不是交易磋商的必经步骤，但往往是一笔交易的起点。询盘中，当事人一般需注意以下问题：

（1）询盘的内容不应只限于价格，也应注意询问其他交易条件，如商品的质量、数量、包装和交货期等，争取获得比较全面的交易信息或条件。

（2）询盘对双方均无法律约束力，即买方询价后无购买货物的义务，卖方也无出售货物的责任。但在实际业务中，为了确保企业的商业信誉，同时也出于相互的尊重，当事人应尽量避免只是询价而不购买或不售货，对对方的询价，无论是否出售或购买均应及时处理与答复。

（3）询盘可以同时向一个或几个交易对象发出，但不应在同时期集中做出，以免暴露我方销售或购买意图。

（4）询盘中要注意策略。一般来说，不能过早地透漏自己需要采购的数量，可接受的价格等意图，以免在磋商时处于不利地位。对技术含量较高的机械设备，如果厂商自己可以直接签约的，最好直接向对方生产厂商询盘，供求直接见面，以减少中间环节，这样，既可以节约费用，又可加快磋商进程。

资料卡

询盘函的一般用语示范

买方询盘如：

Interested in northeast soybean please telex CIF London lowest price.

卖方询盘如：

Can supply soybean 1000M/T please bid.

其他内容的询盘如：

Will you please let us have a list of items that are imported by you.

Please let us have information as to the price and quality of the goods.

（三）询盘函撰写范例

We are one of the leading importers of TV sets in the city and are willing to establish business relations with your corporation. For the time being, we are interested in your TV sets details as per our Inquiry Note No. 5678 attached, and will be glad to receive your lowest quotation as soon as possible. We would like to say that if your price is attractive and delivery date is acceptable. We will place a large order with you immediately.

我方为本城最大的电视机进口商之一，欲与贵公司建立业务联系，目前我方对贵公司所产电视机十分感兴趣，我方非常乐见您的报价，详见随函附上的第 5678 号询价单，请尽速答复。如价格合理，装运期可以接受，我方会下大订单。

二、发盘

（一）发盘的概念

发盘也称发价，法律上称为要约。是指交易的一方（发盘人）向另一方（受盘人）购买或出售某种商品的各项交易条件，并表示愿意接受这些交易条件与对方达成交易订立合同的行为。实际业务中，发盘通常由交易一方在收到另一方的询盘后提出，也可在没有对方询盘情况下直接主动提出。发盘一般是由卖方发出的，称为售货发盘（Selling Offer）；但也可以由买方发出，称其为购货发盘（Buying Offer），习惯称为"递盘"（Bid）。

《公约》第 14 条第一款对发盘的解释为："向一个或一个以上特定的人提出的订立合同的建议，如果十分确定并且表明发盘人在得到接受时承受约束的意旨，即构成发盘"。

（二）构成发盘的必备条件

按照法律规定，一项有效的发盘必须具备以下条件：

1. 发盘必须向一个或一个以上特定人发出

所谓"特定的人"，是指在发盘中指明个人姓名或企业名称的受盘人。出口商向国外广泛寄发商品目录，价目表等一般不构成发盘。

2. 发盘的内容必须十分确定

发盘内容应该是完整的、明确的和终局的。"完整"是指货物的各种主要交易条件完备；"明确"是指主要交易条件不能用含糊不清、模棱两可的词句表述；"终局"是指发盘人只能按发盘条件与受盘人订立合同，而无其他保留或限制性条款。如注明"参考价""交货期大约 7 月份""以我方确认为准"，则只能被认为是发盘的邀请。

《公约》规定，在发盘中至少应包括下列三个基本的要素：

（1）应标明货物的名称。

（2）应明示或默示地规定货物的数量或规定计算数量的方法。

（3）应明示或默示地规定货物的价格或规定确定价格的方法。凡包含这三项基本因素的订约建议即可构成一项发盘。如该发盘被对方接受，买卖合同即告成立。

应该注意的是，关于构成一项发盘究竟应包括哪些内容，各国法律规定不尽相同。有些国家的法律要求对合同的主要条件，如品名、品质、数量、包装、价格、交货时间、交货地点以及支付的办法等，都做出完整、明确、肯定的规定，并不得附有任何保留的条件，以使受盘人一旦接受即可签订一项对买卖双方均有约束力的合同。《公约》关于发盘内容的上述规定，只是构成发盘的起码要求。在实际业务中，如发盘的交易条件太少或过于简单，会给合同的履行带来困难，甚至容易引起争议。因此，我们在对外发盘时，最好将品名、品质、数量、包装、价格、交货时间、交货地点和支付办法等主要交易条件一一列明。

3. 表明发盘人受该发盘的约束

这是判断发盘的基本标准。表明发盘人受该发盘的约束的词句一般用"发盘""递盘""订货""报价"等字样表示。

（三）发盘的有效期

在通常情况下，发盘都具体规定一个有效期。作为对方表示接受的时间限制，超过发盘规定的时限，发盘人即不受约束。因此，发盘有效期既是对发盘人的一种限制，也是对发盘人的一种保障。否则，受盘人可无限期等到交易对他完全有利时再表示接受。

如果在发盘中没有对有效期做出明确规定，按国际惯例处理，应理解为在"合理时间"内发盘有效。何谓"合理时间"则需根据具体情况而定。根据《公约》的规定，采用口头发盘时，除发盘人发盘时另有声明外，受盘人只有当场表示接受为有效。其他方式则无确切的标准。一旦发生纠纷具体可由仲裁庭或法庭根据实际情况确定。因此在贸易中最好明确规定发盘的有效期。

资料卡

发盘有效期的规定方法

规定发盘有效期的方式通常有两种：

（1）规定最迟送达发盘人的时间，如"限15日复到有效"。

（2）规定一段接受时间。如"发盘三天有效"。《公约》对这种规定方式起讫时间的计算有下列规定：电传或传真方式应从发出时刻起算；信函则从信上载明的发信日期起算，如信上未载明则从信封上所载日期起算。如果最后一天为发盘人的非营业日而不能送达，则顺延至下一个营业日。

（四）发盘的生效、撤回、撤销和终止

因为发盘是一项要约，它关系到买卖合同是否成立，所以各国法律以及《公约》对发盘的生效、撤回、撤销和终止问题做了十分细致的规定。

1. 发盘的生效

根据《公约》规定，发盘送达受盘人时生效。明确发盘生效时间，具有重要的法律和实践意义。这主要表现在以下两方面：

第一，关系到受盘人能否表示接受。一项发盘只有在送达受盘人时即发盘生效之后，受盘人才能表示接受。

第二，关系到发盘人何时可以撤回发盘或修改其内容。一项发盘，即使是不可撤销的，只要在发盘生效之前，发盘人仍可随时撤回或修改其内容，但撤回通知或更改内容的通知，必须在受盘人收到发盘之前或同时送达受盘人。因为发盘一旦生效，那就不是撤回发盘的问题，而是撤销发盘的问题。

2. 发盘的撤回

发盘人于发盘尚未生效之时，可将其撤回（Withdrawal），即撤回通知应在发盘送达受盘人之前或同时到达。根据《公约》规定，一项发盘（包括注明不可撤销的发盘）在未送达受盘人之前，发盘人可以撤回。在实际业务中，如用信件或电报发出发盘后，发现内容有误或市场发生重大变化，则可用更快速的通信方法如电话、电传、传真，将撤回通知于发盘送达之前或同时送达发盘人。但如果发盘时用电传，当时就送达受盘人，因此也就不存在撤回的问题了。

3. 发盘的撤销

受盘人收到发盘后发盘已生效，在其决定接受之前这段时间内。对于发盘人由于某些特殊原因是否可将发盘撤销（Revocation）各国法律有不同规定。英美法认为，发盘在被接受前可以撤销；大陆法认为，发盘生效后即不得撤销；德国法律明确规定，发盘在发盘有效期内原则上不可撤销；法国法律虽然同意要约可以撤销，但必须承担损害赔偿责任，这实际上还是认为要约在有效期内不可撤销。《公约》对此做出折中的规定：发盘送达受盘人后，在受盘人尚未表示接受前，发盘人将撤销通知送达受盘人，发盘可予撤销。但下列两种情况下的发盘不得撤销：

（1）在发盘中规定了有效期或以其他方式表示该发盘是不可撤销的。

（2）受盘人有理由相信该发盘是不可撤销的，并本着对该发盘的信赖采取了行动（如付出了费用）。这实际上是为了保护受盘人利益，所以实际上《公约》对发盘撤销的规定是很严格的。发盘撤销仅局限于无发盘有效期且受盘人未采取任何行动的情况。

4. 发盘的终止

发盘的终止是指发盘人不再受发盘的约束，受盘人失去了接受该发盘的权利。在以下几种情况下发盘终止：

（1）过了发盘规定的有效时间或合理时间。若口头发盘，受盘人当场未予接受，或离开现场，发盘即失效。

（2）被受盘人拒绝或还盘。受盘人一旦拒绝发盘即失效。如果受盘人拒绝后反悔又表示接受，即使在原发盘的有效期内，合同也不能成立。这时受盘人应做出一项新发盘，由原发盘人予以确认才能使合同关系成立。

（3）发盘人在发盘到达受盘人后但其并未做出接受之前进行有效的撤销。

（4）在发盘接受前，如发盘人破产或失去行为能力，或发生了不可抗力事故（如所在国政府对发盘中的商品发布禁令等），发盘的效力即告终止。

☞ 技能训练

（1）我国某公司向英国某贸易公司出口一批工艺品，我方于周一上午10点以电传方式向英商发盘，公司原定价格为每单位2000英镑CIF伦敦，由于经办人员失误，错报为每单位2000元人民币CIF伦敦。

讨论：如果当天上午12点发现问题，应如何处理？如果第二天上午9点发现问题，而客户未接受，应如何处理？如果在第二天上午9点发现，客户已经接受，应如何处理？

（2）我国某公司接到美国出口商发盘供应核桃仁500公吨，限7日内复到。我公司经调查研究后，于第 5 日做出决定接受该项发盘。但此时外商又发来电传称撤回发盘。请问在此情况下，我公司应怎么办？

（五）发盘函的撰写

1. 撰写内容

发盘因撰写情况或背景不同，在内容、要求上也有所不同。但从总的情况看，其结构一般包括下列内容：

（1）感谢对方来函，明确答复对方来函询问事项。例如，Thank you for your inquiry for…。

（2）阐明交易的条件（品名、规格、数量、包装、价格、装运、支付、保险等）。例如，For the Butterfly Brand sewing machine, the best price is USD79.00 per set FOB Tianjin。

（3）声明发盘有效期或约束条件。例如，In reply we would like to offer, subject to your reply reaching us before…

（4）鼓励对方订货。例如，We hope that you place a trial order with us。

2. 发盘函撰写范例

We thank you for your inquiry of July 10th, asking us to make you a firm offer for black tea. We have sent a letter this morning, offering you 50 metric tons of black tea, at USD×××net per metric ton CFR Shanghai for shipment during November/December subject to your order reaching here by July 30th.

感谢 7 月 10 日所咨询的关于红茶的询价。今晨已经去函，报 50 公吨红茶每公吨×××美元 CFR 上海净价，若 7 月 30 日前收到订单，装运期将为 11 月和 12 月。

三、还盘

（一）还盘的概念

还盘又称还价，在法律上称为反要约，是指受盘人在接到发盘后，不同意或不完全同意发盘人在发盘中提出的条件，为进一步磋商交易对发盘提出的修改意见。

（二）还盘的法律意义

还盘是对发盘的一种拒绝。还盘一经作出，原发盘即失去效力，发盘人不再受其约束。还盘相当于受盘人向原发盘人提出的一项新的发盘，还盘的内容对还盘人具有法律效力。还盘作出后，还盘的一方与原发盘人在地位上发生改变。还盘人由原来的受盘人变成新发盘的发盘人，原发盘人则变成了新发盘的受盘人。新受盘人有权针对还盘内容进行考虑后，接受、拒绝或者再还盘。

在贸易谈判中，一方在发盘中提出的条件与对方能够接受的条件不完全吻合的情况经常发生，特别是在大宗交易中，很少有一方一发盘即被对方无条件全部接受的情况。因此，虽然从法律上讲，还盘并非交易磋商的必经环节，但在实际业务中，还盘的情况还是很多的。有时一项交易须经过还盘、再还盘等多次讨价还价后，才能做成。

（三）还盘函的撰写

国际贸易中，最常见的还盘是买方对卖方发盘价格的还盘。遇到此种还盘时，卖方一般可按以下方法于以处理和答复：

1. 感谢来函但不能接受其还价

例如：Thank you for your fax of June 5th. We regret to say that we cannot accept your counter.

谢谢您6月5日的电传。很抱歉我们不能接受你方的还价。

2. 强调原价格的合理性并陈述理由

例如：Although we are desirous of meeting your requirements, we regret being unable to comply with your request for price reduction. The price we quoted is accurately calculated. We have cut our profit to the minimum.

虽然我们很想满足你方的要求，但很遗憾不能同意你方的降价要求。我们的报价经过准确的计算，已经将利润降到最低了。

四、接受

接受是买方或卖方同意对方在发盘中提出的各项交易条件，并愿按这些条件与对方达成交易、订立合同的一种肯定的表示。

（一）构成有效接受的条件

按《公约》规定，一项有效的接受应符合下列条件：

（1）须由合法的受盘人作出。由第三者作出接受，只能视作一项新的发盘。

（2）必须是无条件的。有条件接受只能视作还盘。

（3）必须在发盘规定的时效内作出。

（4）接受必须表示出来。缄默或不行动不构成接受。

接受的内容应与原发盘相符，也就是说，接受必须是绝对的、毫无保留的，必须像镜子一样照出原发盘的内容，即"镜像规则"。如对发盘条件有添加、变更、限制，则为还盘，例如，"接受，但交货期提前至3月""接受，但支付方式改为D/P"。

☞ **技能训练**

我国某公司于5月20日以电传发盘，并规定"限5月25日复到"。国外客户于5月23日复电至我方，要求将即期信用证改为远期见票后30天。我公司正在研究中，次日又接到对方当天发来的电传，表示无条件接受我5月20日的发盘。问：交易是否达成？

（二）接受的生效与撤回

在接受生效的时间上，英美法采用投邮生效的原则，即接受通知书一经投邮或发出，立即生效；而大陆法采用到达生效的原则，即接受通知书必须到达发盘人时才生效。《公约》采用到达生效原则。因为英美法系的"投邮生效"对发盘人相当不利，接受的函电在邮电途中的风险全部由受盘人承担，这是不合理的。

在接受送达发盘人之前，受盘人将撤回或修改接受的通知送达发盘人，或两者同时送达，则接受可以撤回或修改。接受一旦送达，即告生效，合同成立，受盘人无权单方面撤销或修改其内容。

（三） 有条件接受与逾期接受

1. 有条件接受

接受应该是无条件的。任何对发盘表示接受但对交易条件有所变更或添加的行为，应视为还盘，接受无效。但是《公约》对发盘的交易条件的变更或添改，分为实质性变更和非实质性变更。

受盘人对货物的价格、品质、数量、支付方式、交货时间和地点、一方当事人对另一方当事人的赔偿责任范围或解决争端的办法等条件提出的添加或变更，均为实质性的变更。此种接受，只能视作还盘。

如果所做的变更属于非实质性的交易条件，如"接受，但需附一张原产地证书"。该项修改并未对实质性利益有影响，除非当事人及时对这些变更或添加提出异议，否则该接受有效，合同成立。非实质性变更一般是要求提供重量单、装箱单、商检证等单据，或要求增加提供装船样品或某些单据的份数，要求部分发运等。

2. 逾期接受

超过发盘的有效期才到达的接受，为逾期接受。一般情况下逾期接受无效，视为一项发盘。但《公约》规定，如果发盘人毫不迟延地用口头或书面形式通知受盘人。确认该接受有效，则该逾期接受仍有接受的效力，合同于该接受到达时成立。实际上逾期的接受对原发盘人来说是一项新发盘，原发盘人如果愿意接受，则可以毫不迟延地用口头或书面方式通知原受盘人，愿意承受逾期接受的约束。但这时的合同关系是于接受通知送达原发盘人时成立。如果原发盘人对逾期的接受表示拒绝或不立即发出通知，则该项逾期的接受无效，合同关系不能成立。

☞ 技能训练

我方某出口企业于3月1日向外商发盘，该发盘限5日内复到有效。外商于3月7日回电表示接受，我方立即电告对方其接受有效，并着手备货。两天后，外商来电称其7日电传已超出发盘有效期，属无效接受，认为合同关系不成立。请问外商的做法是否合理，为什么？

（四） 接受函撰写范例

We have received your E-mail of July 29th, 2009. After the consideration, we have pleasure in confirming the following offer and accepting it：

（1）Commodity：CANNED SWEET CORN.

（2）Packing：EXPORTER CARTON.

（3）Specification：3060G * 6TINS/CTN.

（4）Quantity：800CARTONS.

（5）Price：USD14/CARTON FOB GUANGZHOU.

（6）Payment：L/C.

（7）Shipment：in August, 2009.

Please send us a contract and thank you for your cooperation.

Yours sincerely

我们收到你方 2009 年 7 月 29 日来函。经过考虑之后，我们十分高兴地确认并接受以下发盘：

（1）商品：罐装甜玉米。

（2）包装：出口商纸板箱。

（3）规格：3060G×6TINS/CTN。

（4）数量：800 箱。

（5）价格：14 美元每箱 FOB 广州。

（6）结算方式：信用证。

（7）装运：2009 年 8 月。

请寄一份合同给我们，谢谢你们的合作。

此致

项目小结

国际商品贸易合同的订立，必须经过贸易双方就各项交易条件进行磋商后才能达成协议。合同的磋商一般经过询盘、发盘、还盘和接受四个环节。其中发盘和接受是具有法律效力的环节，一方发盘一经对方接受，协议达成，合同即成立。

项目评价

（一）知识应用

（1）交易磋商一般要经过哪些环节？要订立一项合同，哪些环节是不可缺少的？为什么？

（2）发盘在什么情况下失效？

（3）逾期接受在何种情况下仍有接受效力？

（二）规则练习

用《公约》规定解释以下情况：

我方于周一上午 10 点以电子邮件方式向英商发盘，公司原定价格为每单位 2000 英镑 CIF 伦敦。由于经办人员失误，错报为每单位 2000 美元 CIF 伦敦。假设对方工作时间与我方时差 10 小时。

（1）如果当天下午 2 点发现问题，应如何处理？

（2）如果是第二天上午 9 点发现问题，客户尚未接受，应如何处理？

（三）案例分析

（1）我国某进口商收到了英国出口商发来的"报货号 10005 商品 500 打，每打 CIF 伦敦 4 英镑，每 5 打一纸箱，11/12 月装船，限 8 月 10 日复到"的发盘。

问：英国出口商的发盘是不是一项有效的发盘？为什么？

（2）美国 A 供应商 10 月 2 日向我国 B 进口商发盘，以每打 86 美元 CIF 纽约的价格提供全棉男衬衫 500 打，限 10 月 15 日复到有效。我国 B 进口商 10 月 7 日收到。10 月 8 日美国 A 供应商发现问题，向我国 B 进口商发传真要求撤销该发盘。

问：该发盘能否撤销？请说明理由。

（3）我国某公司于 3 月 15 日向美国某公司发盘："现有纯棉男式短袖 T 恤衫 10000 件，每件 FOB 大连 9.8 美元，不可撤销信用证支付，10 月前可供货。" 3 月 20 日，美商来电："接受你方报盘。交货期提前至 8 月底。"

问：双方的合同是否成立？请说明理由。

（4）我国某进出口公司向国外某客商询售某商品，不久我方接到外商发盘，有效期到 7 月 22 日。我于 7 月 24 日用电传表示接受对方的发盘，对方一直没有回信。因该商品供求关系发生变化，价格上涨，8 月 26 日对方突然来电要求我方必须在 8 月 28 日前将货发出，否则，我方将要承担违约责任。

问：我方是否应该发货？为什么？

（5）我国某出口公司向美国纽约 ABC 公司用特快专递作出一项发盘，规定有效期 7 天。特快专递发出后 3 小时，公司业务员发现发盘价格有错，比内部掌握的价格低 20%，如该发盘为美商所接受，将造成 5 万美元的损失。

问：在此情况下，我公司可采取什么补救措施？请说明理由。

（四）技能实训

翻译下列英文，并说明其含义：

（1）This offer is valid only for seven days.

（2）For the market is firm with an upward tendency，we advise you to accept our prices without delay.

（3）We are pleased to quote you for the goods as following：…Enclosed we hand you a price-current for the goods.

（五）情景接力训练

最近，江苏昌贸进出口公司（Chmall）从《君子》（*Esquire*）杂志获悉美国威富（Wilf）贸易公司正在寻求短袖 T 恤 Polo 衫的供货商。

（注：关于具体的交易条件的设定，请小组成员根据当下的市场情况予以自行补充。）

请结合以上背景材料，设立小组，分别扮演昌贸公司的张华、美国威富公司业务员（Poter），完成以下任务：

任务 1：请以昌贸公司外贸业务员张华的身份，向威富贸易公司 Poter 撰写一封要求建立业务关系的信函。

任务 2：昌贸公司发出建立业务关系信函后，请以威富贸易公司 Poter 的名义，要求昌贸公司对短袖圆领 T 恤进行发盘。

任务 3：请以张华的身份根据询盘的内容给 Poter 撰写一份发盘（要求内容符合发盘的构成要件）。

任务 4：张华发出报盘后，请以 Poter 的名义进行还盘，要求对方降低交易价格。

任务 5：请以张华的身份根据对方还盘信函的内容给 Poter 撰写一份回复函（要求做到有理、有据、有利，立足长远，促成贸易）。

任务 6：请以 Poter 的名义对于张华提出的交易条件进行接受，下达订单（注：如果扮演江苏昌贸公司一方的小组成员，对于美国威富小组发出的还盘表示接受的话，美国威富一方的小组无须完成"任务 6"）。

项目三　合同签订

项目目标

*知识目标

（1）了解合同的格式与内容。

（2）熟悉合同中商品品名、品质、数量、包装条款的内容。

（3）通晓贸易术语的运用、货物的运输条款和保险条款的内容、估算出口商品价格的方法，并掌握不同的货款支付方式。

*技能目标

（1）具备拟定出口贸易合同中各条款的能力。

（2）具备熟练运用不同贸易术语的能力。

（3）具备准确计算出口商品价格的能力。

*素质目标

在学习和生活中要认真仔细，做到信守承诺。

*学习重点和难点

（1）不同贸易术语的运用。

（2）拟定货物的运输条款和保险条款。

（3）估算出口商品价格。

（4）比较不同的货款支付方式。

项目导入

小李在交易磋商后，要签订正式的外贸合同，此时小李要完成以下几个工作任务：

任务一：熟悉合同的格式和内容。

任务二：拟定商品品名、品质、数量与包装条款。

任务三：拟定商品价格条款。

任务四：拟定商品的运输条款。

任务五：拟定商品的保险条款。

任务六：拟定商品的支付条款。

任务七：拟定商品的检验、索赔、不可抗力与索赔条款。

项目实施

任务一　熟悉合同的格式和内容

※任务目标

通过学习，了解合同的形式，熟悉合同的基本格式，掌握国际货物销售合同的基本内容。

※任务详解

合同是指两个或两个以上的当事人，以发生、变更或消除某种民事法律关系为目的而达成的协议。

一、合同的形式

合同的形式是合同当事人内在意思的外在表现形式。在国际贸易中，交易双方订立合同有下列几种形式。

（一）书面形式

书面形式包括合同书、信件以及数据电文（如电报、电传、传真、电子数据交换和电子邮件）等，可以有形地表现所载内容的形式。采用书面形式订立的合同，既可以作为合同成立的证据，也可以作为履行合同的依据，还有利于加强合同当事人的责任心，使其依约行事，即使履约中发生纠纷，也便于举证和分清责任。鉴于采用书面形式订立合同有许多好处，所以，有些国家的法律或行政法规甚至明文规定必须采用书面形式的合同。书面合同也是合同订立的一种主要形式。

（二）口头形式

采用口头形式订立的合同，又称口头合同或对话合同，即指当事人之间通过当面谈判或通过电话方式达成协议而订立的合同。采用口头形式订立合同，有利于节省时间、简便行事，对加速成交起着重要作用。但是，因无文字依据，空口无凭。一旦发生争议，往往造成举证困难，不易分清责任。这是导致有些国家的法律、行政法规强调必须采取书面合同的最主要的原因。

（三）行为表示

行为表示是指上述两种形式之外的订立合同的形式，即以行为方式表示接受而订立的合同。例如，根据当事人之间长期交往中形成的习惯做法，或发盘人在发盘中已经表明受盘人无须发出接受通知，可直接以行为作出接受而订立的合同，均属此种形式。

上述订立合同的三种形式，从总体上来看，都是合同的法定形式，因而均具有相同的法律效力，当事人可根据需要，酌情作出选择。根据《中华人民共和国合同法》（以下简称《合同法》）第十条规定："当事人订立合同，有书面形式、口头形式和其他形式。法律、行政法规规定采用书面形式的，应当采用书面形式。当事人约定采用书面形式的，应当采用书面形式。由此可见，当事人签订合同时，究竟采用什么形式，应根据有关法律、行政法规的规定和当事人双方的意愿行事。

资料卡

我国的外贸合同必须采用书面形式

我国《合同法》第十条虽然允许合同的订立可采用口头形式和其他形式，但更同时规定，"法律、行政法规规定采用书面形式的，应当采用书面形式"。

我国在参加《公约》时，对《公约》中关于销售合同可以采用任何形式订立的规定提出了保留条件。因此，我国对订立、修改或终止外贸合同必须采取书面形式。

我国《合同法》第十一条规定：书面形式是指合同书、信件和数据电文（包括电报、电传、传真、电子数据交接和电子邮件）等可以有形地表现所载内容的形式。

根据国际贸易的一般习惯做法，交易双方通过口头或书面形式达成协议后，多数情况下还会签订一定格式的书面合同，以利于合同的履行。关于书面合同的名称，并无统一规定，其格式的繁简也不一致。在我国进出口贸易实践中，书面合同的形式包括合同（Contract）、确认书（Confirmation）和协议书（Agreement）等。其中以采用"合同"和"确认书"两种形式的居多。从法律效力来看，这两种形式的书面合同没有区别，所不同的只是格式和内容的繁简有所差异。合同又可分为销售合同（Sales Contract）和购买合同（Purchase Contrat）。前者指卖方草拟提出的合同；后者指买方草拟提出的合同。确认书是合同的简化形式，它又分为销售确认书（Sales Confirmation）和购买确认书（Purchase Comfirmation）。

在我国对外贸易的业务中，合同或确认书通常都制作一式两份，由双方合法代表分别签字后各执一份，作为合同订立的证据和履行合同的依据。

二、合同的格式

我国对外贸易企业与外商签订的买卖合同，不论采取哪种形式，都是调整交易双方经济关系和规定彼此权利与义务的法律文件，其基本格式通常都包括约首、基本条款和约尾三部分。

（1）约首部分。一般包括合同的名称、合同编号、缔约双方名称和地址，电报挂号等项内容。

（2）基本条款。它是合同的主体，它包括品名、品质、规格、数量（或重量）、包装、价格、交货条件、运输、保险、支付、检验、索赔、不可抗力、仲裁等项内容。商订合同主要是指磋商如何规定这些基本的条款。

（3）约尾部分。一般包括订约日期、订约地点和双方当事人签字等内容。

三、合同的主要内容

国际货物销售合同是营业地在不同国家的当事人双方买卖一定货物达成的协议。为此，一项有效的国际货物销售合同，必须具备必要的内容，否则就会使当事人在履行义务、进行违约补救或处理争议时产生困难。一般来说，国际货物销售合同应包括以下六个方面的基本内容。

（一）合同的标的

合同的标的主要是与所买卖的货物有关的内容，它对卖方所交货物和买方接收货物的权力与义务有关。合同的标的主要涉及以下几个方面的内容：

1. 货物的品名和货物的品质规格

这是构成合同标的的主体。它们是确定价格的主要依据，而且是核定买卖双方是否正确履行合同的一个重要方面，在合同中对此必须做出明确具体的规定。

2. 货物的数量

销售合同对买卖货物的数量，一般应做出明确的规定。在特定情况下未明确规定时，也应用明示或暗示的方法规定确定数量的方法。

3. 货物的包装

货物的包装包括运输包装和销售包装的用料与方式、单位包装的容量、装潢与装饰等以及由哪一方提供包装或装潢材料等。

4. 货物的检验

货物的检验是对货物的品质、数量、包装的检验，以确定所交货物是否与合同规定相符。货物的检验通常涉及检验的机构、时间、地点、方法以及检验证书的效力。

5. 货物的所有权和工业产权

买卖的货物必须是任何第三方不能提出任何权利或请求的货物。

（二）货物的价格

价格对构成一项销售合同是必不可少的，也是对买卖双方利益影响极大的重要内容，因此，需在合同中作出明确规定或规定确定价格的方法。

（三）卖方提交货物和单据的义务

提交货物和单据是卖方的主要义务之一。交货是卖方在某一特定地点和时间把货物交给买方处置的行为。具体在哪里和在什么时间交货可以由特定的贸易术语和合同确定。卖方在交付了货物以后，还要移交单据和转移货物的所有权，单证包括提单、发票、保险单、装箱单、商检证、领事签证、原产地证明等。这些问题都关系到双方当事人的利益，因此需要在销售合同中作出明确规定。

（四）买方接货、付款的义务

买方的义务中有收取货物和支付货款两项。在卖方正确履行了交货义务后，买方是否及时、正确地收取货物就很重要了。因此，这个问题要在合同有明确规定。买方无理拒收货物，是经常发生的违约行为，应承担相应的违约责任。支付货款是买方的主要义务，在国际货物买卖合同中需要确定支付的时间、地点、方式等，还确定使用何种货币作为支付货币。

需要注意的是，应区别接受（Acceptance）和接收（Receive）两个不同的概念。接受是指买方认定货物与合同相符，承认所有权已转移至买方，由买方行使占有处分权的行为；接收是指买方行使保全货物义务，不承认所有权转移，而保留索赔权的行为。

（五）交货过程中的运输与保险

买卖双方在交接货物中，涉及装货、运输、卸货与运输中的保险等问题，因此在合同中要订立装运条款和保险条款。装运条款应明确装运时间、装运港地、目的港地、装运通知以及是否允许部分发运和转船等。保险条款主要内容包括投保人、保险费、投保险别和保险期限等。

（六）争议的预防与处理

争议的预防是指买卖双方对合同订立后可能发生的争议或问题，须在合同中订立适当的预防性条款。例如，因自然灾害或意外事故等不可抗力原因造成的不能履行或不能如期履行合同的免责条款等。争议的处理是一旦发生争议时如何处理，通常的解决方式是，争议发生后，双方友好协商解决或由双方同意的第三者调解。此外还可以通过向法院提起诉讼或由仲裁机构解决。根据惯例和一些国家的法律，凡采用仲裁方法处理争议的，当事人之间必须订有仲裁协议，仲裁机构方能受理，所以，一般销售合同中都订立"如有争议双方协商不成时通过仲裁解决"的条款。

商品如果出现质量、数量、包装等问题，就要发生索赔和理赔了，索赔是当事人在遭受损失后向违约方提出赔偿的要求，理赔是违约方对受害方赔偿要求的受理和处理的行为。赔多少、怎么赔要看合同中订立的索赔和罚金条款。

关于合同中的条款内容具体可参见本章附录中的示样 3-1。

任务二　品名、品质、数量及包装条款的拟定

※任务目标

通过学习，了解国际贸易合同中品名、品质、数量与包装条款的含义，熟悉品名、品质、数量与包装条款的具体内容，掌握合同中规定品名、品质、数量与包装条款的注意事项。

※任务详解

国际贸易合同中的基本条款之一是规定有关商品（标的）本身的相关事项，具体来说，主要是品名、品质、数量及包装条款。

一、商品的品名

商品的品名（Name of Commodity）又称商品名称，是指某种商品区别于其他商品的一种概念或称呼。

在国际贸易合同中，通常在合同正文的开头部分就首先列明买卖商品的品名，在形式上可以是在"商品名称"或"商品品名"的标题下列明，也可以不加标题，直接写明"交易双方同意买卖××商品"的字句。

（一）规定商品品名的意义

买卖双方商订国际贸易合同时，必须要列明商品名称，也就是说品名条款是买卖合同中不可缺少的一项交易条件。

按照国际贸易中的有关法律和惯例，对买卖商品的描述，是构成商品说明的一个主要组成部分，是买卖双方交接货物的一项基本依据，它关系到买卖双方的权利和义务。

根据《公约》的规定，若卖方交付的货物不符合约定的品名或说明，买方有权提出损害赔偿要求，直至拒收货物或撤销合同。因此，列明成交商品的具体名称，具有重要的法律意义。

（二）品名条款的基本内容

如何在合同中规定品名条款，则首先要取决于成交商品的品种和特点，有的商品只要列明该商品的通用名称即可，如原油、玉米等；有的商品却往往具有不同的品种、等级和型号。因此，为了明确起见，就要把有关的具体品种、等级、型号或产地等描述包括进去，作为进一步的限定，如"西湖特级龙井""宁夏枸杞"等；此外，有时还要明确商品的品牌、品质、规格等，如"索尼 KD-55X8566D 55 英寸 4K LED 智能电视"，这实际是把品名条款与品质条款合并在一起。

（三）规定品名条款的注意事项

国际货物买卖合同中的品名条款，是合同中的主要条件，因此，在规定此项条款时，应注意下列事项：

（1）品名内容必须明确、具体，避免空泛、笼统的规定。比如某商品名称为"金竖琴高级皮尔斯纳"，名称读起来就很困难，也绝不会让人第一时间想到这是一种啤酒的名字；如果"××101"不冠以生发剂，就会让人不知其为何物；

（2）条款中规定的品名，必须是卖方能够供应的商品，凡做不到必要的描述性的词句，都不应列入，否则就会有虚假之嫌。如"××一次净""××一扫光"。如果名不副实，就会给以后的交易带来麻烦；

（3）尽可能使用国际上通用的名称；若使用地方性的名称，交易双方应事先就含义取得共识，对于某些新商品的定名及译名应力求准确、易懂，并符合国际上的习惯称呼。如青霉素是国际上通用的品名，而盘尼西林是在国际上注册的品名，已不能再用；如果我国出口到国外的"马戏牌扑克"用汉语拼音标注为"MAXI PUKE"的话，则就会闹出大笑话了；

（4）注意选用合适的品名，以方便进出口和节省运费开支。国际上有些国家为保护某些动物，对含有虎骨、象牙等商品禁止进行贸易。因此，像"××虎骨酒""××象牙餐具"等商品会被海关扣押罚没；此外，如"××人参液""××参茸"这些商品以贵重原料的名称命名，在运输时要付出较高的运费（特别是海运时），从而增加了商品成本。

总之，商品品名不仅是国际货物买卖合同中必备的交易条件，而且还关系到商品的品质以及商品是否能够引起消费者的购买欲望。

☞ **技能训练**

中国山东的某家食品进出口公司曾与欧洲某经销商签订了贸易合同，出口苹果酒到欧洲市场销售，品名写为"CIDER"，即如果货物运抵对方口岸后，遭到进口方拒付。请分析拒付原因。

二、商品的品质

国际贸易合同中的品质条款，是构成商品说明的重要组成部分，是买卖双方交接货物的依据。根据《公约》规定，卖方交货必须符合约定的质量，如卖方交货不符合约定的品质条件，买方有权要求损害赔偿，也可要求修理或交付替代物，甚至拒收货物或撤销合同，这就进一步说明了品质的重要性。

（一）商品品质的含义

商品品质，或称商品质量。是指商品的内在品质和外观形态的综合。商品的内在品质包括商品的物理性能、机械性能、化学成分和生物特征等自然属性，一般需要借助各种仪器通过分析测试才能确证；商品外观形态包括商品的外形、色泽、款式或者透明度等。这些通过人们的感觉器官就可以直接辨别。

（二）商品品质的重要性

商品的品质具有十分重要的意义，因为品质的优劣直接影响商品的使用价值和价值，它是决定商品使用效能和影响商品价格的重要因素。在国际贸易中。由于许多国家都把"以质取胜"作为非价格竞争的一个重要手段。因此，在出口贸易中，不断改进和提高出口商品的质量，不仅可以增强出口竞争能力、扩大销路、提高销价，为国家和企业创造更多的外汇收入，而且还可以提高出口商品在国际市场的声誉，并反映我国的科学技术和经济发展水平；在进口贸易中，严格把好进口商品质量关，可以使进口商品适应国内生产建设以及科学研究和消费者的需要，维护国家和人民利益，并确保提高企业经济效益。

提高商品品质是一个系统工程，出口商品需要在生产、运输、存储以及销售过程中，加强对品质的全面管理。各国对进口商品的质量都有某些法令规定和要求。凡质量不符合法令规定和要求的商品，一律不准进口或就地销毁，并由货主承担由此引起的各种费用。因此，从事国际贸易的人员必须充分了解各国对进口商品的法令规定和管理制度，以便使我国商品能顺利进入国际市场。进口商品要在订货，运输、检验、接受等环节中，切实把好质量关。进口商品质量应不低于国内生产水平并适合实际需要，以免盲目进口而影响生产或消费的使用，同时，也不应超越国内的实际需求水平，避免造成浪费。

（三）表示商品品质的方法

由于国际贸易的商品种类繁多，即使是同一种商品，在品质方面也可能因自然条件、技术和工艺水平以及原材料的使用等因素的影响而存在着种种差别。这就要求买卖双方在商订合同时就品质条件作出明确、具体的规定。如何才能恰当地规定商品品质呢？我们需要先掌握表示商品品质的方法。表示商品品质的方法有许多种，归纳起来可以分为两大类：即以实物表示和以文字说明表示。

1. 以实物表示

以实物表示品质，包括凭成交商品的实际品质和凭样品两种表示方法，前者称为"看货买卖"；后者称为"凭样品买卖"。

（1）看货买卖。看货买卖也称看货成交，它首先是一种交易方式，当买卖双方约定采用这种成交方式时，买方或其代理人通常先在卖方存放货物的场所验看货物，一旦达成交易，卖方就应以买方验看过的商品交货。只要卖方交付的是验看过的货物，买方就不得对品质提出异议。在国际贸易中，这种做法多用于寄售、拍卖和展卖业务中，一般适合于鲜活商品、古董、工艺品以及字画等物品的交易；

（2）凭样品买卖。样品通常是从一批商品中抽选出来的，或是由生产、使用部门设计加工出来的，能够反映和代表整批商品品质的少量实物。凡以样品表示商品品质并以此作为交货依据的，称为"凭样品买卖"。

在国际贸易中，按样品提供方的不同，可将凭样品买卖分为以下几种：

①卖方样品。由卖方提供的样品称为"卖方样品"。当以卖方样品作为交货的品质依据时，我们又称之为"凭卖方样品买卖"。在此情况下，买卖双方在货物买卖合同中是这样约定的："品质以卖方样品为准"。这句话的含义是指日后卖方所交的所有货物的品质，必须与他提供的样品完全一致，否则就要承担违约责任。

技能训练

某外国客商到我国一家玩具厂参观，对该厂的新款儿童容貌玩具产品很感兴趣，于是立即签订购买合同，批量购买他所见到的那款产品，并要求按实物样品作为合同中交收货物的品质要求。

请问：这种表示商品品质的方法是看货买卖还是凭卖方样品买卖？

②买方样品。在国际贸易中，有时买方对所购买的商品在款式、造型、工艺等方面有特殊要求，买方为了使其订购的商品符合自身要求，就会提供自己设计加工的样品交给卖方依样承制。如卖方同意接买方提供的样品，称为"凭买方样品买卖"。在这种情况下交易，买卖双方会在合同中订明："品质以买方样品为准"。这句话的含义是说日后卖方所交货的品质，必须与买方提供的样品一致。

③对等样品。当采用凭买方样品买卖时，由于是买方提供样品变为由卖方承制，卖方考虑到如果完全凭买方样品交货，万一因交货品质与买方样品不符就会招致买方索赔甚至退货的危险，在此情况下，为了避免在交易中处于被动地位，卖方可根据买方提供的样品，加工复制出一个类似的样品交买方确认。这种经确认后的样品，称为"对等样品"或"回样"，有时也称为"确认样品"，当对等样品被买方确认后，则日后卖方所交货物的品质，必须以对等样品为准，此项交易实际上成为"凭卖方样品买卖"。

讨论训练

对等样品是不是将"凭买方样品买卖"转变为"凭卖方样品买卖"了呢？

需要注意的是，在采用凭样品成交方式时，买卖双方为了建立贸易关系，并对所交易的商品有一个概要的了解，往往采用互寄样品的做法。这种以介绍商品为目的而寄出的样品，与"凭样品买卖"是有区别的，不作为交货时的质量依据。为了防止可能发生的纠纷，最好标明"参考样"或"仅供参考"字样，以免与标准样品混淆。

讨论训练

苹果、小麦、矿石、海产品、木材、电视机等商品能否凭商品买卖？为什么？

2. 以文字说明表示

所谓凭文字说明表示商品品质，是指用文字、数据、图样等方式来说明成交商品的品质。这类表示品质方法，可细分为以下六种：

（1）凭规格买卖。商品规格是指可以用来反映商品品质的主要指标，如化学成分、纯度、性能、面积、体积、容量、长短、粗细等。

在国际贸易中，买卖双方洽谈交易时，对适于用规格确定成交商品质量的，应提供具体规格来说明商品的基本品质状况，并在合同中订明。如稻米用水分、杂质、完善粒/碎米率等规格来表示它的质量。如：

白灿米	White Bice
碎米（最高）25%	Broken Grains（max）25%
杂质（最高）0.25%	Admixture（max）0.25%
水分（最高）15%	Moisture（max）15%

说明商品品质的指标因不同种类的商品会有很大的不同，即使是同一种商品，也会因用途不同，而规格要求也有差异。由于用规格表示商品品质的方法，非常明确具体，简单易行，故在国际贸易中被广泛运用；

（2）凭等级买卖。商品等级是指按质地或规格的差异，将同一类商品分为品质优劣各不相同的若干等级，以文字、数字或符号表示。如茶叶、对虾、矿石等按特级（Special Grade）、一级（First Grade）、二级（Second Grade）、三级（Third Grade）等来表示其质量。

例如，我国《出口玉米暂行标准》中规定将出口玉米等级划分为三级：

	纯质（最低）	杂质（最高）
一级	97%	0.5%
二级	94%	1.0%
三级	91%	1.5%

凭等级买卖时，由于不同等级的商品具有不同的规格，为了便于履行合同和避免争议，在列明等级的同时，最好还要规定出每个等级的具体规格。

例如：

鲜鸡蛋	Fresh Hen Egg
一级　每枚蛋净重 45~50 克	First Grade 45~50g Per Egg
二级　每枚蛋净重 40~45 克	Second Grade 40~45g Per Egg
三级　每枚蛋净重 35~40 克	Third Grade 35~40g Per Egg

用商品等级表示商品品质，比较适合于买卖双方均熟悉该等级内容的商品；

（3）凭标准买卖。商品标准是指有关政府机构、同业公会、交易所或国际性的工商组织对商品的规格或等级加以规定并将其批准为指导性或强制性的文件。这些标准是以科学、技术和经验的综合成果为基础，以促进社会效益最大化为目的。

随着经济的全球化和技术的现代化，同时为了适应诸如国家安全、保护人身健康或安全、保护动植物生命和健康、保护环境等方面的要求，"国际标准"已成为进行国际贸易的一项重要标准。"国际标准"主要是指由国际标准化组织（ISO）、国际电工委员会（IEC）和国际电信联盟（ITU）制定的标准，以及国际标准化组织确认并公布的其他国际组织制定的标准。国际标准在世界范围内统一使用。

除了国际标准以外，许多国家还规定了本国的标准体系。根据《中华人民共和国标准化法》的规定，中国标准体制分为四级，即国家标准、行业标准、地方标准和企业标准，这四级标准主要是适用范围不同，而不是标准技术水平高低的分级。其中"国家标准"是由国务院标准化行政主管部门制定的需要在全国范围内统一的技术要求；"行业标准"是指没有国家标准而又需在全国某个行业范围内制定的统一技术标准；"地方标准"是指没有国家标准和行业标准而又需在省、自治区、直辖市范围内统一执行的产品安全、卫生要求；"企业标准"是指企业生产的产品没有国家标准、行业标准和地方标准，由企业制定的作为组织生产依据的相应的企业标准，或在企业内制定的严于国家标准、行业标准或地方标准的企业（内控）标准。

目前许多国家对国际贸易商品规定了强制标准，强制标准的范围主要是保障人体健康、人身和财产安全的标准，对不符合强制标准的产品禁止生产、销售和进口。强制标准具有法律上的约束力，违反强制性标准而造成不良后果以致重大事故者可给予行政处罚或追究刑事责任。

中国标准按性质分为强制性标准和推荐性标准两类。其中，保障人体健康、人身、财产安全的标准和法律、行政法规规定强制执行的标准是强制性标准；其他标准是推荐性标准。我国的强制性国家标准代号为"GB"。

在国际贸易中，对于某些品质变化较大而难以规定统一标准的农副产品，往往采用"良好平均品质"（Fair Average Quality, F. A. Q.）这一术语来表示其品质。所谓"良好平均品质"，是指一定时期内某地某种货物的平均品质水平，一般是指中等水平的货物。在我国实际业务中，可用 F. A. Q. 来表明是"大路货"，即不是精挑细选出来的货物。在使用 F. A. Q. 时还可以加注具体的规格，如"2017 年中国红小豆 F. A. Q.，碎粒率最高 11%"。

（4）凭说明书和图样买卖。在国际贸易中，有些机器、电器和仪表等技术密集型产品，因结构复杂，很难用几个简单的指标来表明品质的全貌。同一名称的产品，由于所使用的材料、设计和制造技术的差别，也会在功能上有所差异。因此，对这类商品的品质，通常以文字、数据说明书，并附以图样、照片、设计图、分析表等来说明具体品质特征。按此方式进行交易，称为"凭说明书和图样买卖"，卖方所交货物必须符合说明书和图样的要求。由于这类产品还需要在使用中能够发挥出设计所要求的性能，因此在实际业务中，买方为了维护自身的利益，往往要求在买卖合同中加订"卖方品质保证条款"和"技术服务条款"。

（5）凭商标或牌名买卖。牌名（Brand Name），也称品牌，是指生产制造厂商或销售商给所制造或销售的商品冠以的名称，通过该名称可以将本企业的商品与其他企业的同类产品区别开来。一个品牌可以专门用在一种产品上，也可用于企业的所有产品。如在"海尔"这个品牌下，有计算机、空调、洗衣机等多种产品。商标（Trade Mark）是品牌的标记或标记的组合，它通常由有形的文字，包括人名、字母、数字、图案和颜色等组成。

牌名及其商标，特别是优质产品的牌名和商标，自身就是一种品质象征，因此商人在交易中可以只凭牌名或商标进行买卖。在实际业务中，如果某种牌名的商品同时有许多种不同型号或规格，为了明确起见，就必须在规定牌名的同时，明确规定型号或规格。

需要注意的是，牌名、商标属于工业产权，各国都制定了有关商标法给予保护。因此，在与外商以"凭商标或牌名买卖"出口商品时，应该遵守有关国家的法律法规，在销往国办理注册手续，维护商品的专用权，保护自己的利益；在进口外国产品时，要注意出口商是否有权或得到授权使用该商标或牌名，以免造成知识产权的纠纷。

（6）凭地理标志或产地名称买卖。国际贸易中的地理标志、产地名称，是指某些产品的特定质量、声誉或其他特性是由该产品特殊的地理位置及其自然条件、传统加工工艺等因素造成的，通过该地理标志或产地名称可将一种产品与其他地域的产品区别开来。如法国香水、德国啤酒、印度纱丽、土耳其地毯、泰国香米、中国绢纸以及长白山人参、金华火腿等都是以地理标志或产地名称命名的特色产品。

由于特色产品的地理标志或产地名称表明了产品在品质上具有的独特之处，因此，对于这类产品，可以在贸易中直接使用该产品的地理标志或产地名称来表示和确定质量。如果买卖双方以这种方式进行交易，称为"凭地理标志或产地名称买卖"。

目前，世界贸易组织《与贸易有关的知识产权协定》已为葡萄酒和烈性酒的地理标志明确提供了保护。欧盟提案要求将地理标志产品的保护范围进一步扩大到应受到保护的因历史悠久而质量优良的产品，如农产品和纺织品等。

讨论训练

"夏普"牌彩色电视机，中国制造，型号 SC374，制式 PAL/BG，220 伏，50 赫兹，双圆头插座带遥控。

"SHARP" Brand Colour Television Set, Made in China, Mosel SC374, PAL/GB System, 220V, 50Hz, Two Round Pin Plug, With Remote Control.

请思考：这个品质条款中采用了几种表示商品品质的方法？

（四）合同中的品质条款

合同中的品质条款通常包括商品品质的表述内容及相应的品质机动幅度与品质公差等内容。

1. 合理选用表示商品品质的方法

如何正确规定品质条款的内容与所选用的表示商品品质的方法有着直接的关系。一般来说，采用何种表示品质的方法，应视商品的特性而定。凡能用科学的指标说明商品质量的商品，适于用"规格""等级""标准"买卖；而难以规格化和标准化的商品，如工艺品，则适于凭样品买卖；某些性能复杂的机器、电器和仪表，则适于凭说明书和图样买卖；具有地方风味特色的产品，则可凭产地名称买卖。

当然，并不是一种商品只能用一种方法来表示它的品质，有些商品可以用几种方法来表示它的品质。只是这些表示品质的方法，不能随意滥用，而应当合理选择。

2. 品质机动幅度与品质公差

在出口贸易中，有时候由于商品特性、生产加工条件、自然气候或运输条件的限制，卖方很难做到所交付的货物与合同规定完全相符。为了避免因交货品质与买卖合同稍有不符而造成违约，以保证合同的顺利履行，有经验的出口商会在合同的品质条款中作出某些变通规定，以允许卖方交货品质可以在一定范围内高于或低于合同的规定。在合同中加入的这些变通规定，称为品质机动幅度和品质公差。

（1）品质机动幅度（Quality Latitude）。品质机动幅度是指允许商品的一些特定指标在一定的幅度范围内机动。品质机动幅度比较适于品质不稳定的初级产品。订立品质机动幅度的方法有下面三种：

①规定一定的范围。即对品质指标的规定允许有一定的差异范围，卖方所交货物，只要在此范围内都算合格，买方无权拒收。

如：花布（Print Shirting）

　　幅宽（Width）　　41/42"

②规定一定的极限。即对所交货物的品质规格，规定上下极限。即最大、最高、最多（maximum；max），最小、最低、最少（minmum；min）。卖方交货只要没有超过规定的极限，买方就无权拒收。

③规定上下差异。即在规定某一具体质量指标的同时，还规定一定比例的上下变化幅度。

如：中国灰鸭绒含绒量90%，允许上下幅度1%。

Chinese Grey Duck, with 90% down content, 1% more or less allowed.

需要说明的是，为了体现按质论价、公平交易的原则，在使用品质机动幅度时，有些货物可根据交货情况调整价格。对约定机动幅度内的品质差异，可按照实际交货品质规定予以增价或减价的内容，称为"品质增减价条款"。

此外，采用凭样品成交时，如果卖方难以保证交货质量与样品"完全一致"（Strictly Same as Sample），可以在与买方磋商时约定"交货品质与样品大体相等"（The Goods to be Delivered Shall be about Equal to Sample）或其他类似条款。

（2）品质公差（Quality Tolerance）。品质公差是指国际上公认的产品品质的误差。如手表每24小时的合理误差为2秒。

在国际贸易中，对于国际同行业有公认的品质公差，可以不在合同中明确规定，即使在合同中不作规定，卖方交货品质在公认的误差范围内，就可以认为符合合同，买方不得拒收货物。但如果没有明确的公认品质公差，或者是买卖双方对公差范围理解不一致，或者是为了生产或消费需求，要对公差范围进行调整，在这些情况下，为了明确起见，应在合同品质条款中订明买卖双方认可的公差内容。在品质公差范围内的商品通常不计算增减价格，如果买卖双方在合同中约定了按比例计算增减价格的，也可以根据约定调整。

在订立品质条款时，需要注意应从产、销实际出发，防止品质条件规定偏高或偏低；要合理规定影响品质的各项重要指标，对于一些与品质无关紧要的条件或描述则不宜写入合同条款；此外，品质条款应明确具体，不宜采用诸如"大约、左右、合理"（about、circa、approximately、equitable）之类的笼统含糊字眼，以避免在交货的品质上引起争议。

品质条款举例：

披肩，货号S512，150厘米×26厘米，详情根据2017年8月20日卖方寄送的样品。

S512 150cm×26cm shawls, details as per the sample dispatched by the seller on 20 Aug, 2017.

"威尔逊"牌礼品，符合买方 2017 年 6 月 20 日寄送的样品，样品编号 020-139。

"WELSON" brand gift, to be in accordance with the sample dispatched by the buyer on 20, Jun, 2017, No. 020-139.

☞ 技能训练

我国某公司出口一批纺织原件，合同规定水分最高为 15%，杂质不超过 3%，但在成交前向买方寄过样品，订购后，我方又电告对方成交货物与样品相似，货到后，买方提出货物的质量比样品低 7% 的检验证明，并要求我方赔偿损失。

讨论：我方是否该赔偿？为什么？

三、商品的数量

商品的数量（Quantity）是国际货物买卖合同中不可缺少的主要条件之一。卖方按照合同约定的数量交货是一项重要义务。由于交易双方约定的数量是交接货物的依据，也是处理与货物交接数量有关的索赔或理赔的依据，因此，正确掌握成交数量和订好合同中的数量条款，具有十分重要的意义。

《公约》对卖方交货数量的相关规定：

《公约》第三十七条：如果卖方在交货日期前交付货物，他可以在那个日期到达前，交付任何缺漏部分或补足所交付货物的不足数量，或交付用以替换所交付不符合同规定的货物，或对所交付货物中任何不符合同规定的情形做出补救，但是，此权利的行使不得使买方遭受不合理的不便或承担不合理的开支。同时，买方保留本公约所规定的要求损害赔偿的任何权利。

《公约》第五十二条（2）：如果卖方交付的货物数量大于合同规定的数量，买方可以收取也可以拒绝收取多交部分的货物。如果买方收取多交部分货物的全部或一部分，他必须按合同价格付款。

（一）常见的计量单位与计量方法

在国际贸易中，由于商品的种类、特性繁多，所以计量单位也多种多样，再加上世界各国的度量衡制度不统一，所以有不同的计量方法。从事国际贸易的专业人员必须要熟悉各种计量单位的特定含义，了解各种度量衡制度和计量方法，这是经贸人员必须具备的基本常识和技能。

1. 计量单位

国际贸易中使用的计量单位很多，究竟采用何种计量单位，除主要取决于商品的种类和特点外，也取决于交易双方的意愿。

国际贸易中的不同商品，需要采用不同的计量单位。通常使用的计量单位有下面六种：

（1）重量（Weight）单位。按重量计量是在货物贸易中广泛使用的方法，农副产品、矿产品和工业制成品（如钢铁）等，大都按重量单位计量。计量重量的单位主要有公吨、长吨、短吨、千克、克、磅等。

（2）数量（Number）单位。大多数日用消费品、轻工业品、机械产品以及一些杂货等，习惯于按数量单位进行买卖。所使用的计量单位有件、双、套、打、卷、令、罗以及个、台、袋、箱、桶、包等。

（3）长度（Length）单位。在金属绳索、丝绸、布匹等类商品的交易中，通常采用米、尺、码等长度单位来计量。

（4）面积（Area）单位。在玻璃板、地毯等商品的交易中，一般习惯于以面积作为计量单位，常用的有平方米、平方尺、平方码等。

（5）体积（Volume）单位。接体积成交的商品多为木材、天然气和化学气体等.计量单位包括立方米、立方尺、立方码等。

（6）容积（Capacity）单位。谷物、液体等类货物通常按容积计量。计量单位有公升、加仑、蒲式耳等，如表3-1所示。

表3-1 常用计量单位名称及缩写

计量单位	中文名称	英文名称	缩写	适用商品
重量单位	克	Gram	g.	一般天然产品及其制成品，如羊毛、棉花、谷物、矿产品等
	千克（公斤）	Kilogram	kg.	
	公吨	Metric ton	m. t.	
	长吨	Long ton	l. t.	
	短吨	Short ton	Sh. t.	
	磅	pound	Lb.	
长度单位	米	Meter	m.	纺织品、绳索、电线电缆等
	千米（公里）	Kilometer	km.	
	厘米	Centimeter	cm.	
	毫米	Millimeter	mm.	
	码	Yard	yd.	
	英尺	Foot	ft.	
	英寸	Inch	in.	
面积单位	平方米	Square meter	sq. m.	皮革、玻璃、铁丝网等
	平方英尺	Square foot	sq. ft.	
	平方码	Square yard	sq. yd.	
	平方英寸	Square inch	sq. in.	
容积单位	升	Litre	.l.	小麦、玉米、汽油、酒精、啤酒、天然气等
	毫升	Milliliter	ml.	
	加仑	Gallon	gal.	
	蒲式耳	Bushel	bu.	
体积单位	立方米	Cubic meter	cu. m.	化学气体、木材等
	立方英尺	Cubic foot	cu. ft.	
	立方码	Cubic yard	cu. yd.	
	立方英寸	Cubic inch	cu. in.	

计量单位	中文名称	英文名称	缩写	适用商品
数量单位	只	Piece	pc.	一般日用工业品、杂货类等
	件	Package	pkg.	
	双	Pair		
	台、套、架	Set		
	打	Dozen	doz.	
	罗	Gross	gr.	
	太罗	Great gross	g. gr.	
	令	Ream	rm.	
	卷	Roll or Coil		
	辆	Unit		
	头	Head		
	箱	Carton or Case		
	包	Bale		
	桶	Barrel or Drum		
	袋	Bag		

2. 不同的度量衡制度

在国际贸易中，通常采用公制（又称米制，The Metric System）、英制（The Britain System）、美制（The U. S. System）和国际标准计量组织在公制基础上颁布的国际单位制（International of Unit）。

不同的度量衡制度会导致同一计量单位所表示的数量有差异。倒如，表示重量单位的"吨"（Ton），在实行公制的国家按规定为"公吨"（Metric Ton）度量，即1公吨为1000千克；在实行英制的国家按规定为"长吨"（Long Ton）度量，1长吨为1016千克；而到了实行美制的国家是采用"短吨"（Short Ton）度量，1短吨为907千克。此外，有些国家对某些商品还规定有自己习惯使用的或法定的计量单位。如美国以蒲式耳（Bushel）作为各种谷物的计量单位，但蒲式耳所代表的重量则因谷物不同而有差异，如每蒲式耳的亚麻籽为56磅、燕麦为32磅、大豆和小麦为60磅。原油的单位为"桶"（Barrel），但当需要把"公吨"换算为"桶"时，还要看各国的习惯或规定。例如，在美国、印度尼西亚，每公吨原油约为7.4桶；在委内瑞拉为6.84桶；在沙特、伊朗为7.49桶；在日本为6.99桶。

为了解决由于各种度量衡不一致带来的麻烦，国际标准计量组织在全球推广实施"国际单位制"，这标志着计量方法日趋国际化和标准化，目前已有越来越多的国家采用了国际单位制。

我国采用的是以国际单位制为基础的法定计量单位。根据《中华人民共和国计量法》第三条规定："国家采用国际单位制，国际单位制计量单位和国家选定的计量单位为国家法定计量单位。"目前，除了个别特殊领域外，一般不许再使用非法定计量单位。我国出口商品，除照顾对方国家贸易习惯约定采用公制、英制或美制计量单位外，应使用我国法定计量单位。我国进口的机器设备和仪器等应要求使用我国法定计量单位，否则，一般不许进口，如确有特殊需要，也必须经有关标准计量管理部门批准。香港、澳门回归后也依据《中华人民共和国计量法》采用国际单位制。

技能训练

我国某出口公司在广交会上与国外客商当面谈妥出口大米 20000 公吨，每公吨 USD275FOB 中国口岸。双方都明白数量单位的含义，我方在签约合同上写下 20000 吨。但外商却在开来的信用证中明确指出数量条款中的吨是指长吨。为什么外商能提出如此要求？按外商要求，卖方应多付大米多少公吨？

3. 常用的计算重量法

在国际贸易中，由于按重量计量的商品很多，这些方法一方面是由于贸易习惯约定俗成沿袭下来的，另一方面它与商品的特性、包装方式有关。当有些商品需要采用重量单位计算商品重量时，不仅要在合同中订明重量，还要在合同中明确如何计重。

（1）毛重（Gross weight，G. W.）。毛重是指商品自身的重量加上包装物的重量。这种计重方法一般适用于低值商品。

（2）净重（Net weight，N. W.）。净重是指商品自身的实际重量，即除去包装物后的商品实际重量。净重是国际贸易中最常见的计重办法，以重量计算的商品价格大部分都是以其净重来计算的，如果买卖双方事先未明确达成协议，也未在合同中订明是按净重还是按毛重计价，通常按净重计价。

在采用净重计重时，对于如何计算包装重量，国际上有下列几种做法：

①按实际皮重（Actual Tare）计算。实际皮重即指包装的实际重量，它是指对包装逐件衡量后所得的总和。用这种方法计重准确，但耗时费力。

②按平均皮重（Average Tare）计算。如果商品所使用的包装材料和规格比较统一，重量相差不大，就可以从整批货物中抽出若干件商品的包装，称出其皮重，然后求出平均重量，再乘以总件数，即可求得整批货物的皮重。这种做法比较省时省力，随着技术的发展和包装用料及规格的日益标准化，采用平均皮重计重的做法越来越普遍。

③按习惯皮重（Customary Tare）计算。一些商品，由于其所使用的包装材料和规格已比较固定，皮重已为市场所公认，如装运粮食的机织麻袋，公认的重量是 2.5 磅。因此，在计算其皮重时，就无须对包装逐件过秤，按习惯上公认皮重乘以商品总件数即可。

④按约定皮重（Computed Tare）计算。即以买卖双方事先约定的包装重量作为计算的基础。

由于有多种计算皮重的方法，究竟采用哪种计算方法来求得净重，应根据商品的性质、所使用包装的特点、合同数量的多少以及交易习惯，由双方当事人事先约定并订立合同，以免事后引起争议。

有些商品价值较低，如农副产品中的大豆、饲料等；有些商品自身与其包装不便分开，如卷筒白报纸等，这些商品在贸易中有时也采用"以毛作净"（Gross for Net）的方法计重。"以毛作净"实际上就是按毛重计算重量和价格。

（3）公量（Conditioned Weight，C. W.）。是指某些商品（如棉花、洋毛、生丝等）有比较强的吸湿性，由于所含的水分受自然环境的影响较大，因此，重量很不稳定。在计算这类商品的重量时，要求用科学的方法抽去商品中所含的水分，再加入按标准水分计算出来的重量。

国际上计算公量时，通常是以商品的干净重（或称干量，即用烤箱、离心机等方法抽去水分后商品的重量）加上标准含水量即为公量。其计算公式为：

公量＝干量＋标准含水量＝实际重量×（1＋标准回潮率）／（1＋实际回潮率）

其中，回潮率是指商品含水分的百分率。标准回潮率有国际公认的，也有交易双方协商确定的。实际回潮率是交易商品用科学方法抽出的水分与商品实际重量的比率。

技能训练

某公司出口生丝一批，买卖双方约定标准回潮率为11%，卖方交付的生丝在到达目的港后的实际重量为105公吨，经过科学方法抽出的水分为9.45公吨。请你计算一下该批生丝的公量是多少？如果生丝的单价是每公吨1980美元，那么公司的收入是多少美元？

（4）理论重量（Theoretical Weight，T. W.）。对于一些按固定规格生产和买卖的商品（如钢板、铸铁、型材等），每件重量大体是相同的，所以可以从商品总件数推算出总重量。用这种计重方法的前提是，每件货物的重量相同；如果每件商品的规格不同或者重量有变化，那么用这种方法推算出的重量就不准确了，在商品计重时只能作为参考。

（5）法定重量（Legal Weight，L. W.）。有些国家海关在对进口商品征收从量税时，规定以法定重量计算关税税额。所谓法定重量是商品的净重，加上直接接触商品的包装物料（一般为内包装）的重量。海关对于按法定重量计税的商品，一般都规定各类商品的包装折扣率，通过折扣率可以直接计算商品的法定重量。如某商品的毛重为100千克，包装折扣率为2%，则该商品的法定重量为100×（1%～2%）千克，即98千克。

（二）数量机动幅度

1. 数量机动幅度的含义

在某些大宗商品（如粮食、矿砂、化肥等）的交易中，由于这些商品一般不需要包装，再加上这些商品的特性、船舱容量、装载技术和货源等因素影响，如果要求卖方非常准确地按约定数量交货，会给卖方带来很大的困难。因此，在实际贸易活动中，通常买卖双方在合同中规定合理的数量机动幅度，只要卖方交货数量在约定的增减幅度范围内，就算按合同规定数量交货，买方就不得以交货数量与合同不符为由拒收货物或提出索赔。

数量机动幅度也叫作"溢短装条款"（More or Less Clause）。其具体含义是指在规定交货的标准数量的同时，规定允许多交或少交货物的数量或百分比的条款。例如，"数量5000公吨，卖方交货时可溢装或短装5%"（5000 metric ton，5% more or less at seller's option）。根据这一条款，卖方交货的重量可以为4750～5250公吨。按照溢短装条款交货，一般是按照合同价格计价，以实际交货数量计算总价。

需要注意的是，溢短装条款仅适用于散装货，对于按包装单位或个数计数者，不适用溢短装条款。

2. 如何规定溢短装条款

对于大宗货物的交易，在合同中规定溢短装条款，可以方便卖方交货。但是在贸易中，必须注意机动幅度的大小、机动幅度的选择权以及溢装或短装的计价方法三个问题：

（1）数量机动幅度的大小。数量机动幅度的大小，通常以百分比表示，如3%或5%不等，究竟百分比多大合适，应视商品特性、行业或贸易习惯和运输方式等因素而定。在使用时，可以用如"5000 metric ton, 5% more or less"表示，还可以简单地在标准数量之后用"±"符号表示增减数量，如"5000 metric ton ±5%"。

在合同中机动幅度的大小应该清楚表示，一般不宜采用"大约、近似、左右"（about、circa、approximately）等不确定的伸缩性词汇来表示，因为对于这些字眼在国际贸易中的含义没有一致的解释，容易引起贸易纠纷。

资料卡

《UCP600》对数量机动幅度的相关规定

《UCP600》第三十条　信用证金额、数量与单价的伸缩度

a."约"或"大约"用于信用证金额或信用证规定的数量或单价时，应解释为允许有关金额或数量或单价有不超过10%的增减幅度。

b.在信用证未以包装单位件数或货物自身件数的方式规定货物数量时，货物数量允许有5%的增减幅度，只要总支取金额不超过信用证金额。

c.如果信用证规定了货物数量，而该数量已经全部发运，及如果信用证规定了单价，而该单价又未降低或当第三十条b款不适用时，则即使不允许部分装运，也允许支取的金额有5%的减幅。若信用证规定有特定的增减幅度或使用第三十条a款提到的用语限定数量，则该减幅不适用。

（2）机动幅度的选择权。在合同规定有机动幅度的条件下，还要明确由谁来行使这种机动幅度的选择权，即由谁来决定多装还是少装。溢短装的选择权可以是卖方、买方和船方，到底由谁来行使权力，要酌情考虑货物、运输等因素。在贸易中，大宗货物通常由卖方来行使选择权（at Seller Option）。但在买方租船装运时，也可以由买方行使选择权（at Buyer Option）。也可规定由承运人根据舱容和装载情况做出选择（at Carrier Option 或 at Ship Option）。

（3）溢短装数量的计价方法。对机动幅度范围内超出或低于合同标准数量的多装或少装部分，比较常见的做法是按合同的固定价格计价。但是，在交易商品的市场价波动剧烈、成交数量又非常大的情况下，多装或少装的数量就关系到买卖双方的利益，有时就会出现"恶意溢短装"的行为。"恶意溢短装"行为是指在规定溢短装部分按合同固定价格计价的条件下，如果交货时的市价上涨或下跌，则有权行使溢短装的一方会故意多装或少装以谋取价格变动的额外利益，而致使另外一方受到损失。因此，为了防止有权选择多装或少装的一方当事人利用行市的变化，有意多装或少装以获取额外的好处，也可以在合同中规定多装或少装的部分，不按合同价格计价而按装船时或货到时的市价计算，以体现公平合理的原则。

（三）数量条款的内容及其重要性

买卖合同中的数量条款，主要包括成交商品的数量及其计量单位。按重量成交的商品，还需明确计算重量的方法，大宗商品还要有机动幅度的规定。数量条款到底列明哪些内容及其繁简程度，应视商品的特性而定。商品品种、规格比较单一的商品，只规定数量及计量单位就可以了。但是如果在一项交易中，涉及多种商品，或规格、等级不同，则在数量条款中要一一列明。

根据《公约》规定，按约定的数量交付货物是卖方的一项基本义务。如卖方交货数大于约定的数量，买方可以拒收多交的部分，也可以收取多交部分中的一部分或全部，但应按合同价格付款；如卖方交货数少于约定的数量，卖方应在规定的交货期届满前补交，但不得使买方遭受不合理的不便或承担不合理的开支，即便如此，买方也有保留要求损害赔偿的权利。因此，买卖双方一旦在合同中订立了数量条款，该条款就成为买卖双方交接货物的依据。

在合同中订立数量条款时，如果是包装的货物，一般除了约定合同总数量或重量外，通常还约定包装的具体规格以及数量。卖方在交货时，不仅要注意总数量符合合同约定，而且按小包装分装的数量也不能违约，否则也会导致买方索赔。

数量条款举例：

铁桶装，每桶净重 195~200 千克，共 550 桶。

In iron drums of 195~200kg, 550 drums total.

纸箱包装，每箱 12 打，尺码搭配，共 9600 打。

In cartons of 12 dozen each and size assorted, 9600 dozen total.

数量 5000 公吨，卖方交货时可溢装或短装 5%。

Quantity：5000 metric ton, with 5% more or less at seller option.

（四）订立数量条款要注意的问题

在国际贸易中，订立合同中的数量条款时，需要注意以下一些问题：

1. 正确掌握成交数量

在洽商交易时，应正确掌握商品成交数量，防止盲目交易，特别是交易量非常大的时候。在签订出口合同时，对出口商品数量的掌握要考虑国外市场的供求状况、国内货源的供应情况、国际市场的价格动态以及国外客户的资信状况和经营能力。在签订进口合同时，对进口商品数量的确定要考虑自己或客户的实际需要以及支付能力、市场行情变化等因素。

2. 数量条款应当明确具体

为了便于履行合同和避免引起争议，进出口合同中的数量条款应当明确具体，特别是计量单位要明确。如"中国大米 1000 吨"就不准确，应该明确表明是公吨、长吨还是短吨，不能笼统写成"吨"。在用长度单位时，还要注意公尺、英尺、码之间的换算。此外对一些比较特殊的计量单位也应适当掌握。如原油的单位"桶"，谷物的单位"蒲式耳"。在中国香港地区有"司马担"，1 司马担为 60.48 千克。此外还有"罗"，1 罗为 12 打，1 大罗为 12 罗即 1728 个。

3. 合理规定数量机动幅度

某些商品，如需要规定数量机动幅度时，则数量机动幅度是多少、由谁来掌握这一机动幅度以及溢短装部分如何作价，都应在条款中具体订明。

☞ **技能训练**

我国某公司与日本某公司成交一笔大豆出口交易。合同的数量条款规定：每袋大豆净重100千克，共1000袋，合计100吨，但货物运抵日本后，经海关检查，每袋大豆净重只有96千克，1000袋共96吨，当时正遇大豆市场价格下调，日本公司以单货不符为由，提出降价5%的要求，否则拒收。

请问：根据《UCP600》的规定，日方的要求是否合理？

四、商品的包装

在国际货物买卖中，对于不同的商品，其包装要求也不同。有些大宗商品不需要包装，或者是难以包装、不值得包装，如石油、天然气、煤炭、矿石等，我们称之为"散装货"（Cargo in Bulk），这些商品可以散装于装载的运输工具上。有的货物在形态上自然成件，无须包装或只需要简单的捆扎即可成件，如车辆、钢铁、橡胶等，这些商品我们称为"裸装货"（Nuded Cargo）。除了这两类不需要包装的商品外，国际贸易中绝大多数商品都是包装货。所谓"包装货"（Packed Cargo），是指必须进行包装才能运输和销售的货物。

在国际贸易中，商品一般都要经过长途辗转运输，有时还要经过多次装卸，因此必须要对包装货进行适当的包装，以保护商品、方便运输、储存、分配和销售。此外，包装在国际贸易中具有其特殊的意义，包装是货物说明的重要组成部分，包装条件是买卖合同中的一项主要条件。《公约》第三十五条第一款规定："卖方交付的货物必须与合同所规定的数量、质量和规格相符，并须按照合同所规定的方式装箱或包装。"如果卖方不按照合同规定的方式装箱或包装，即构成违约。某些国家的法律规定，如卖方交付的货物未按规定的条件包装，或者货物的包装与行业习惯不符，买方有权拒收货物；如果一部分货物按约定的方式包装，另一部分却与其他货物混杂在一起，买方可以拒收违反约定包装的那部分货物，甚至可以拒收整批货物。在国际贸易中，必须掌握一定的包装知识，才能避免不必要的损失。

（一）包装的作用

当人们在超市购买商品时，会看到货架上琳琅满目的包装好的商品，有时一种商品可能会有几层包装，如口香糖会有锡箔纸、彩色包装纸、纸盒等不同的包装，纸盒外还要套上纸箱以便搬运、储存。概括起来，商品包装的作用主要有三种：

1. 保护性作用

保护作用是指保护被包装的商品，防止商品变质、损坏、玷污、掺杂、散失或挥发等。保护作用是商品包装最基本的作用。产品从生产出来到被使用之前，必须要加以认真保护，从包装材料的选择到包装结构的设计，都要做到使商品具有耐压性、耐摩擦性、耐腐蚀性、防潮、防锈、防虫、防霉、防水、防受热或受冷等要求。如果所使用的包装不能保护好里面的物品，使物品在运输、储藏等过程中变质或失去使用价值，则这种包装就没有起到保护作用。凡需要包装的商品，只有通过包装，才能进入流通领域和消费领域，从而实现商品的使用价值和价值。

有些商品甚至根本离不开包装。如果没有包装，商品质量就没有保障了，如香水、碳酸饮料、胶卷等；有些商品如果包装材料或包装方式选择不当，还会影响商品质量。这时，包装已经构成了完整商品的一个组成部分，因此对这些商品来说，包装既有保护的作用，同时也构成商品品质的一部分。

2. 便利性作用

随着国际市场竞争的日益加剧，特别是超级市场、连锁商店和现代物流业的迅速发展，商品经过适当的包装，方便了消费者的使用和购买，也为运输、装卸、搬运、储存、保管、清点、陈列和展示提供了便利。可以说，如果没有包装技术的改进，就没有今天的各种商业形态。国际贸易中的许多商品，最终是要进入各国的超级市场和连锁店的，因此，商品的包装方便了销售、运输及消费；

3. 促销性作用

在当前市场竞争十分激烈的情况下，强化商品的包装成为竞争的重要手段。大量的调查研究表明，包装本身的价值也能引起消费者购买的动机，美观新颖、高雅精致的包装，可以激发消费者的购买欲望，提高商品的身价，扩大销路。包装上所标示出来的各种信息，如品牌、制造厂家或零售商的名称、商品知识等还可以起到广告宣传的作用。

过去，我国的出口商品由于不重视商品的包装，在国际市场上有"一流商品、二流包装、三流价格"的说法，中国制造的商品"物美价廉"，缺乏非价格竞争优势。在当今国际市场竞争中，商品的质量、价格和包装设计成为三个主要因素，其中商品包装对商品销售的促进作用越来越重要。为此，必须要重视出口商品的包装，提高中国商品的综合竞争能力。

☞ **技能训练**

在 20 世纪 80 年代，品质优良的吉林人参由于包装极不讲究。几十根人参捆在一起包成一包，装箱即运，包装很经济，售价也很低廉。而韩国高丽参采用精美透明的礼品盒包装，使人参这种高贵的药用补品成为人们馈赠亲朋好友的佳品，物有所值，售价为吉林人参的2~3 倍。

讨论：为什么包装不同会出现不同的结果？

（二）包装的分类

根据包装所起作用划分，商品包装可分为运输包装和销售包装两大类。

1. 运输包装

运输包装（Transport Packing）又称大包装（Big Packing）或外包装（Outer Packing），是为了满足货物运输、装卸和存储的要求，对货物进行的成件或成箱的包装。它的作用主要在于保护货物在长时间和远距离的运输过程中不被损坏和散失，同时也起到便于储存、检验、计数、分拨以及节省运费的作用。

为了适应商品在运输装卸过程中的不同要求，运输包装又分为单件运输包装和集合运输包装两大类。

（1）单件运输包装。单件运输包装是指货物在运输过程中作为一个计件单位的包装，如采用箱（Case）、桶（Drum，Cask）、袋（Bag）、包（Bale）、捆（Bundle）等单件容器对货物进行包装。

采用单件运输包装时，在合同的包装条款中须注明使用的包装材料。如木箱（Wooden Case）、纸箱（Carton）、木桶（Wooden Cask）、铁桶（Iron Drum）、塑料桶（Plastic Cask）等。另外，对于单件运输包装的容量，也要根据双方的商定，在合同条款中写明。如"Ten bottles are put into a box and 100 boxes into a carton"（10瓶装入一小盒，100盒装入一个纸箱）。

（2）集合运输包装。集合运输包装又叫成组化运输包装，是将若干单件运输包装组合成一件大包装。集合包装一方面能更好地保证商品的质量和数量，同时也可以提高港口装卸速度，便利货运，减轻装卸搬运的劳动强度，降低运输成本和节省运杂费用，并促进包装的标准化。

集合运输包装主要通过集装包、集装袋、托盘和集装箱进行。

集装包、集装袋（Flexible Bag/Bale），是一种用合成纤维或复合材料编织成的圆形大口袋或方形大包，其容量一般在1~4吨，最高可达13吨左右。它一般适合于装载粉粒状货物，如化工原料、矿产品、农产品、水泥等散装货。

托盘（Pallet），是按一定规格制成的一种平板载货工具，一定数量的单件货物叠放于平板上并捆扎加固，组成一个运输单位，便于运输过程中使用机械进行装卸、搬运和堆放。适宜于用托盘运输的货物是箱装罐头食品、硬纸盒装消费品等比较小的包装商品。而比较大、形状不一的商品如机械或散装冷冻货物等，不适于采用托盘进行运输。

在这里需要注意的是，在实际业务中托盘是运输工具的组成部分，托盘上的货物仍然需要包装。但由于托盘可以集结一定的单件货物，便于用铲车或托盘升降机进行作业，所以它也可以起到保护商品的作用，还可以简化包装，如原来用木箱包装的可以改用纸箱包装，因此人们把它当作一种特定的运输包装方式来看待。

集装箱（Container），是一种运输货物的容器，它是运输工具的组成部分，可以使用机械直接装卸、搬运，还可以从一种运输工具上直接换装到另一种运输工具上，而不需要碰触箱内的货物。集装箱本身实际上起到一个强度很大的外包装作用，因而箱内的货物可以大大简化外包装，有些商品甚至无须包装。

2. 销售包装

销售包装（Selling Packing）又称小包装（Small Packing）、内包装（Inner Packing）或直接包装（Immediate Packing）。这类包装具有保护商品、提供信息以及装潢、促销的功能。

由于销售包装是直接接触商品并随商品进入零售的包装，因此销售包装在材料、造型、文字说明等方面都有较高的要求。有些国家对于商品销售包装有强制性要求，例如，德国政府要求食品、饮料的包装容量应为0.21公升、0.33公升、0.50公升、0.70公升、1公升五种规格。

（1）销售包装的基本要求。为了使销售包装适应国际市场的需要，在出口商品的销售包装上，应体现以下基本要求：

①便于陈列。展销在零售市场上，特别是在自选市场上，顾客自己从货架上挑选喜爱的商品，商品包装能否便于陈列展销是至关重要的。便于陈列展销的包装包括：

a. 堆叠式包装，指商品包装的顶部和底部都设有咬合部分，使商品在上下堆叠时可以互相咬合，这种包装稳固性强，适用于超级市场堆叠罐装、瓶装、盒装等商品。

b. 挂式包装，指用挂钩、挂孔、吊带等悬挂商品，这类包装能充分利用货架的空间来陈列商品。

c. 展开式包装，指用特殊设计的盖盒衬托商品。当打开这种盖盒时，盒面图案和造型设计可以和商品相互衬托，以达到理想的陈列展销效果。

②便于识别商品。有些商品如小食品和一些有特殊造型效果的商品或有着传统包装的商品，消费者在购买时需要透过包装对商品进行挑选。为了有利于消费者识别商品，使消费者从包装外表就能对产品的特征了如指掌，销售包装可以采用下列两种方式：

a. 透明和开窗包装，指全部或部分用透明材料或开窗纸盒包装，便于购买者识别商品的形态和质量。

b. 习惯包装，指采用商品多年习惯的包装造型或传统包装方式，使购买者一看到包装即可识别商品质量。

③便于携带和使用。考虑到商品的特性和用途，有一些包装是为了便于商品的携带和使用而设计，这类销售包装分为以下几种：

a. 携带式包装，指在包装上附有手提装置，适合消费者携带使用。

b. 易开包装，指包装容器上有严密的封口结构，使用者不需要另备工具即可容易地开启。

c. 喷雾包装，指流体商品的销售包装本身带有自动喷出流体的装置，使用相当便利。

d. 配套包装，指把经常同时使用的不同种类和不同规格的商品配套装入同一包装内。

此外，还有一次性包装、微型包装、真空包装等多种包装方式。

④包装装潢有艺术性。包装装潢通常包括一定的图案和色彩，包装图案和色彩应美观大方，富有艺术吸引力，突出商品的特点。特别是在礼品包装上，包装造型应该美观大方，有较高的艺术性。在图案和色彩的使用上要注意符合有关国家的民族习惯和爱好。例如，阿拉伯地区的国家规定进口商品的包装禁用六角星图案，因为六角星与以色列国旗中的图案相似；我国认为大红色是喜庆、吉利的色彩，但有些地区的人却把红色看作是凶兆。

（2）销售包装的文字说明。在销售包装上应有必要的文字说明，文字说明通常包括商标、品牌、品名、产地、数量、规格、成分、用途和使用方法等。在制作文字说明时，应注意有关国家的标签管理条例的规定。例如，日本政府规定，凡销往该国的药品，除必须说明成分和服用方法外，还要说明其功能，否则就不准进口；希腊政府要求进口产品包装上要用希腊文写明代理商、进口公司、生产国别和重量、数量；美国要求在酒的包装上写明"孕妇不宜""酒后禁止开车"的英文字样。此外，有些国家甚至对文字说明所使用的语种也有具体规定。例如，加拿大政府规定，销往该国的商品必须同时使用英、法两种文字。

（3）条形码。条形码是一种产品代码，由一组带有数字的黑白及粗细间隔不等的平行线组成，是利用光电扫描阅读设备为计算机输入数据的特殊代码语言。通过这些产品代码可以判断出该商品的生产国别或地区、生产厂家、品质规格和售价等一系列信息。

目前，许多国家的超级市场和连锁店，都使用条形码技术来实现自动扫描结算、库存管理。如果商品销售包装上没有条形码，就不能进入超市或连锁店销售。

国际上通用的条形码有两种：一种是由美国、加拿大组织的统一编码委员会（Universal Code Council，UCC）编制的UPC码（Universal Product Code）；另一种是由欧盟12国成立的欧洲物品编码协会（European Article Number Association）。该组织后改名为国际物品编码协会（International Article Number Association）编制的 EAN 条码（European Article Number）。目前 EAN 条码已成为国际公认的物品编码标志系统。前 3 位数字为国别码，中间 4 位数字为厂商代码，后 5 位数字为产品代码，最后一位为校验码。中国于 1988 年 12 月建立中国物品编码中心，并于 1991 年 4 月正式加入国际物品编码协会。目前，国际物品编码协会分配给中国的国别号为"690""691""692""693""694"和"695"，也就是说物品编码前三位凡有以上代号的商品，即表示是中国生产的，如图 3-1 所示。

图 3-1　条形码

（三）运输包装的标志

运输包装的标志是指为了方便货物运输、装卸及储存保管，便于识别货物和防止损坏而在商品外包装上刷写的标志。按标志的作用可分为运输标志、指示性标志、警告性标志和其他一些附属性标志。

1. 运输标志

运输标志（Shipping Mark）又称为唛头。是由简单的几何图形加上字母、数字和简单的文字构成的。其主要作用是便于装卸、运输、储存过程中对商品的识别、点数，防止错发错运，以有利于运输和海关对商品的查验。

运输标志的主要内容有以下三项：一是收、发货人的名称缩写或代号，二是目的港口或目的地名称，三是件号、批号。此外，可根据需要添加原产地、合同号、许可证号、体积、重量等内容。

运输标志的内容通常由买卖双方根据需要商定，往往繁简不一。为了适应电子商务环境下单据标准化的需要，联合国欧洲经济委员会在国际标准化组织和国际货物装卸协会的支持下，制定了一项"国际标准运输标志"向各国推荐使用。该标志由四行内容按照固定顺序排列组成，每行不超过 17 个字母。四行内容的要求是：

第一行为收货人（或买方）英文名称的字头或缩写。但使用国际铁路或公路运送商品时，必须使用全称。

第二行为参考号。此号码必须具有实际意义和参考价值，如合同号、发票号、运单号等。

第三行为最终运达的目的港或目的地名称。如果需要转运，则需要加注转运港或转运地名称，并应加上"VIA"字样；如果采用多式联运，则不必标明转运地名称。

第四行为件数号码。要求必须标明总件数和顺序号。如果一共 200 件商品，则应在商品的外包装上按顺序标注"NO. 1-200；NO. 2-200，…，NO. 200-200"。

应该注意，标准运输标志不能使用任何图形或图案。以下为一个标准运输标志示例。

XYZ ……………………………………………………………… 收货人代号

SC04010001 ·· 参考号

LONDON VIA HONGKONG ··················· 目的港、转运港

NO. 1-150 ································· 件号

2. 指示性标志

指示性标志（Indicative Mark）是指对易碎、易变质或易损害的商品，需要在运输包装上刷上的简单、醒目的图形和指示性的文字。如"小心轻放""怕湿""向上"等。它指示人们在装卸、运输、仓储过程中需要注意的行为事项，这些指示性标志又称操作标志。

各国对运输包装上需要刷制的指示性标志的色彩、图形以及标志形式、位置、尺寸等都有相应的规定。国际标准化组织也规定了国际海运的指示性标志。图3-2列出了一些常见的指示性标志。

标志	易碎物品	禁用手钩	向上	怕晒	怕辐射
含义	该包装件内装易碎物品，搬运时应小心轻放	搬运运输包装件时禁用手钩	该运输包装件在运输时应竖直向上	该包装件不能直接照晒	该包装件一旦受辐射会变质或损坏
标志	怕雨	重心	禁止翻滚	此面禁用手推车	禁用叉车
含义	该包装件怕雨淋	包装件的中心位置，便于起吊	搬运时不能翻滚该运输包装件	搬运货物时此面禁止放在手推车上	不能用升降叉车搬运的包装件
标志	由此夹起	此处不能夹卡	堆码质量极限	堆码层数极限	禁止堆码
含义	搬运货物时可用夹持的面	搬运货物时不能用夹持的面	该包装运输件所能承受的最大质量极限	堆码相同包装件的最大层数，n表示从底层到顶层的总层数	该包装件只能单层放置
标志	由此吊起	温度极限			
含义	应标在实际起吊位置上	包装件应保持的温度范围			

图3-2　指示性标志

在国际贸易业务中，各国的出口商品运输包装上可以同时使用本国和国际标准化组织的两套标志。

3. 警告性标志

警告性标志（Warning Mark）是指在危险货物包装上刷写或粘贴的标示商品危险性质和等级的图形或文字，它提示有关人员商品在物流过程中注意采用相关的保护措施，以保障安全。

警告性标志又称"危险品标志"（Dangerous Cargo Mark）。在危险品上刷制警告性标志，是带有强制性的。我国有《化学品分类和危险性公示　通则》（GB 13690—2009）和《危险货物分类和品名编号》（GB 6944—2012）两个国家标准。该标准将危险品按其危险性划分为爆炸品（Explosive）、易燃品（Inflammable）、遇湿易燃物品（Dangerous When Wet）、氧化剂（Oxidizer）、毒害品（Poison）、放射性物品（Radioactive）、腐蚀品（Corrosive）等。根据我国原国家技术监督局发布的《危险货物包装标志》规定，在这些危险品商品的运输包装上必须打上相应的警告性标志，如图3-3所示。

图3-3　警告性标志

国际上有关运输组织也分别制定了国际海上、铁路、航空危险商品运输规则。联合国危险货物运输专家委员会制定了《国际海运危险货物规则》（International Maritime Dangerous Goods Code，IMDG Code）；国际海事协会组织也公布了一套"国际海运危险品标志"，这套标志已被许多国家和地区采用；有的国家还规定危险商品进口时，运输包装上必须有该组织规定的危险品标志，否则不准靠岸卸货。为了方便运输，我国在出口危险货物时，可在运输包装上同时刷制我国的危险品标志和国际海运危险品标志。

在运输包装上刷制警告性标志时，要注意标志必须刷在包装上的明显部位，让人一目了然，并防止脱落、褪色。

4. 附属性标志

有些情况下，在商品的运输包装上，会根据交易需要或运输要求，增加其他内容。如标明包装的体积和毛重，以方便储运过程中安排装卸作业和舱位；刷上产地标志或商品产地、装箱货物的规格或颜色搭配等；对一些易腐烂的商品还应标示出生产日期或有效期；在采用集装箱运输时，一般还应注明集装箱数。例如：

6 7 7 (1/2) 8 8 (1/2) 9……货物型号
3 8 9 8 7 3……数量搭配
MADE IN CHINA………………生产国别
CTN/NO 1-10………………… 集装箱数

这些附属性标志（Subsidiary Mark）不是唛头的组成部分，因此在刷制时应该单独标示，避免与唛头混淆。

（四）中性包装与定牌生产

中性包装与定牌生产是与商品包装有关的两种特殊贸易做法，这两种做法在我国的出口贸易中有一定范围的应用。

1. 中性包装

中性包装（Neutral Packing）是指在商品的本身，以及商品的内包装和外包装上，既不标明生产国别、地名和厂商名称，也不标明商品原本的商标或品牌的包装。商品一旦采用中性包装，人们无法直接判别出该商品生产制造的原产地和厂商信息。

在国际贸易中，通常中性包装是由一些中间贸易商提出的，它是为了打破某些进口国家与地区的关税和非关税壁垒以及适应某些转口贸易的特殊需要。出口国家厂商加工能力较强，为加强对外竞销和扩大出口，可以接受中性包装的要求。

中性包装可分为"无牌中性包装"和"定牌中性包装"两种方式。"无牌中性包装"是指在商品的内外包装上没有生产国别和厂商名称，也没有商标或品牌；"定牌中性包装"是指在包装上有买方指定的商标或品牌，但不标明生产国别和厂商名称。

2. 定牌生产

在国际贸易中，除了采用定牌中性包装的方式外，还有一种与之相关的"定牌生产"方式，这是指卖方按买方要求在其制造的商品上标明买方指定的商标或牌名。它与"定牌中性包装"的共同点是在商品本身和销售包装上均标明买方指定的商标。两者的区别是，"定牌中性包装"在包装上不标明生产制造国别或厂商名称；而"定牌生产"的商品上则标明生产制造国别或厂商名称。当前，由于生产的全球化以及"外包加工"生产方式的发展，世界许多名牌产品公司以及一些大型超级市场、百货公司等，在其经营销售的商品上或包装上标有自己的商标或品牌，以降低成本和提高品牌的知名度，因此定牌生产方式发展很快。在我国出口贸易中，如果外商订货量较大，需求比较稳定，为了适应买方销售的需要和有利于扩大我国商品的出口销路，卖方也可以接受定牌生产的方式。

但需要注意的是，"定牌中性包装"和定牌生产中的商标或品牌由于是买方提供的，卖方按买方的要求在生产商品时将商标印制在商品的本身或包装上，因此要避免买方指定的商标或牌名存在商标侵权的现象。例如，2006 年 5 月，厦门海关查扣了一批某公司按订单生产并申报出口至东欧某国的童装，厦门海关查验关员在对这批出口服装查验时，发现了数百件儿童背心上印有奥运五环及福娃标志。随后，第 29 届奥运会组委会对此专门来函确认，国际奥委会和第 29 届奥运会组委会从未许可进口方和出口方公司生产、销售、申报出口带有奥林匹克五环图案和吉祥物的儿童套装背心，已侵犯了奥林匹克标志专有权，要求海关采取措施对这批货物进行扣留。为了避免在定牌业务中处于被动，应由买方事先提供"授权生产"等证明，并在合同中规定："买方指定的商标，当发生被第三者控告是侵权时，应由买方与控告者交涉，与卖方无关。由此给卖方造成的损失应由买方负责赔偿。"

☞ **技能训练**

某外商欲购我国某企业生产的"荷花"牌电扇，但要求改用"莲花"商标，并不得注明我方的产地和厂商名称。外商这一要求属于无牌中性包装还是定牌中性包装？

如果外商要求改用"莲花"商标，并注明"MADE IN CHINA"，这属于定牌中性包装还是定牌生产？

（五）包装条款的重要性及内容

包装条款是合同的重要组成部分，也是合同顺利履行的重要保障。根据我国商检法的规定，须经法定检验的商品以及列有包装条件的商品，在签订合同时应按法定检验规定办事。不属于法定检验商品范围的商品，其包装条款由双方商定。因此，买卖双方在制订包装条款时应认真、仔细、合理、详尽。

在国际货物买卖合同中，通常包装条款会包括包装材料、包装方式、包装规格、包装标志等内容。

包装条款举例：

货物以适合远洋运输的纸箱包装，每箱装 10 打，共计 560 箱。卖方应在纸箱上刷有货号、毛重、净重、货物原产地以及运输标记。

To be packed in cartons suitable for long voyage. 10 dozen to a carton, tolally 560 cartons. The seller shall mark clearly on each carton with the article number, gross and net weight, country of origin as well as the shipping marks.

（六）订立包装条款要注意的问题

由于国际货物运输，特别是海洋运输具有路程长、环节多、时间长以及气候条件变化大等特点，对运输包装的要求要比国内贸易商品的运输在包装要求会更高，因此商品包装条款要注意以下一些问题：

1. 能够适应商品的特性和不同运输方式的要求

商品的特性、形状和使用的运输方式不同，对包装的要求也不相同。因此，在约定包装材料、包装方式、包装规格和包装标志时，必须从商品在运输、储存和销售过程中的实际需要出发，使所约定的包装条款科学、合理，既能达到安全、适用和适销的要求，还能降低包装成本。

从包装材料和方式上看，出口商品包装有木箱装、纸箱装、铁桶装、麻袋装等，此外还有新旧之分。在选用不同的材质时，必须要注意使其适合所要运输的商品。出口商品目前以海洋运输为主，海运的特点是运输时间长、气候变化大，因此商品包装必须科学，适宜于长途运输。易碎的玻璃器皿、搪瓷产品等必须有良好的衬隔垫以防碰碎。货物外包装如系木箱、纸箱时则应注意箍扎加固，使其能经得起堆装，以防装卸时外包装破裂散开。

2. 对包装的规定要明确具体

在合同中，应该对包装内容进行具体的规定，要在合同中列明包装材料、包装方式，同时还要根据需要加注尺寸、每件重量或数量、加固条件等。一般不宜采用诸如"海运包装"（Seaworthy Packing）、"习惯包装"（Customary Packing）之类的术语，因为这类术语含义模糊，没有统一的解释，容易引起争议。除非客户之间早已有了共识或惯例。

3. 符合有关国家的法律规定

目前一些国家或地区，为了保护消费者的安全，有许多关于包装材料的具体规定。例如，欧盟规定，接触食物的氯乙烯容器及材料，其氯乙烯单位最大含量为每千克 1 毫克，转移到食品中的最大值是每千克 0.01 毫克。

为防止植物病虫害的传播，许多国家明确规定了禁用的包装材料。例如，美国禁止使用稻草做包装材料，如被海关发现，必须当场销毁，并支付由此产生的一切费用；新西兰农业检疫所规定，进口商品包装严禁使用干草、稻草、麦草、谷壳或糠、生苔物、土壤、泥灰、用过的旧麻袋等；菲律宾卫生部和海关规定，凡进口的货物，禁止用麻袋和麻袋制品及稻草、草席等材料包装；澳大利亚防疫局规定，凡用木箱包装（包括托盘木料）的货物进口时，均需提供熏蒸证明。

现在国际上普遍重视环境保护工作，绿色包装制度已成为发达国家设置的绿色标准的主要内容之一。绿色包装制度就是要求进口商品包装做到节约资源、用后易于回收或再利用、易于自然分解、不污染环境、保护环境资源和消费者健康。为此发达国家相继采取措施，制定了含有环保措施的关于包装的法律、法规和技术标准。许多国家规定，啤酒、软饮料和矿泉水一律使用可循环使用的容器，如德国、法国、荷兰、丹麦等许多国家都制定了各种包装物的回收比例。

4. 明确包装材料的供应以及费用的负担

通常情况下，商品内包装费用一般已包含在商品货价之内，不另外计收。但是，对于商品的外包装，特别是可以反复使用的包装，通常是由卖方供应包装材料并负担有关费用，包装连同商品一同交付买方。但也可以是由卖方供应包装，交货后，卖方将原包装收回，关于原包装返回给卖方的运费由何方负担，应在合同中明确规定。

我方若能够按质按量供应出口包装，则应尽量采用我方包装。如果买方要求采用特殊的内外包装材料，对超出的包装费用通常在合同中明确规定由买方负担。在这种情况下，还应在合同中进一步规定买方支付这部分费用的时间和方式。如果由买方提供全部或部分包装材料，还需要明确规定包装材料到达卖方的最后期限，以及逾期到达卖方时买方应承担的责任。

5. 明确规定运输标志

按贸易惯例，运输标志一般由卖方设计确定和刷制，这种做法习惯上称为"卖方唛头"（Seller's Mark）；如果由买方指定运输标志并提交给卖方刷制，习惯上称为"买方唛头"（Buyer's Mark）。在采用"买方唛头"的做法时，则应在合同中明确规定运输标志的示样和内容，并规定买方提供唛头示样的时限。考虑到买方有可能提供唛头的时间过晚而影响卖方装运货物，可在合同中规定"如果在货物装运前××天未收到买方有关唛头的通知，卖方可自行设计和刷制唛头"。

※任务训练

1. 知识训练

（1）买卖合同中规定货物质量的方法有哪几种？分别说明其含义和在使用时应注意的问题。

（2）试述"质量机动幅度"和"质量公差"的规定方法及其作用。

（3）说明下列几个名词的含义：Sale by Sample，Sale by Description，F. A. Q.，Quality Latitude。

（4）什么是数量机动幅度？为什么在某些商品的买卖合同中要规定溢短装条款？

（5）简述商品包装的作用。

2. 能力训练

（1）我内地某出口企业与外商签订一份买卖合同，条件为：铸铁井盖 5000 吨，分 10 批装运，货物按买方提供图样生产，经买方验收后方可接收；品质条款规定：铸件表面应光洁，铸件不得有裂纹、气孔、砂眼、缩孔、夹渣和其他铸造缺陷；同时规定签约后 10 日内卖方须向买方预付第一批货款金额的 10%作为保证金（25 万元），买方签署质量合格确认书后 5 日内返还保证金，否则买方有权拒收货物。不经双方同意，不得单方面终止合同，否则由终止合同一方承担损失。我方签约后很快将 25 万元保证金汇交外商，货样生产出来后即让外商来验货，但该外商借口业务繁忙，一拖再拖，实在拖不过去了，就提出先请当地商检部门代为验货。我商检部门仔细审查合同后发现，光洁是一个比较含糊的概念，容易引起纠纷，使我方处于被动地位。于是封存样品，并要求买方立即前来验货。该商人接到通知后，不但不来验货，反而称卖方不能在规定的期限内生产出合格的产品，属于单方面违约，并要通过法律程序解决。卖方这才意识到，外商是在利用合同进行诈骗。

请问：该案例中的出口商犯了哪些错误？应从中汲取哪些教训？谈谈你的感受。

（2）某公司出口电吹风 2000 个，合同规定必须一次装运，不允许部分发运。在装船时，发现有 80 个严重损坏，临时更换又来不及，为保证交货质量，发货人员认为根据《跟单信用证统一惯例》的规定，即使合同未规定溢短装条款，数量上仍允许有 5%的增减，故决定少交 80 个，即少交 4%，结果遭到银行拒付。请你分析一下银行拒付的原因。

3. 情景接力训练

你工作非常努力，在部门经理的帮助下，你与美国威富公司业务员（Poter）反复磋商，该公司于 2017 年 11 月 15 日表示可以购买一批 Polo T Shirt，货号分别为：TSPS、TSPM、TSPL、TSPXL。以下是商品的基本资料。请将商品品名、品质、数量、包装中英文条款填入合同中。

Item NO.	"MGOO" High Quality 100% Polyester T Shirts Short Sleeve Dry Fit Design
Fabric	100% polyester
Fabric weight	180 grams
Fashion	Dry fit
Size	European/Asia/American sizes available（S M L XL XXL XXXL）
Style	100 polyester T shirts
Order Method	1. In stock wholesale. 2. lowest order for OEM. 3. Bulk order for OEM & ODM

商品成交数量为：TSPS、TSPM 各 2000 件，TSPL、TSPXL 各 2400 件。

商品包装条件为：TSPS、TSPM 每 20 件装入一个纸箱，各 100 箱；TSPL、TSPXL 每 24 件装入一个纸箱，各 100 箱。所有商品共装入一个 20 英尺的集装箱。

任务三　价格条款的拟定

※任务目标

通过学习，了解贸易术语的含义、作用、有关国际惯例以及出口价格的构成、各项费用的基本概念，掌握 FOB、CFR、RIF 术语下买卖双方各自的责任，费用和风险划分，掌握六种常用贸易术语的具体含义及合理应用，能进行主要贸易术语之间的价格转换，能熟练核算出口报价并能签订合同中的价格条款。

※任务详解

在国际货物买卖中，价格（Price）是买卖双方十分关心的一个重要问题，货物的价格是交易的主要条件，价格条款是买卖合同中必不可少的条款。如何在合同中规定价格条款是一项非常重要的内容，需要结合许多方面的知识。

一、贸易术语及惯例

（一）贸易术语

贸易术语是指用一个简短的概念或三个英文字母的英文缩写来表示商品的价格构成，说明交货地点，明确货物交接过程中买卖双方的有关责任、风险、费用划分的专门用语。

贸易术语是国际贸易实践的产物。国际贸易的买卖双方分处不同的国家，运输距离长，交易环节多，货物受到各种自然灾害或意外事故而受到损害的可能性也大一些，买卖双方必须明确规定各自的责任、义务，分清各自应承担的风险，这就需要在交易磋商中涉及以下诸多问题：

（1）卖方在什么地点交货？以什么方式交货？

（2）谁负责将货物运至目的地或目的港并承担运费？

（3）谁负责为货物投保货运保险并承担保险费？

（4）谁办理货物在出口国的出口手续并付必要的出口税、费？

（5）谁办理货物在进口国的进口手续并付必要的进口税、费？

（6）货物在运输途中遇上风险，出了问题由谁负责？

上述问题是每笔交易都必须明确的，但如果在每笔交易中，买卖双方都要对上述问题进行详细的磋商，不免有些烦琐。为了简化交易程序，节省交易时间，促成交易的达成，在长期的贸易实践中，逐渐形成了用贸易术语来代表具体交货条件和买卖双方的责任、风险、费用划分的做法。

贸易术语不仅仅确定了交货条件，既说明了买卖双方在交接货物时各自承担的责任、风险和费用，还表明了商品的价格构成，这是贸易术语的两重性。

（二）有关贸易术语的国际贸易惯例

在国际贸易中，贸易术语被用来说明交货方式和货物的价格构成，其前提条件是不同国家的交易者对同一术语有一致的理解。早在1812年，国际贸易中就出现了装运港交货的术语即FOB，到19世纪中叶，以CIF为代表的单据买卖方式已经成为国际贸易中最常用的贸易做法。到现在，贸易术语无论数量、名称还是内涵都有了很大的发展，成为国际贸易中不可缺少的专门用语，被称为"对外贸易的语言"。为了适应国际贸易的发展，解决各国对贸易术语理解上的分歧，国际商会、国际法协会等国际组织以及美国一些商业团体纷纷制定了解释国际贸易术语的规则，这些规则被广泛采用，形成了有关贸易术语的国际贸易惯例。

1.《1932年华沙—牛津规则》（*Warsaw—Oxford Rules 1932*）

19世纪中叶，CIF贸易术语已在国际贸易中得到了广泛应用，然而对使用这一术语时买卖双方各自承担的具体义务，并没有统一的解释。1928年，国际法协会在波兰首都华沙开会，制定了关于CIF买卖合同的统一规则，称为《1928年华沙规则》，共包括22条；其后，在1930年的纽约会议、1931年的巴黎会议和1932年的牛津会议上，将此规则修订为21条，并更用现名，沿用至今。这一规则对CIF的性质、买卖双方所承担的责任、风险和费用的划分以及货物所有权转移的方式等都做了较为详细的解释。

2.《1990年美国对外贸易定义修订本》（*Revised American Foreign Trade Definitions 1990*）

1919年，美国九大商业团体制定了《美国出口报价及其缩写》，对当时使用的贸易术语进行了统一命名和解释。后来因国际贸易习惯的变化，于1940年、1989年进行修订，现行的命名为《1990年美国对外贸易定义修订本》，由全国对外贸易协会公布。

该修订本对以下六种贸易术语作了解释：

（1）Ex（Point of Orgin）产地交货。如"制造厂交货""矿山交货""农场交货""仓库交货"等，其后分别注明原产地。按这一术语，卖方只需在规定时间，将符合合同的货物交到原产地双方约定的地点，就算完成交货义务；

（2）FOB（Free on Board）在运输工具上交货。修订本对此术语有六种解释：

①FOB在指定内陆发货地点的指定内陆运输工具上交货。

②FOB freight prepaid to在指定内陆发货地点的指定内陆运输工具上交货，运费预付到指定的出口地点。

③FOB freight allowed to在指定内陆发货地点的指定内陆运输工具上交货，减除到指定地点的运费。

④FOB 在指定出口地点的指定内陆运输工具上交货。

FOB Vessel 船上交货（指定装运港），本术语与《国际贸易术语解释通则》中的 FOB 相似，但在出口手续与费用负担方面有较大区别：按 FOB Vessel 术语，卖方必须在规定的日期或期限内，将货物实际装载于买方提供的或为买方提供的轮船上，负担货物装载于船上为止的一切费用和承担任何灭失及/或损坏的责任，并提供清洁轮船收据或已装船提单；在买方请求并由其负担费用的情况下，协助买方取得由原产地及/或装运地国家签发的，为货物出口或在目的地进口所需的各种证件。买方必须办理有关货物自装运港运至目的港的运转事宜，包括办理保险并支付其费用，提供船舶并支付其费用；承担货物装上船后的一切费用和任何灭失及/或损坏的责任；支付因领取由原产地及/或装运地国家签发的，为货物出口或在目的地进口所需的各种证件（清洁轮船收据或提单除外）而发生的一切费用；支付出口税和因出口而征收的其他税捐费。

（3）FAS（Free along Side）在运输工具旁边交货。卖方在规定的时间或期限内，将符合合同的货物交到买方指定地点的指定运输工具旁边，就算完成交货义务。卖方不负担将货物装上运输工具的风险和费用。

（4）CFR（Cost and Freight）成本加运费。卖方必须负责安排将货物运至指定目的地的运输事宜并支付其费用，办理货物出口手续并支付相关费用，负担货物装上船为止的任何灭失及/或损坏的责任。

（5）CIF（Cost，Insurance and Freight）成本加保险费、运费。按此术语，卖方除必须承担 CFR 术语下所有的责任外，还需为买方利益而办理海运保险并支付保险费。

（6）Ex Dock（…Named Port of Importation）进口港码头交货。卖方必须负担一切风险、责任和费用将货物运至指定进口港，并卸至码头上。

《美国对外贸易定义修订本》主要在美洲国家采用。由于它对贸易术语的解释，特别是对 FAS、FOB 两种术语的解释与国际商会制订的《国际贸易术语解释通则》有明显的差异，因此，我外贸企业在同美洲国家客户进行交易时，应予特别注意。见表 3-2。

表 3-2　《1941 年美国对外贸易定义修订本》的贸易术语解释

英文名称	术语缩写	中文名称
Ex Works	EXW	工厂交货（指定地点）
Free on Board	FOB	在运输工具上交货（指定装运地）
Free along Side	FAS	在运输工具边交货（指定装运地）
Cost and Freight	CFR	成本加运费（指定目的地）
Cost，Insurance and Freight	CIF	成本、保险费加运费（指定目的地）
Delivered Ex Quay	DEQ	码头交货（指定目的港）

3.《2010 年国际贸易术语解释通则》（INCOTERMS 2010）

《2010 年国际贸易术语解释通则》（以下简称《2010 通则》）是国际商会为统一对各种贸易术语的解释而制定的具有国际性的统一规则，对 11 种贸易术语进行了解释。

（1）《2010 通则》的适用范围。《2010 通则》的适用范围只限于货物买卖合同中交易双方关于交货、收货权利义务的规定，而不涉及卖方或买方为履行合同而订立的运输合同、保险合同、支付和融资合同。其货物也仅指有形的货物，不包括无形的货物如计算机软件等。作为合同的卖方，其基本义务可概括为交付货物、交付单据和转移货物所有权。而《2010通则》仅仅涉及前两项内容，不涉及所有权和其他产权的转移问题，也不涉及违约及其后果问题。

（2）《2010通则》中买卖双方的义务划分。《2010通则》解释了共11种贸易术语。在每种术语的解释上，对买卖双方各列出10项义务，将卖方义务和买方义务逐项间隔排列，上下对照。在10项义务之首冠以"A卖方义务B买方义务"，在每条具体义务前则分别加注"卖方必须"和"买方必须"。

（3）《2010通则》对贸易术语的分类。《2010通则》按贸易术语的共同特性，将11种贸易术语分为E、F、C、D四组：

①E组。本组术语只有EXW（工厂交货）一种，指卖方仅在自己的地点为买方备妥货物。

②F组。包括FCA、FAS、FOB三种术语。按此组术语签订的合同，卖方须将货物交给买方指定的承运人，而从交货地到目的地的运费由买方负担。

③C组。包括CFR、CIF、CPT、CIP四种术语。按此组术语签订的合同，卖方必须订立自装运地至目的地的运输合同并支付运费，但不负担货物自装运地启运后发生损坏或灭失的风险及额外费用。

④D组。包括DAT、DAP、DDP三种术语。按此组术语签订的合同，卖方必须负责将货物运送到指定的目的地，并负担货物交至该处为止的一切风险和费用。见表3-3。

表3-3 《2010年国际贸易术语解释通则》

E组 （起运）	EXW Ex Works	工厂交货（……指定地点）
F组 （主运费付至）	FCA Free Carrier FAS Free alongside Ship FOB Free on Board	货交承运人（……指定地点） 船边交货（……指定装运港） 船上交货（……指定装运港）
C组 （主运费已付）	CFR Cost and Freight CIF Cost, Insurance and Freight CPT Carriage Paid to CIP Carriage and Insurance Paid to	成本加运费（……指定目的港） 成本、保险费加运费（……指定目的港） 运费付至（……指定目的地） 运费、保险费付至（……指定目的地）
D组 （到达）	DAT Delivered at Terminal DAP Delivered at Place DDP Delivered Duty Paid	终点站交货（……指定目的港或目的地） 目的地交货（……指定目的地） 完税后交货（……指定目的地）

资料卡

国际商会的《国际贸易术语解释通则》

《国际贸易术语解释通则》是国际商会对国际贸易中贸易术语的统一解释，具有极强的实践指导意义。该文件于 1936 年首次公布，定名为 INCOTERMS 1936（INCO-TERMS 源于 International Commercial Terms 三词），副标题是 International Rules for the Interpretation of Trade Terms，译作《1936 年国际贸易术语解释通则》。为适应国际贸易的发展，国际商会分别于 1953 年、1967 年、1976 年、1980 年、1990 年对 INCOTERMS 进行了 5 次修改和补充。连续修订 INCOTERMS 的主要原因是使其适应当代商业实践的变化。例如，1980 年的修改引入了货交承运人（FCA）术语，其目的是为了适应在海上运输中出现的交货点不再是传统的货物越过船舷，而是在将货物装船之前运到陆地上的某一点，在那里将货物装入集装箱，以便经由海运或其他运输方式（即所谓联合或多式运输）运输。1990 年的修改是为了适应日益广泛使用的电子数据交换（EDI），卖方提供交货凭证时可以使用 EDI 信息替代纸面单据。

《2010 年国际贸易术语解释通则》（The Incoterms Rules or International Commercial Terms 2010）简称"Incoterms 2010"（中文又称为《2010 通则》，下同），是国际商会根据国际货物贸易的发展对《2000 年国际贸易术语解释通则》的修订版本，于 2010 年 9 月 27 日公布，2011 年 1 月 1 日开始在全球范围内实施，《2010 通则》较《2000 通则》更准确标明各方承担货物运输风险和费用的责任条款，令船舶管理公司更易理解货物买卖双方支付各种收费时的角色，有助于避免现时经常出现的码头处理费（THC）纠纷。此外，新通则亦增加大量指导性贸易解释和图示，以及电子交易程序的适用方式。

虽然《2010 通则》于 2011 年 1 月 1 日正式生效，但并非《2000 通则》就自动作废。因为国际贸易惯例本身不是法律，对国际贸易当事人不产生必然的强制性约束力。国际贸易惯例在适用的时间效力上并不存在"新法取代旧法"的说法，即《2010 通则》实施之后并非《2000 通则》就自动废止，当事人在订立贸易合同时仍然可以选择适用《2000 通则》甚至《1990 通则》。

（三）对主要贸易术语的解释

《2010 通则》所解释的 11 种贸易术语中，FOB、CFR、CIF、FCA、CPT 和 CIP 是使用较多的六种。掌握这六种主要贸易术语的含义、买卖双方的义务以及在使用中应注意的问题至关重要。

1. 对 FOB 术语的解释

FOB 的全文是 Free On Board（…Named Port of Shipment），即船上交货（……指定装运港），习惯上称为装运港船上交货。

"装运港船上交货"是指当货物在指定装运港交到船上时，卖方即完成交货。买方必须自该交货点起，负担一切费用和货物灭失或损坏的风险。

FOB 术语要求卖方办理货物出口清关。

本术语只能用于海运或内河运输。如果双方当事人无意以交到装运港船上作为完成交货，则应采用 FCA 术语。

（1）买卖双方的义务。采用这一术语，买卖双方各自承担的基本义务概括见表 3-4：

表 3-4　FOB 贸易术语买卖双方的主要义务

卖方	买方
提供符合合同的货物，在合同规定的日期或期间内，在指定装运港，将货物按港口惯常方式交至买方指派的船上，并给予买方充分通知	负责租船订舱，支付运费，并给予卖方关于船名、装船地点和要求交货时间的充分通知
负责取得出口许可证或其他官方文件，办理货物出口清关	负责取得进口许可证或其他官方文件，办理货物进口清关以及必要时的过境手续
承担货物在装运港交到船上之前的一切费用和风险	承担货物在装运港交到船上后的一切费用和风险
负责提交商业发票和证明货物已交至船上的通常单据，或具有同等效力的电子信息	接受卖方提交的与合同相符的单据，受领符合合同的货物，按合同规定支付货款

（2）使用 FOB 术语应注意的问题。

①FOB 术语后面加的是指定装运港。FOB 贸易术语下，卖方在装运港船上完成交货，其后跟的是指定装运港，也即卖方的交货地点。如 FOB 上海，是指卖方应在上海港装运货物。

②"装运港船上交货"划分风险。按《2010 通则》规定，FOB 合同的卖方必须及时在装运港将货物"交到船上"（Deliver on Board）或"装上船"（Load on Board）。当货物在交到装运港船上后，货物灭失或损坏的风险从卖方转移到买方，即双方以"装运港船上"为界划分风险。

③船货衔接。在买卖合同中，卖方的基本义务是交付符合合同的货物。以 FOB 术语成交的合同属装运合同，卖方应按合同规定的装船期和装运港，将货物装上船。但这一术语中订立运输合同、安排船只是买方的义务，买方应租船订舱，将船名、装船时间等及时通告卖方，以便卖方备货装船。这就存在船货衔接的问题，如果处理不好这一问题，发生货等船或船等货的情况，势必影响合同的正常履行。

按有关法律和惯例对买卖双方义务的规定，如果买方按期派船到装运港并给予了卖方充分的通知，而卖方因货未备妥未能及时装运，则卖方应承担未按合同履约的后果，包括负担空舱费（Dead Freight）或滞期费（Demurrage）。如果买方延迟派船导致卖方不能按合同规定时间装船交货，则由买方承担由此产生的损失和费用。

在 FOB 术语条件下，有时买方也可委托卖方代其租船订舱，但这仅属于代办性质。卖方可根据自身情况选择接受或拒绝。如果卖方接受，风险和费用仍由买方承担，一旦租不到船或订不到舱位，买方不得以此为借口向卖方索赔。

☞ 技能训练

A 公司以 FOB 条件出口一批茶具，买方要求 A 公司代为租船，费用由买方负担，由于 A 公司在约定日期无法租到合适的船，且买方不同意更换条件，以致延误了装运期，买方以此为由提出撤销合同。

讨论：买方的要求是否合理？

④装船费用。按照 FOB 术语成交，卖方要负担货物装上船的一切费用。但在装船过程中会涉及各项具体的费用，如将货物运至船边的费用、吊装上船的费用、理舱费、平舱费等。这些费用应由谁来负担，各国的习惯做法或惯例也不完全一致。如果采用班轮运输，船方负责装卸，装卸费用计入班轮运费中，自然由负责租船订舱的买方承担；而如果采用租船运输，船方不负担装卸费用，这就必须明确在装船过程中的各项费用应由谁负担，从而产生了 FOB 术语的变形。

FOB 术语的变形只是为了说明装船费用的负担问题，并不改变 FOB 术语的交货地点及风险划分的界限。常见的 FOB 术语的变形主要有以下几种：

a. FOB 班轮条件（FOB Liner Terms），指装船费用按班轮运输条件处理，由实际支付运费的买方负担。

b. FOB 吊钩下交货（FOB Linder Tackle），指卖方将货物置于轮船吊钩所及之处，从货物起吊开始的装船费用由买方负担，即卖方不负担装船的有关费用。

c. FOB 包括理舱（FOB Stowed），指卖方负责将货物装入船舱并支付包括理舱费在内的装船费用。理舱费是指货物装入船舱后为安置妥善和装载合理，对装入船的货物进行整理、堆置、垫隔所需的费用。

d. FOB 包括平舱（FOB Trimmed），指卖方负责将货物装入船舱并支付包括平舱费在内的装船费用。平舱费是指为了保持航行时船身平稳和不损害船身结构，对成堆装入船舱内的散装大宗货物，如矿砂、煤炭、粮谷等，进行整理、填平、补齐所需的费用。

e. FOB 包括平舱、理舱（FOB Stowed and Trimmed），指卖方负责将货物装入船舱并支付包括平舱费和理舱费在内的装船费用。

⑤《1941 年美国对外贸易定义修订本》（以下简称《修订本》）对 FOB 的不同解释。《修订本》将 FOB 术语分成六种解释，只有其中的第五种"指定装运港船上交货"［FOB Vessel（…named port of shipment）］与《2010 通则》的解释基本相近。采用此种解释时，如在旧金山船上交货，就应表示为 FOB Vessel San Francisco。如规定为 FOB San Francisco，则卖方有权在旧金山市的内陆运输工具上交货，不负责交到旧金山港口的船上。因此，与北美国家的商人进行交易，尤其是进口贸易，一定要注意在 FOB 和港名之间加上"Vessel"（船舶）一词，并注意两者之间的区别，如表 3-5 所示。

表 3-5　对 FOB 术语的不同解释

项目	《2010 通则》	《修订本》
风险划分界限	货物装载于船上	货物装载于船上或内陆运输工具上
出口清关手续	卖方负责办理并支付相关费用	买方负责办理并支付相关费用
交货地点	只能为装运港口	可能为内陆的运输工具上

《2010 通则》中的 FOB 与《修订本》中的 FOB Vessel 存在的区别：关于出口清关问题。《修订本》规定，卖方只是"在买方请求并由其负担费用的情况下，协助卖方取得由原产地及/或装运地国家签发的，为货物出口或在目的地进口所需的各种证件"，即买方应负担一切出口捐税及各种费用。

☞ **技能训练**

　　某进口公司从美国进口特种异型钢材 200 公吨，每公吨按 900 美元 FOB Vessel New York 成交。按合同约定的支付方式和付款时间，我方通过中国银行向对方开出了一张金额为 18 万美元的信用证，对方接到信用证后称"信用证已收到，但金额不足，应增加 1 万美元备用。否则，有关出口税捐及各种签证费，由你方另行电汇"。我方接电后认为这是美方无理要求，回电指出"按 FOB Vessel 条件成交，卖方应负责有关的出口税款和签证费用，这在《通则》中有规定"。美方又回电"成交时并未明确规定按《通则》办，根据我们的商业习惯及《修订本》，出口费用应由买方负担"。

　　请思考：美方要求增加 1 万美元备用合理吗？

2. 对 CFR 术语的解释

　　CFR 的全文是 Cost and Freight（…named port of destination），即成本加运费（……指定目的港）。

　　"成本加运费（……指定目的港）"是指当货物在装运港交到船上时，卖方即完成交货。卖方必须支付将货物运至指定目的港所必需的运费，但交货后货物灭失或损坏的风险以及由于交货后发生的事件而引起的任何额外费用，自卖方转移至买方。CFR 术语要求卖方办理货物出口清关。

　　本术语只能用于海运和内河运输。如果当事人无意以交到装运港船上作为完成交货，则应采用 CPT 术语。

　　(1) 买卖双方的义务。采用这一术语，买卖双方各自承担的基本义务概括见表 3-6。

表 3-6　CFR 贸易术语买卖双方的主要义务

卖方	买方
提供符合合同的货物；租船订舱，支付货物运至目的地的运费；在合同规定的时间和港口，将货物装上船；装船后及时通知买方	办理运输保险，支付保险费
承担货物在装运港交到船上之前的一切费用和风险	承担货物在装运港交到船上后的一切风险
负责取得出口许可证或其他官方文件，办理货物出口清关	负责取得进口许可证或其他官方文件，办理货物进口清关以及必要时的过境手续
负责提供商业发票以及证明货物运至约定目的港的通常的运输单据，或具有同等效力的电子信息	接受卖方提供的与合同相符的单据，受领符合合同的货物，按合同规定支付货款

　　(2) 使用 CFR 术语应注意的问题。

　　①CFR 术语后面加的是指定目的港。CFR 术语后面加的是指定目的港，也即货物运输的目的港。如 CFR 伦敦是指货物运输的目的港为伦敦港。

　　②卖方负责租船订舱的问题。采用 CFR 术语成交，卖方的基本义务之一就是租船订舱，办理从装运港至目的港的运输事宜。关于运输问题，不同惯例也都有各自的解释。《2010 通则》的解释为：卖方按照通常条件自行负担费用订立运输合同，将货物按照惯常路线用通常类型可供装载该合同货物的海上航行船只（或适当的内河运输船只）装运至指定目的港；《修订本》中只是笼统地规定卖方负责安排货物运至指定目的地的运输事宜，并支付其费

用；《1932 年华沙牛津规则》中则规定：如果买卖合同来规定装运船只的种类，或者合同内使用。"船只"这样的笼统名词，除依照特定行业惯例外，卖方有权使用通常在此线路上装运类似货物的船只来装运。

因此，关于卖方租船订舱问题，一般按照买卖合同的规定。如果合同中没有明确规定，卖方只要负责按照通常条件下习惯的航线，租用适当的船舶将货物运往目的港即可。在实际业务中，有时买方会提出关于限制船舶的国籍、船龄、船型、船级或所属班轮公司等要求，卖方有权拒绝接受。

③卖方应及时发出装船通知。在以 CFR 术语达成的交易中，卖方仅负责办理货物的出口运输，不负责办理货物自装运港至目的港的货运保险，而货物在越过装运港船舷后，风险即归买方负担。因此，卖方应在装船后及时向买方发出装船通知，以便买方及时投保。按有关法律及惯例的规定，如货物在运输途中受损，而卖方未及时发出装船通知导致买方漏保，那么卖方不能以风险在船舷转移为由免除责任。

④卸货费用应由谁负担的问题。采用 CFR 术语成交，卖方负责将货物运往指定的目的港，并支付运费，所以装货费用自然由卖方承担，但货到目的港后的卸货费用由谁负担则不明确。如果采用班轮运输，班轮公司管装管卸，卸货费用已包含在从装运港至目的港的运费之中，所以卸货费用由卖方负担。如果采用租船运输，船方不管装不管卸，此时卸货费用由谁负担就必须在合同中加以确定。为了解决卸货费用由谁负担的问题，就产生了 CFR 术语的变形。

CFR 术语的变形只是为了说明卸货费用的负担问题，并不改变 CFR 术语的交货地点及风险划分的界限。常见的 CFR 术语的变形主要有以下几种：

a. CFR 班轮条件（CFR Liner Terms），指卸货费用按班轮运输条件处理，由实际支付运费的卖方负担。

b. CFR 舱底交货（CFR Ex Ship's Hold），货物运抵目的港后，货物自舱底起吊直至卸到码头的卸货费用均由买方承担。

c. CFR 吊钩交货（CFR Ex Tackle），货物运抵目的港后，卖方负担将货物自舱底吊至船边卸离吊钩为止的一切费用。

d. CFR 卸到岸上（CFR Landed），货物运抵目的港后，卖方负担将货物卸到同的港岸上的一切费用。

☞ 技能训练

某进出口公司按 CFR 条件与法国一进口商签订一批抽纱台布出口合同，价值 8 万美元。货物于 1 月 8 日上午装船完毕，业务员因当天工作较忙忘记向买方发装船通知（Shipping Advice），次日上班时才想起并发出装船通知。法商收到我装船通知后立即向当地保险公司投保，不料该保险公司已获悉装载该货的轮船已于 9 日凌晨在海上遇难而拒绝承保。法方即来电称"由于你方晚发装船通知，以致我方无法投保，因货轮已罹难，货物损失应由你方负担并应赔偿我方利润及费用损失 8000 美元"。不久我方通过银行寄去的全套货运单证被退回。

请思考：该案例中我方应汲取什么教训？

3. 对 CIF 术语的解释

CIF 的全文是 Cost, Insurance and Freight （…named port of destination），即成本加保险费、运费（……指定目的港）。

"成本加保险费、运费（……指定目的港）"是指当货物在指定装运港交到船上时，卖方即完成交货。卖方必须支付将货物运至指定目的港所必需的费用和运费，但交货后货物灭失或损坏的风险以及由于发生事件而引起的任何额外费用，自卖方转移至买方。然而，在 CIF 术语中卖方还必须为货物在运输中灭失或损坏的买方风险取得海上保险。因此，卖方订立保险合同，并支付保险费。买方应注意到，在 CIF 术语下卖方只需按最低责任的保险险别办理保险。如买方要得到更大责任保险险别的保障，他需与卖方明示地达成协议，或者自行安排额外保险。CIF 术语要求卖方办理货物出口清关。

本术语只能用于海运和内河运输。如果双方当事人无意以货物交到装运港船上作为完成交货，则应采用 CIP 术语。

（1）买卖双方的义务。采用这一术语，买卖双方各自承担的基本义务概括见表 3-7。

表 3-7　CIF 贸易术语买卖双方的主要义务

卖方	买方
提供符合合同的货物；负责租船订舱，支付至目的港的运费；在合同规定的日期或期间内，在装运港将货物装上船；装船后及时通知买方	
负责办理货物运输保险，支付保险费	
承担货物在装运港交到船上之前的一切费用和风险	承担货物在装运港交到船上后的一切风险
负责取得出口许可证或其他官方文件，办理货物出口清关	负责取得进口许可证或其他官方文件，办理货物进口清关及必要时的过境手续
负责提供商业发票、保险单和货物运至约定目的港的通常的运输单据，或具有同等效力的电子信息	接受卖方提供的与合同相符的单据，受领符合合同的货物，并按合同规定支付货款

CIF 术语与 FOB、CFR 术语同属装运港交货的术语，卖方只要在装运港将货物装上船，就完成交货义务，对货物交到船上后发生的一切风险和由此产生的额外费用，不负责任。不同的是，卖方除了要承担与 CFR 条件下同样的义务外，还要为运输过程中的买方风险办理保险，并支付保险费。从商品的价格构成来说，CIF 价等于在 CFR 价基础上加上保险费。

（2）使用 CIF 术语应注意的问题。

①CIF 术语后面加的是指定目的港。CIF 术语后面加的是指定目的港，也即货物运输的目的港。如 CIF 纽约是指货物运输的目的港为纽约港。

②卖方办理保险的责任。在 CIF 合同中，卖方负有为货物办理货运保险的责任，而从风险角度讲，货物在装运港交到船上以后的风险是由买方承担的。因此，卖方是为了买方的利益而办理货运保险的。按《2000 通则》规定，如合同中没有另外规定，卖方只需按最低责任的保险险别投保；如果买方有要求，卖方应在尽可能的情况下投保战争、罢工、暴动和民变险。最低保险金额应为合同规定的价款加 10%（即 110%），并以合同货币投保。在实际

业务中，我外贸企业在同国外客户洽谈交易采用 CIF 术语时，一般都在合同中具体规定保险险别、保险金额、适用的保险条款，以明确责任。例如，由卖方按发票金额的 110%投保水渍险和战争险，按 1981 年 1 月 1 日中国人民保险公司海运货物保险及战争险条款负责。

③卸货费用应由谁负担的问题。与 CFR 术语相同，在 CIF 术语合同中，依然是卖方负责办理货物从装运港至目的港的运输事宜并支付运费。在班轮运输方式下，班轮公司管装管卸，由实际支付运费的卖方负担货物的卸货费用。在租船方式下，船方不负责装卸，货物运至目的港后卸货费用由谁负担的问题再次出现。为了解决 CIF 术语下卸货费用的负担问题，就出现了 CIF 术语的变形。

CIF 术语的变形只是为了说明卸货费用的负担问题，并不改变 CIF 术语的交货地点及风险划分的界限。常见的 CIF 术语的变形主要有以下几种：

a. CIF 班轮条件（CIF Liner Terms），指卸货费用按班轮运输条件处理，由实际支付运费的卖方负担。

b. CIF 舱底交货（CIF Ex ship's Hold），货物运抵目的港后，货物自舱底起吊直至卸到码头的卸货费用均由买方承担。

c. CIF 吊钩交货（CIF Ex Tackle），货物运抵目的港后，卖方负担将货物自舱底吊至船边卸离吊钩为止的一切费用；如果船舶靠不上码头，驳船费由买方负担。

d. CIF 卸到岸上（CIF Landed），货物运抵目的港后，卖方负担将货物卸到目的港岸上的一切费用。

④象征性交货。交货方式有两种：实际交货和象征性交货。实际交货（Physical Delivery）是指卖方要在规定的时间，将符合合同规定的货物交给买方或其指定人。而象征性交货（Symbolic Delivery）是针对实际交货而言，指卖方只要按期在约定地点完成装运，并向买方提交包括物权证书在内的有关单证，就算完成了交货义务，而无须保证到货。

CIF 是一个典型的象征性交货术语。在这种交货方式下，卖方凭单交货，买方凭单付款。只要卖方如期向买方提交了合同规定的全套单据（种类、名称、内容、份数相符），即使货物在运输途中损坏或灭失，买方也必须履行付款义务。反之，如果卖方提交的单据不符合要求，即使货物完好无损地到达目的地，买方仍有权拒付货款。

CIF 术语的这一性质，使得 CIF 合同成为一种"单据买卖"合同。卖方必须保证所提交的单据完全符合合同的要求，否则，将无法顺利收回货款。但是，只提交了符合合同的单据并不意味着就可以顺利得到付款，卖方的基本义务是交付与合同相符的货物，在此基础上，再向买方交付规定的单据，才算完成交货义务。如果卖方提交的货物不符合要求，即使买方已经付款，仍然可以根据合同的规定向卖方提出索赔。

但在实践中，有可能发生通过贸易合同的条款规定而改变 CIF 象征性交货性质的问题。因此，在与买方签订 CIF 合同时，一要对"货到付款"或要求卖方保证货物在某一期限到达等限制性条款进行充分考虑，以免带来不必要的风险损失。

☞ 技能训练

我某公司按 CIF 条件向欧洲某国进口商出口一批草编制品。合同中规定由我方向中国人民保险公司投保了一切险，采用信用证方式支付。我出口公司在规定的期限、指定的装运港装船完毕，船公司签发了提单，然后在中国银行议付了款项。第二天，出口公司接到客户来电，称装货海轮在海上失火，草编制品全部烧毁。要求我公司出面向保险公司提出索赔，否则要求我公司退回全部货款。

请思考：该案例中我方应汲取什么教训？

5. FOB、CFR、CIF 术语的异同点

FOB、CFR、CIF 术语是国际贸易中普遍使用的三种贸易术语。这三种术语均只适用于海运或内河航运，要求卖方在装运港完成交货，承担货物越过装运港船舷之前的一切风险和费用，所以被统称为"装运港交货术语"，这三种术语的异同点见表3-8。

表3-8 FOB、CFR、CIF 术语的异同点

异同	术语	FOB	CFR	CIF
相同点	适用的运输方式	均适用于海洋运输和内河运输		
	交货地点	均在装运港船上		
	风险划分界限	均以货物装载于船上为界		
不同点	卖方承担的责任	只负责在装运港交货	负责办理出口运输	负责办理出口运输和出口货运保险
	卖方负担的费用	不负担出口运费、国际货运保险费	负担出口运费	负担出口运费和国际货运保险费
	价格组成	成本	成本加出口运费	成本、国际货运保险费

6. 对 FCA 术语的解释

FCA 的全文是 Free Carrier（…named place），即货交承运人（……指定地点）。

FCA 术语是指卖方在规定的时间、地点将货物交给买方指定的承运人，并办理出口清关手续，即完成交货义务。因此，由买方负责订立从指定地点到目的地的运输合同并支付运费，同时通知卖方有关承运人的名称和交货时间等信息。FCA 术语适用于各种运输方式，包括陆地运输、航空运输、集装箱运输、多式联运等任何一种运输方式。

（1）FCA 术语下买卖双方的主要义务。采用 FCA 术语，买卖双方各自承担的主要义务见表3-9。

表3-9 FCA 贸易术语买卖双方的主要义务

卖方	买方
提供符合合同的货物，在合同规定的时间、地点，将货物交给买方指定的承运人，并及时通知买方	订立自指定地点将货物运至目的地的合同，支付运费，将承运人名称及有关情况及时通知卖方
负责取得出口许可证或其他官方文件，办理货物出口清关	负责取得进口许可证或其他官方文件，办理货物进口清关及必要时的过境手续
承担货交承运人之前的一切费用和风险	承担货交承运人后的一切费用及风险
负责提供商业发票和证明货物已被交付的通常单据，或具有同等效力的电子信息	接受卖方提交的与合同相符的单据，受领符合合同的货物，按合同规定支付货款

（2）使用 FCA 术语时应注意的问题。

①交货地点。采用 FCA 术语，合同中交货地点的规定影响装卸货义务的承担。

如在卖方所在处所交货，卖方负责装货。即当卖方将货物装上由买方指定的承运人或代表他行事的另一人提供的运输工具上时，完成交货义务。

如在卖方所在地以外的其他地方交货，卖方不负责卸货。即当卖方将装载于运输工具上未卸下的货物交由买方指定的承运人或另一人处置之下时，完成交货义务。

如果没有约定特定的交货地点，或者有几个地点可利用，卖方可在交货地选择一个最适合其意图的地点交货。

②安排运输。FCA 术语适用于任何运输方式，包括多式联运。由买方负责指定承运人，订立自装运地至目的地的运输合同。但《2010 通则》同时又规定，如果买方请求，或如果这是一种商业惯例以及买方未在合适的时间内给予相反的指示，只要买方承担风险和费用，卖方可按通常条件订立运输合同。但这并非是卖方的义务，在任何一种情况下，卖方可以拒绝订立运输合同，如果拒绝，必须立即通知买方，以便买方另作安排。

③FCA 与 FOB。FCA 是在 FOB 术语的基础上发展起来的适用于各种运输方式的贸易术语，买卖双方义务划分的原则是完全相同的，卖方都以将经出口清关的货物交给买方指定的承运人（在 FOB 术语下是海运承运人——船方）完成交货义务。因此，FOB 术语可以视作 FCA 术语的一个特例。由于 FOB 术语仅适用于海运和内河航运，并以货物交到船上划分买卖双方承担的风险，其适用范围非常有限。采用非海运或内河航运的贸易，或虽采用海运却不存在"船上"界限的运输方式（如集装箱运输、滚装运输、多式联运等）的贸易，均不适宜使用 FOB 术语，应采用 FCA 术语。

7. 对 CPT 术语的解释

CPT 的全文是 Carriage Paid to（…named place of destination），即运费付至（……指定目的地）。

"运费付至（……指定目的地）"是指卖方将货物交给由他指定的承运人，但卖方还必须支付将货物运至指定目的地的运费。买方负担在货物被如此交付后发生的一切风险和任何其他费用。CPT 术语要求卖方办理货物出口清关手续。本术语适用于任何运输方式，包括多式联运。

（1）买卖双方的义务。采用这一术语，买卖双方各自承担的基本义务概括见表 3-10。

表 3-10　CPT 贸易术语买卖双方的主要义务

卖方	买方
提供符合合同的货物；订立将货物运至目的地的合同并支付运费；在合同规定的时间、地点将货物交给承运人；及时通知买方	
承担货交承运人前的一切风险	承担货交承运人后的一切风险和费用（运费除外）
负责取得出口许可证或其他官方文件，办理货物出口清关	负责取得进口许可证或其他官方文件，办理货物进口清关及必要时的过境手续
向买方提供商业发票、通常的运输单据、或具有同等效力的电子信息	接受卖方提交的与合同相符的单据，受领符合合同的货物，按合同规定支付货款

从以上买卖双方义务划分可知，CPT术语下的卖方义务仅比FCA下多了办理出口运输，因此CPT的价格构成中含有出口运费，即CPT价=FCA价+运费。其余在交货地点、风险划分上，是相同的。

（2）使用CPT术语时应注意的问题。

①风险划分。CPT术语虽然要求卖方负责办理货物的运输并支付运费，但要求买方负担运输途中的风险和由此产生的额外费用。卖方承担货物交给承运人控制之前的风险，在多式联运情况下，承担交给第一承运人之前的风险。

②装运通知。采用CPT术语时，买卖双方要在合同中规定装运期和目的地，便于卖方选定承运人，订立将货物运至目的地的运输合同。将货物交给承运人后，应及时向买方发出货已交付的通知，以便买方及时为货物投保，以及在目的地受领货物。

③CPT与CFR。CPT是在CFR术语的基础上发展起来的适用于各种运输方贸易术语，在买卖双方义务划分的原则上，两者是完全相同的，双方都要负责安排货物自交货地至目的地的运输并负担费用；承担的风险都在交货地点随交货义务的完成而转移至买方；两种术语达成的合同都属装运合同，卖方只负责按时交货，而不保证到货。

在使用上，CFR术语仅适用于海运和内河航运，且以货物交到船上为界划分风险，而CPT术语适用于各种运输方式，包括多式联运，以货物交付给承运人为界划分风险。因此，CPT术语的适用范围比CFR术语大得多，不仅适用于航空、铁路、公路等非水上运输方式，也适用于无"船上"界限的海运集装箱运输、滚装船运输及多式联运。

8. 对 CIP 术语的解释

CIP的全文是Carriage, Insurance Paid to（…named place of destination），即运费、保险费付至（……指定目的地）。

"运费、保险费付至（……指定目的地）"是指卖方将货物交给由他指定的承运人，但卖方还必须支付将货物运至指定目的地的运费。这是指买方负担在货物被如此交付后发生的一切风险和任何其他费用。然而，在CIP术语下卖方还需对货物在运输途中灭失或损坏的买方风险取得货物保险。因此，卖方订立保险合同，并支付保险费。

买方应注意到，按CIP术语，卖方只需按最低责任的保险险别办理保险。如果买方要得到更大责任保险险别的保障，他需明示地与卖方达成协议，或者自行作额外保险的安排。CIP术语要求卖方办理货物出口清关手续。本术语适用于任何运输方式，包括多式联运。

（1）买卖双方的义务。采用这一术语，买卖双方各自承担的基本义务概括见表3-11。

表3-11 CIP 贸易术语买卖双方的主要义务

卖方	买方
提供符合合同的货物；订立将货物运往指定目的地的合同并支付运费；在合同规定的时间、地点，将货物交给承运人；及时通知买方	
按照合同的约定投保货物运输险并支付保险费	
承担货交承运人前的风险	承担货交承运人后的风险

卖方	买方
负责取得出口许可证或其他官方文件，办理货物出口清关	负责取得进口许可证或其他官方文件，办理货物进口清关要时的过境手续。承担货交承运人后的一切风险
提交商业发票和通常的运输单据，或具有同等效力的电子信息	接受卖方提交的与合同相符的单据，受领符合合同的货物，按规定支付货款

（2）使用 CIP 术语时应注意的问题。

①保险险别。按 CIP 术语成交的合同，卖方要办理货运保险并支付保险费，货物从交货地点运往目的地的运输途中的风险由买方承担，卖方的投保属于代办性质。根据《2010 通则》规定，卖方要按协商确定的险别投保，如买卖双方未约定具体投保险别，则按卖方投保最低险别即可，保险金额为 CIP 价格基础上加成。

②价格的确定。按价格构成看，CIP 价＝CPT 价＋保险费＝FCA 价＋运费＋保险费；因此，卖方对外报价时，要认真核算运费和保险费，并要预计运价和保险费的变动趋势等情况，以免价格报低，造成损失。

③CIP 与 CIF。CIP 是在 CIF 术语基础上发展起来的适用于各种运输方式的术语。两者在买卖双方义务划分的原则上是相同的：卖方都负责安排货物自交货地至目的地的运输、保险并支付运费、保险费；卖方承担的风险均在交货地随交货义务的完成而转移至买方。两种术语达成的合同均属装运合同，卖方只负责按时交货，而不保证到货。

在使用上，CIF 术语仅适用于海运和内河航运，且以货物交到船上为界划分风险，而CIP 术语适用于任何运输方式，以货物交付承运人为界划分风险。因此，CIP 术语的适用范围远大于 CIF 术语，不仅适用于铁路、公路、航空等非水上运输方式，也适用于虽是海运却无"船上"界限的海运集装箱运输、滚装船运输及多式联运。

综上所述，FCA、CPT、CIP 三种术语是分别从 FOB、CFR、CIF 术语发展起来的，买卖双方责任划分的基本原则是相同的，不同之处主要表现见表 3-12。

表 3-12　FCA、CPT、CIP 与 FOB、CFR、CIF 的异同点

异同	术语	FOB、CFR、CIF	FCA、CPT、CIP
相同点	象征性交货	都属于象征性交货，相应的买卖合同都属于装运合同	
	清关手续	卖方负责办理出口清关，买方负责办理进口清关	
不同点	适用的运输方式	水上运输	任何运输方式
	货运区间	港到港交货	门到门交货
	交货地点	装运港	视情况而定
	风险划分界限	装运港船上	货交第一承运人
	运输单据	海运单据	由运输方式而定
	装卸费用	FOB 的装船费用——FOB 变形	已包含在运费用（除 FCA 合同中若卖方在其所在地交货，由卖方承担装货费用外）
		CFR 的卸货费用——CFR 变形	
		CIF 的卸货费用——CIF 变形	
	投保险别	海运险	由运输方式决定

☞ **技能训练**

我国西北某市一出口公司曾向日本出口 30 公吨甘草膏，共 200 箱，FOB 天津新港条件成交，货值 54000 美元，装运期为当年 12 月 25 日前，货物装集装箱。该出口公司在天津设有办事处，于是在 12 月上旬就将货物运到天津，由天津办事处负责订箱装船。货物在天津存仓后的第三天，却因火灾全部被焚。办事处只好通知内地公司赶快补发 30 公吨货物。

请思考：从该案例中我方应汲取什么教训？

（四）其他贸易术语的解释

1. 对 EXW 术语的解释

EXW 的全文是 Ex Works（…named place），即工厂交货（……指定地点）。

"工厂交货（……指定地点）"是指当卖方在其所在地（工厂、工场、仓库等）将备妥的货物交给买方处置时，即履行了交货义务。卖方不办理出口清关手续或将货物装上任何运输工具。

该术语是卖方承担责任最小的术语。买方必须承担受领货物之后的全部费用和风险。

但是，若双方希望在起运时卖方负责装载货物并承担装载货物的全部费用和风险，则须在销售合同中明确写明。在买方不能直接或间接地办理出口手续时，不应使用该术语，而应使用 FCA，如果卖方同意装载货物并承担费用和风险的话。

（1）买卖双方的义务。采用这一术语，买卖双方各自承担的基本义务概括见表 3-13。

表 3-13　EXW 贸易术语买卖双方的主要义务

卖方	买方
提供符合合同的货物；在合同规定的时间、地点，将未置于任何运输车辆上的货物交给买方处置	在合同规定的时间、地点，受领买方提交的货物，按合同规定支付货款
承担交货前的一切风险和费用	承担受领货物后的一切风险和费用
提交商业发票或同等效力的电子信息	负责取得出口、进口许可证或其他官方文件，办理货物出口、进口的一切海关手续

（2）使用 EXW 术语应注意的问题。

①EXW 的变形。按《2010 通则》规定，EXW 术语下的卖方只负责在自己所在地将备妥的货物交给买方即可，卖方既不负责装运货物，也不负责办理货物的出口手续。这是卖方承担责任最小的一个术语，适用于卖方不愿意承担任何装货义务的情况。但在实践中，有时采用"EXW 装车"（EXW Loaded）这一变形，而《2010 通则》未对贸易术语的变形做出规定。这时，应在销售合同中明确规定卖方是仅负责货物装上车辆的费用，还是包括承担装货期间的风险在内。

②EXW 术语的适用范围。EXW 术语本属按国内贸易的办法进行交易，但也可用于国际贸易，该术语在一些陆地接壤国家应用得比较普遍。使用这一术语时，买方要承担的责任、风险、费用是所有术语中最大的，但由于成交价格低廉，对许多进口商具有一定的吸引力。买方应认真考虑可能遇到的各种风险、运输环节及在出口国的出口清关问题，权衡利弊。如

果买方不能直接或间接地办理出口手续，就不应使用该术语。

2. 对 FAS 术语的解释

FAS 的全文是 Free alongside Ship（…named port of shipment），即船边交货（指定装运港），通常称为装运港船边交货。

"装运港船边交货"是指卖方在指定的装运港将货物交到船边，即完成交货。买方必须承担自那时起货物灭失或损坏的一切风险。

FAS 术语要求卖方办理出口清关手续。但是，如果双方当事人希望买方办理出口手续，需在销售合同中明确写明。该术语仅适用于海运或内河运输。

（1）买卖双方的义务。采用这一术语，买卖双方各自承担的基本义务概括见表 3-14。

表 3-14　FAS 贸易术语买卖双方的主要义务

卖方	买方
提供符合合同的货物。在合同规定的时间和装运港口，将货物交到买方所派船只的旁边，并及时通知买方	负责订立自指定装运港运输货物的合同并支付运费；将船名、装运地点、要求装货时间及时通知卖方
承担货物交至装运港船边的一切费用和风险	承担受领货物后的一切费用和风险
负责取得出口许可证或其他官方文件，办理货物出口清关	负责货物进口清关
负责提交商业发票和通常的交货凭证，或具有同等效力的电子信息	受领卖方交付的货物，按合同规定支付货款

（2）使用 FAS 术语应注意的问题。

①船边交货。采用 FAS 术语，卖方在约定的时间将合同规定的货物交到指定的装运港买方指派的船只的旁边，完成交货义务。买卖双方负担的风险和费用均以船边为界划分。如果买方所派的船只不能靠岸，卖方要负责用驳船把货物运至船边，仍在船边交货，而装船的责任和费用由买方承担。

②出口清关。《2010 通则》规定，由卖方负责货物的出口清关，这是《2010 通则》对《1990 通则》的实质改变。但如果双方当事人希望由买方办理出口手续，应在销售合同中订明。

③对 FAS 术语的不同解释。按《2010 通则》的解释，FAS 是"装运港船边交货"术语，只适用于海运和内河航运。而《1990 年美国对外贸易定义修订本规定》，FAS 意为"运输工具旁过货"，适用于任何运输方式。因此，同北美国家的交易中如用 FAS 术语，应在 FAS 后加上"Vessel"字样，以明确表示"船边交货"。

☞ **技能训练**

FAS 术语与 FOB 术语的区别在哪里？

3. 对 DAT 术语的解释

DAT 的全文是 Delivered at Terminal（…named terminal at port or place of destination），即目的地或目的港的集散站交货（……指定目的地或目的港的集散站）。此术语适用于任何运输方式。

DAT 术语类似于取代了的 DEQ 术语，指卖方在指定的目的地或目的港的集散站卸货后，将货物交给买方处置即完成交货。术语所指目的地包括所有地点，如码头、仓库、集装箱堆场或货运站、铁路或夺运货物集散站。卖方应承担将货物运至指定的目的地或目的港集散站的一切风险和费用（进口通关费用除外）。卖方需办理货物所需出口清关手续，买方负担办理进口清关手续，缴纳所需进口关税。

4. 对 DAT 术语的解释

DAP 的全文是 Delivered at Place（…named place of destination），即目的地交货（……指定地点）。此术语适用于任何运输方式。

DAP 术语类似于取代了的 DAF、DES 和 DDU 术语，指卖方在指定的目的地交给买方处置，只需做好卸货准备无须卸货即完成交货。术语所指的到达车辆包括船舶，目的地包括港口。卖方应承担将货物运至指定目的地的一切风险和费用（进口通关费用除外）。卖方需办理货物所需的出口清关手续，买方负担办理进口清关手续，缴纳所需进口关税。如双方希望由卖方办理进口清关手续，缴纳所需进口关税，可采用 DDP 术语。

5. 对 DDP 术语的解释

DDP 的全文是 Delivered Duty Paid（…named place），即完税后交货（……指定目的地）。本术语可适用于任何运输方式。

完税后交货（……指定目的地）是指卖方在指定的目的地，办理完进口清关手续，将在交货运输工具上尚未卸下的货物交与买方，完成交货。卖方必须承担将货物运至目的地的一切风险和费用，包括在需要办理海关手续时在目的地应交纳的任何进口"税费"（包括办理一切海关手续、缴纳海关手续费、关税、税款和其他费用的责任和风险）。

DDP 术语下卖方承担最大责任。若卖方不能直接或间接取得进口许可证，则不应使用此术语。

如当事方希望将任何进口时所要支付的一些费用（如增值税）从卖方的义务中排出，则应在销售合同中明确写明。

（1）买卖双方的义务。DDP 术语要求卖方在规定期限内，承担一切风险、费用将货物运至指定的进口国目的地，将在运输工具上尚未卸下的货物交给买方，完成交货义务。卖方承担最大的责任，等于送货上门。

DDP 术语下的买方，只需在指定的目的地约定地点受领货物，按合同支付货款。并可在卖方请求且由卖方负担风险和费用的情况下，协助卖方取得货物进口所需的进口许可证或其他官方文件。

（2）使用 DDP 术语应注意的问题。DDP 是《2010 通则》的 11 个术语中唯一要求由卖方办理进口清关的术语。卖方可以要求买方协助办理进口清关，但费用和风险仍由卖方负担。如果双方愿意从卖方的义务中排除货物进口时需支付的某些费用，如增值税（VAT），应在合同中明确写明。

☞ **技能训练**

《2010 通则》的 11 种贸易术语中，哪些贸易术语属于象征性交货的术语？哪些贸易术语属于实际性交货的术语？

综上所述，现将《2010 通则》中的 11 种贸易术语进行总结并对比，如表 3-15 所示。

表 3-15 《2010 通则》11 种贸易术语对比

组别	术语	交货地点	风险划分界限	运输方式	运输办理	保险办理	出口清关	进口清关
E 组	EXW	出口国卖方所在地	货交买方	任何	买方	买方	买方	买方
F 组	FCA	出口国指定的交货地点	货交承运人	任何	买方	买方	卖方	买方
	FAS	出口国装运港船边	货交船边	水运	买方	买方	卖方	买方
	FOB	出口国装运港船上	货物装载于船上	水运	买方	买方	卖方	买方
C 组	CFR	出口国装运港船上	货物装载于船上	水运	卖方	买方	卖方	买方
	CIF	出口国装运港船上	货物装载于船上	水运	卖方	卖方	卖方	买方
	CPT	出口国指定的交货地点	货交承运人	任何	卖方	买方	卖方	买方
	CIP	出口国指定的交货地点	货交承运人	任何	卖方	卖方	卖方	买方
D 组	DAT	进口国指定目的地或目的港	目的地或目的港卸货后	任何	卖方	卖方	卖方	买方
	DAP	进口国指定目的地	目的地卸货前	任何	卖方	卖方	卖方	买方
	DDP	进口国指定目的地	货交买方	任何	卖方	卖方	卖方	卖方

二、价格核算及价格条款的拟定

商品的价格是国际货物买卖最主要的交易条件，密切关系到买卖双方的利益。在对外贸易中，买卖双方在价格磋商时，应按照国际市场价格水平，结合经营意图和国别地区销售策略确定价格，还应正确选择计价货币，选用适当的贸易术语，列明作价方法，必要时，也还需规定价格调整条款。佣金和折扣也是确定价格中经常采用的方法。

（一）作价方法

国际货物买卖的作价方法，一般均采用固定作价。即在磋商交易中，把价格确定下来，事后不论发生什么情况均按确定的价格，结算应付货款。但在实际业务中，有时也采用暂不固定价格、暂定价格和滑动价格等作价方法。

1. 固定作价

货物的价格，通常是指货物的单价，简称单价（Unit Price）。在机电产品交易中，有时也有一笔交易含有多种产品或多种不同规格的产品而只规定一个总价的。国际贸易的单价较国内贸易的单价复杂，它需由计量单位、货币金额、计价货币和贸易术语四项内容组成。例如：

每公吨	500	英镑	CIF 伦敦
计量单位	货币金额	计价货币	贸易术语

以上单价，如买卖双方无其他约定，应理解为固定价格，即订约后买卖双方按此价格结算货款，即使在订约后市价有重大变化，任何一方不得要求变更原定价格。

2. 非固定价格

（1）暂不固定价格。某些货物因其国际市场价格变动频繁，幅度较大，或交货期较远，买卖双方对市场趋势难以预测，但又确有订约的意旨，则可约定有关货物的品质、数量、包装、交货和支付等条件，对价格暂不固定，而约定将来如何确定价格的方法。

（2）暂定价格。买卖双方在洽谈某些市价变化较大，交货期较长的货物的价格时，可先在合同中规定一个暂定价格，待日后交货期前的一定时间，再由双方按照当时市价商定最后价格。在我国出口业务中，有时在与信用可靠、业务关系密切的客户洽商大宗货物的远期交易时，偶尔也有采用这种暂定价格的做法的。例如，在合同中规定：

每件（800 磅）10000 港元 CIF 香港。

备注：以上价格为暂定价格，于装运月份 15 天前由买卖双方另行协商确定价格。

这种做法，如缺乏明确的定价依据，到时，双方有可能在商定最后价格时会各持己见而不能达成一致，从而导致合同无法履行。所以，订有"暂定价格"的合同有较大的不稳定性。

（3）滑动价格。对于某些货物，如成套设备、大型机械，因从合同成立到履行完毕需时较长，所以，为了避免因原材料、工资等变动而承担风险，可采用滑动价格。所谓滑动价格，是指先在合同中规定一个基础价格（Basic Price），交货时或交货前一定时间，按工资、原材料价格变动的指数作相应调整，以确定最后价格。在合同中对如何调整价格的办法，则一并具体订明。例如：

以上基础价格将按下列调整公式根据×××（机构）公布的 201×年×月的工资指数和物价指数予以调整。

（二）计价货币

在国际货物买卖中，计价货币通常与支付货币为同一种货币，但也可以计价货币是一种货币，而支付货币为另一种甚至另几种货币。这些货币可以是出口国的货币或进口国的货币，也可以是第三国的货币，由买卖双方协商确定。在国际金融市场汇率普遍不稳定的情况下，买卖双方都将承担一定的汇率变化的风险。

1. 货币的选择

在进出口业务中，选择使用何种货币计价或支付时，首先要考虑，货币是不是可自由兑换。使用可自由兑换的货币，有利于结算和使用，必要时可转移货币汇价风险。

对可自由兑换的货币，需考虑其稳定性。在出口业务中，一般应尽可能争取多使用从成交至收汇这段时期内汇价比较稳定且趋向上浮的货币；相反，在进口业务中，则应争取多使用从成交至付汇这段时期内汇价比较疲软且趋向下浮的货币。

2. 外汇保值

在国际贸易中，对一些付款期限长、金额大的贸易合同，为避免汇率风险，在必要时可采用外汇保值条款或称汇率保值条款。在出口合同中规定外汇保值条款的办法主要有三种：

（1）计价货币和支付货币均为同一货币。确定订约时一货币与另一货币的汇率，支付时按当日汇率折算成原货币支付。例如：

本合同项下的欧元金额，按合同成立日中国银行公布的欧元和瑞士法郎买进牌价之间的比例折算，相当于××瑞士法郎。在议付之日，按中国银行当天公布的欧元和瑞士法郎买进牌价之间的比例，将应付之全部或部分瑞士法郎金额折合成欧元支付。

（2）一种货币计价由另一种货币支付。即将商品单价或总金额按照计价货币与支付货币当时的汇率，折合成另一种货币，按另一种货币支付。例如：本合同项下每一欧元相当于××美元，发票和汇票均须以美元开立。

（3）"一揽子汇率保值"。确定一货币与另几种货币的算术平均汇率，或用其他计算方式的汇率，按支付当日与另几种货币算术平均汇率或其他汇率的变化作相应的调整，折算成原货币支付，这种保值可称为"一揽子汇率保值"。几种货币的综合汇率可有不同的计算办法，如采用简单的平均法、加权的平均法等。这主要由双方协商同意。例如：本合同项下的美元币值，系按201×年×月×日中国银行公布的瑞士法郎、日元和欧元对美元买卖中间价的算术平均汇率所确定。所确定的算术平均汇率作为调整的基数。如中国银行在议付日公布的瑞士法郎、日元和欧元对美元买卖中间价的算术平均汇率与上述基数发生差异上下超过2%时，本合同项下的货款支付将按上述算术平均汇率的实际变动作比例调整。买方所开出的有关信用证须对此做出明确规定。

（三）佣金与折扣

1. 佣金

佣金（Commission）是中间商为买卖双方提供贸易机会而收取的报酬。在货物买卖中，往往表现为出口商付给销售代理人、进口商付给购买代理人的佣金。

（1）表示方式。佣金的表示方式是在其价格术语后面用文字说明。如："每码50美元CFR香港，包括2.5%佣金"，即"USD 50 Per yard CFR Hongkong including 2.5% commission"。也可以在价格术语后加注英文字母"C"，如："每打2000美元CIF新加坡，包括5%佣金"，即"USD 2000 per dozen CIFC5% Singapore"。价格中所包含的佣金也可以用绝对数表示，如："每公吨付佣金25美元"，即"USD 25 commission per m/t"。

凡是价格中含有佣金的称为含佣价。佣金在合同中有明确规定，称为明佣；也可以不在合同中规定，称为暗佣。

（2）计算公式。按照国际贸易的习惯做法，佣金可以按实际成交数量一定的百分比进行计算。如按金额，则涉及用什么价格条件作为计算基础。

在规定佣金的条件下，不但佣金的高低会影响买卖双方的实际利益，而且以什么价格基数来计算佣金，对双方的经济利益也会产生直接影响。佣金一般是按成交价格计算的。

例如：CIFC2.5%的价格为1000美元。则：

$$佣金 = 含佣价 \times 佣金率 = 1000 \times 2.5\% = 25.00（美元）$$

$$净价 = 1000 - 25 = 975（美元）$$

这种方法是最为常用的一种。它是按含佣价来计算佣金的，然后从含佣价中扣除佣金，即可得出净价。净价是指在进出口合同中订立的不包括佣金和折扣的价格。如，"每公吨100英镑FOB净价广州"。这是在不降低出口商净收入的基础上给予中间商一定比例的佣金，应根据下列公式计算含佣价：

$$含佣价 = 净价 / （1 - 佣金率）$$

则：
$$佣金 = 含佣价 \times 佣金率$$

例如：已知某出口商品每计量单位CIF净价为1000美元，佣金率为5%，要求按CIF价格计算佣金。

$$CIF含佣价 = CIF净价 / （1 - 佣金率）= 1000 / （1 - 5\%）= 1052.63（美元）$$

佣金＝含佣价×佣金率＝1052.63×5%＝52.64（美元）

佣金＝含佣价－净价＝1052.63－1000＝52.63（美元）

（3）支付方式。佣金一般在出口方收到全部货款后再另行支付给中间商。但为了防止误解，对佣金在全部货物收妥后才予以支付的做法，出口企业与中间商应予以明确，并达成书面协议。否则，中间商可能在买卖双方交易达成后，即要求支付佣金。这样的话，以后合同能否得到履行，货款能否按时支付，就缺乏中间商的保证。

佣金可于合同履行后逐笔支付，也可按月、按季、按半年甚至一年汇总计付，通常由双方事先就此达成书面协议，以凭执行。

☞ 技能训练

（1）某业务员在对外洽谈时，报出 FOB 净价为 1000 美元，外商要求 3% 的佣金，结果该业务员所报的含佣价为 1030 美元。请问这样报价对吗？如果按 1030 美元价格计算，该笔业务的实际 FOB 收入是多少？

（2）CIFC5% 价格如何转换为 CFRC3% 价格？又如何转换为 FOBC3% 价格呢？

2. 折扣

折扣（Discount）是指卖方按照原价给予买方某些价格折让（或称优惠）。折扣的高低可根据具体成交条件及买卖双方关系而定。

（1）表示方法。折扣一般用文字表示，如，"每打 200 美元 CIF 纽约减 1.5% 折扣"或"USD 200 per dozen CIF New York less 1.5% discount"。此外，也可以用绝对数表示，如，"每打折扣 3 美元"，即"USD 3 discount per dozen"。

（2）计算公式。折扣的计算较为简单，不存在按 FOB 价值还是按 CIF 价值计算的问题。一般按实际发票金额乘以约定的折扣百分率为应减除的折扣金额，即：

$$折扣金额＝发票金额×折扣百分率$$

此外，折扣也可以按商品数量计算折扣金额。如，每件商品折扣 5 美元，共 500 件商品，则：

$$折扣金额＝5×500＝2500（美元）$$

（四）价格的换算和成本核算

1. 价格的换算

根据《2010 通则》的解释，不同的贸易术语其价格构成因素不同。如 FOB 术语中不包括从装运港至目的港的运费和保险费；CFR 术语中则包括从装运港至目的港的正常运费；CIF 术语中包括了从装运港至目的港的正常运费和保险费。买卖双方在洽谈交易时，经常会出现一方按某贸易术语报价后，另一方要求改按其他贸易术语报价，这就涉及价格的换算问题。

（1）净价之间的换算。主要介绍最常用的三种贸易术语即 FOB、CFR 和 CIF 之间的换算方法：

①FOB 价换算为其他价格。

a. CFR＝FOB+F

b. CIF=FOB+F+I=（FOB+F）／［1-r（1+R）］

式中：F 为运费；I 为保险费；r 为保险费率；R 为投保加成率，投保加成率一般为10%。

I=CIF×（1+R）×r

②CFR 价换算为其他价格。

a. FOB=CFR-F

b. CIF=CFR+I=CFR／［1-r（1+R）］

③CIF 价换算为其他价格。

a. FOB=CIF-F-I=CIF×［1-r（1+R）］-F

b. CFR=CIF-I=CIF×［1-r（1+R）］

☞ 技能训练

一外贸公司报出某商品出口价为每公吨 2000 美元 FOB 上海，国外客户要求改报 CIF 纽约价。现已知到纽约的运费为每公吨 200 美元，投保加成率10%，保险费率为1%。该公司应报价多少？

（2）净价与含佣价之间的换算：

①FOBC 价换算为其他净价。

a. FOB=FOBC×（1-佣金率）

b. CFR=FOBC×（1-佣金率）+F

c. CIF=［FOBC×（1-佣金率）+F］／［1-r（1+R）］

②CFRC 价换算为其他净价。

a. FOB=CFRC×（1-佣金率）-F

b. CFR=CFRC×（1-佣金率）

c. CIF=CFRC×（1-佣金率）／［1-r（1+R）］

③CIFC 换算为其他净价。

a. FOB=CIFC×［1-r（1+R）-佣金率］-F

b. CFR=CIFC×［1-r（1+R）-佣金率］

c. CIF=CIFC×（1-佣金率）

☞ 技能训练

某商品 FOB 价为每件 USD5.00，海运运费平均为每件 USD1.2，保险费率为 1.04%，投保加成率为10%，佣金率5%。求 CIFC5%。

2. 成本核算

为了提高出口企业的经济效益，要随时掌握出口总成本、出口销售外汇（美元）净收入和人民币净收入的数据，加强成本核算。出口总成本是指出口商品的进货成本加上出口前的一切费用和税金。出口销售外汇净收入是指出口商品按 FOB 价出售所得的外汇净收入。出口销售人民币净收入是指出口商品的 FOB 价按当时外汇牌价折合人民币的数额。成本核算的指标有：出口商品盈亏率、出口商品换汇成本和出口创汇率。

在进行盈亏核算之前，先了解三个与核算有关的概念。

其一，出口总成本，是指出口商品的进货成本加上出口前的一切费用和税金。其中出口总成本包含：原料成本、生产加工费、加工损耗、管理费用、机器损耗、国内运费、税金和杂费等成本。需要说明的是，由于目前大部分企业仍享有出口退税待遇，所以出口成本中应减去这部分退税收入。计算公式为：

出口商品总成本=原料成本+生产加工费+加工损耗费+管理费用+机器损耗费+国内运费+税金+杂费−出口退税

其二，出口销售外汇净收入，是指出口商品按 FOB 价出售所得的外汇净收入。

其三，出口销售人民币净收入，是指出口商品的 FOB 价按当时外汇牌价折成人民币的数额。

根据出口商品成本的这些数据，可以核算出口商品盈亏率、出口商品换汇成本和出口创汇率三个重要指标。

（1）出口商品盈亏率。出口商品盈亏率是指出口商品盈亏额与出口总成本的比例。出口商品盈亏额是指出口销售人民币净收入与出口总成本的差额，前者大于后者为盈利；反之为亏损。计算公式如下：

出口商品盈亏率=（出口商品盈亏额/出口总成本）×100%

出口商品盈亏额=出口销售人民币净收入−出口总成本

（2）出口商品换汇成本。出口商品换汇成本是指某商品的出口总成本（人民币）与出口销售外汇（美元）净收入之比。通过计算得出该商品出口收入一美元需要多少人民币的成本，即多少人民币换回一美元。出口商品换汇成本高于银行外汇牌价，则出口亏损；反之出口盈利。计算公式为：

出口商品换汇成本=出口总成本（人民币）/出口销售外汇（美元）净收入

☞ **技能训练**

某公司对外出口报价为：每套 USD 280 CIF New York，总计 800 套，原料采购成本为 CNY 900000.00，生产加工费 CNY 600000.00，加工损耗为采购成本的1%，管理费用为采购成本的1%，国内增值税税率为17%，出口退税率为12%，运费为每套 USD10.00，汇价为每套 USD1＝CNY 6.8（买入价）。请计算该出口商品盈亏率、换汇成本分别是多少。

（3）出口创汇率。出口创汇率亦称外汇增值率，是指加工制成品出口的外汇净收入与原料外汇成本的比例。若原料为国产品，则原料外汇成本采用 FOB 价计算；若原料进口的，则原料外汇成本采用 CIF 价计算。此指标主要考察出口成品的营利性，在进料加工的情况下显得尤为重要。计算公式如下：

出口创汇率=（成品出口外汇净收入−原料外汇成本）/原料外汇成本×100%

☞ **技能训练**

某进口加工企业按 CIF 价进口皮革一批，外汇支出 USD48000。经过精细加工，制成高档手提包出口，FOB 净收入为 USD63000。则该笔业务的外汇增值率是多少？

（五）价格条款

1. 单价的构成要素

国际贸易中的商品价格，除个别交易是按总价或总值（Total Amount）达成外，通常是指商品的单价（Unit Value）。它由计价数量单位、单位价格金额、计价货币和贸易术语四个部分组成。例如：每公吨 200 美元 CIF 纽约。

（1）计价数量单位。计价数量单位，简称计量单位。一般来说，计量单位应该与合同数量条款中所用的计量单位相一致。如数量用"公吨"表示，则单价也应以"公吨"表示，而不应用"长吨"或"短吨"。应避免使用易造成混淆的计量单位，如"吨"。

（2）单位价格金额。如果说价格条款是买卖合同的核心，那么单位价格金额就是价格条款的核心。在交易磋商过程中，进出口双方应慎重报价，避免报错价格造成被动。价格经双方协商一致后，应正确填写在合同中。如果在出口合同中将单价写低或在进口合同中将单价写高，均会使我方蒙受损失。

（3）计价货币。国内贸易活动中，商品的价格通常表示为"××元"，即人民币元。但国际贸易中的"元"有美元、欧元、日元、加拿大元、港元等多种，因此，使用哪种货币作为合同中货物的计价货币，必须做出明确规定，比如每打衬衫 30 美元，每箱啤酒 10 英镑等。

在选用计价货币时应注意以下问题：

①尽量使用可自由兑换货币。合同中的计价货币，可以选择出口国货币、进口国货币或进出口双方同意的第三国货币。在实际业务中，具体选用哪种货币，是由买卖双方协商而定的。例如，中国公司向日本出口货物，可以采用日元作为计价货币，也可以采用国际上最为通行的计价货币——美元。除了因两国间订有支付协定，规定必须采用协定货币计价、支付的情况外，进出口业务中，通常选用可自由兑换货币进行计价和支付。使用可自由兑换货币，有利于调拨和运用，还有助于在必要时转移汇价风险。

②出口争取使用"硬币"，进口争取使用"软币"。当前世界上许多国家普遍实行浮动汇率制，货币的汇率会因市场供求变化而发生上涨或下浮，而国际贸易合同的交货期一般比较长，从订约到履行合同，往往需要一个过程，在此期间计价货币的币值会发生一定程度的变化，影响到买卖双方的经济利益。例如，出口一批货物，价值 10 万美元（以美元计价），合同签订后两个月交货，交货时付款。订约时人民币与美元汇价为 6.30 元兑换 1 美元，两个月后美元汇价降为 6.23 元，则出口方人民币收入将比按订约时汇率折算减少 7000 元。因此，作为交易的当事人，在选择计价货币时，就必须考虑其将来的汇价走势。

在出口业务中，一般应争取用硬币作为计价货币，即币值比较稳定且趋势上浮的货币，这样可以在所收到的外汇数目不变的情况下，折算出的人民币数目不变或有增加；而进口业务恰好相反，应争取采用汇价比较疲软且趋势下浮的货币，在对外支付外汇时，所支出的人民币数目将不变或有减少。

国际贸易合同是双赢的合同，当为了达成交易而不得不采用对我方不利的货币时，为了减少外汇风险，可以采用以下做法：

其一，根据该种货币汇价今后可能的变动幅度，适当提高出口价格或降低进口价格。例如，出口合同中以汇价一直比较疲软的某种货币计价，从双方签约到付款有两个月时间，出口方预测两个月后该种货币汇价还将下浮约1%，那么就可以将出口价格相应提高1%以弥补这一损失；反之，进口合同如果采用了硬币计价，就应该在确定价格时将汇价可能上浮的因素考虑进去，适当降低进口价格。实际上，货币汇价的变动十分频繁，尤其是国际贸易中常被用来计价的货币币种，如美元、英镑、日元等，变动的原因也复杂多样，对汇价走势往往难以预测。因此，这一办法只能适用于成交后进口付汇或出口收汇间隔期短的交易。

其二，在可能的情况下，争取订立外汇保值条款。商品的价格是买卖双方都关心的敏感问题，出口提价或进口降价往往不能成功。货值较大的合同，可以争取订立外汇保值条款，以避免外汇风险。

（4）贸易术语。贸易术语是进出口单价构成的必要要素，用来说明该成交价格的构成。如某公司以每公吨200美元CIF纽约价格出口货物，"200美元每公吨"这一价格是怎样制定出来的？它包含卖方支出的哪些成本、费用？买方如何得知这一价格水平是否合理？这些问题，都可以通过"CIF纽约"（贸易术语）来说明。

2. 价格条款举例

（1）USD 5000 per metric ton CIF Hong Kong.

每公吨5000美元CIF香港。

（2）USD 200 per dozen CFRC3%New York.

每打200美元CFRC3%纽约。

（3）EUR 600 per set FOB Shanghai less 3%discount.

每台600欧元FOB上海减3%折扣。

（4）HKD 1000 per bale CIF Hong Kong.（Remarks：The above is a provisional price, which shall be determined through negotiation between the buyer and seller 15 days before the month of shipment.）

每包1000港元CIF香港（备注：以上价格为暂定价，于装运月份15天前由买卖双方另行协商确定价格）。

※项目阶段性训练

1. 知识训练

（1）指出FOB、CFR、CIF之间的异同点。

（2）比较装运港交货和货交承运人两组术语之间的不同。

（3）象征性交货有哪些特点？为什么CIF交易是一种典型的象征性交货？

（4）在FOB条件下买卖双方各自承担哪些义务？使用FOB术语应注意哪些问题？

（5）为什么在CFR、CPT条件下卖方发出装船通知非常重要？

（6）使用EXW、DDP时，应注意什么问题？

（7）选用贸易术语需要考虑哪些基本因素？

2. 能力训练

(1) 我公司进口一批货物以 FOB 条件成交，结果在目的港卸货时，发现货物有两件外包装破裂，里面的货物有被水浸泡的痕迹。经查证，外包装是货物在装船时因吊钩不牢掉到船甲板上摔破的，因包装破裂导致里面的货物被水浸泡。

请问：在这种情况下，进口方能否以卖方没有完成自己的交货义务为由向卖方索赔？

(2) 我某公司按照 FCA 条件进口一批急需的生产原料，合同中规定由出口商代办运输事项。结果在装运期满时，国外卖方来函通知无法租到船，不能按期交货。因此，我进口公司向国内用户支付了 10 万元延期违约金。

请问：对我公司的这 10 万元损失，可否向国外出口商索赔？

(3) 我国某公司以 CIF 条件进口一批货物，货物自装运港起航不久，载货船舶因遇风暴而沉没，在这种情况下，卖方仍将包括保险单、提单、发票在内的全套单据通过银行交给买方，要求买方支付货款。

请问：进口方是否有义务付款？为什么？

3. 情景接力训练 (1)

现在你的谈判已经进入实质性的一步了，即商谈商品价格，外商希望采用 FOB 价格成交。你却坚持以 CIF 价格达成交易。

部门经理开始让你汇报工作的进展情况，你将你的想法告诉了经理，还特别向他解释了坚持以 CIF 价格成交的原因。请整理你的谈话要点并写成一篇实训小论文。

4. 情景接力训练 (2)

你的坚持有了结果，外商同意接受 CIF 报价了，具体价格条件为 CIF 纽约包含 3%佣金，计价货币为美元。以下是出口商品资料，请你计算四个货号商品单价，将有关的报价内容填入合同中。

货号	成本（元/只）	国内费用（元/只）	海洋运费（美元/只）
TSPS	133.8462	2.9167	7.5625
TSPM	138.4615	2.5	9.075
TSPL	147.6923	2.5	9.075
TSPXL	156.9231	2.9167	7.5625

注　利润为 CIF 报价的 8%；加一成投保一切险、战争险，费率为 0.9%，1 美元=6.10 元。

附录

示样 3-1　国际货物销售合同

常州市昌贸进出口有限公司

Changzhou Chmall Imp. and Exp. Co., Ltd.

中国江苏省常州市滆湖路 5 号，邮编 213164

No. 5 Gehu Road Changzhou Jiangsu, 213164 People's Republic of China

合同号码：

Contract No.

日期：

Date：

传真：

Fax：

电传号：

Telex number：

兹经买卖双方同意，买方购进，卖方销售下列货物，并按下列条款签订本合同：

This Contract is made by and between the buyers and the sellers；whereby the buyers agree to buy and the sellers agree to sell the undermentioned goods on the terms and conditions stated below：

（1）货物名称、规格、包装及唛头。

Name of Commodity，Specifications，Packing Terms and Shipping Marks.

（2）数量。

Quantity.

（3）单价。

Unit Price.

（4）总值总量。

Total Amount.

（5）装运期限。

Time of Shipment.

（6）装运口岸。

Port of Shipment.

（7）目的地口岸。

Port of Destination.

（8）付款条件：买方在收到卖方关于预计装船日期及准备装船的数量的通知后，应于装运前 20 天，通过××银行开立以卖方为受益人的不可撤销信用证。该信用证凭即期汇票及本合同第（9）条规定的单据在开证行付款。

Terms of Payment：Upon receipt from the sellers of the advice as to the time and quantity expected ready for shipment, the buyers shall open, 20 days before shipment, with ×× Bank, an irrevocable Letter of Credit in favor of the sellers payable by the opening bank against sight draft accompanied by the documents as stipulated in Clause (9) of this Contract.

（9）单据：各项单据均须使用与本合同相一致的文字，以便买方审核查对。

Documents：To facilitate the buyers to check up, all documents should be made in a version identical to that used in this contract.

A. 填写通知目的口岸××公司的空白抬头、空白背书的全套已装船的清洁提单（如本合同为 FOB 价格条件时，提单应注明"运费到付"或"运费按租船合同办理"字样；如本合同为 CFR/CIF 价格条件时，提单应注明"运费已付"字样）。

Complete set of Clean On Board Shipped Bill of Lading made out toorder, blank endorsed, notifying ×× Corporation at the port of destination（if the price in this Contract is based on FOB, marked "freight to collect" or "freight as per charter party"; if the price in this Contract is based on CFR/CIF, marked "freight prepaid").

B. 发票：注明合同号、唛头、载货船名及信用证号，如果部分发运，须注明分批号。

Invoice: indicating contract number, shipping marks, name of carrying vessel, number of the Letter of Credit and shipment number in case of partial shipments.

C. 装箱单及/或重量单：注明合同号及唛头，并逐件列明毛重、净重。

Packing List and/or Weight Memo: indicating contract number, shipping marks, gross and net weights of each package.

D. 制造工厂的品质及数量、重量证明书。

Certificates of Quality and Quantity/Weight of the goods issued by the manufactures.

E. 按本合同第（11）条规定的装运通知电报钞本。

Copy of telegram advising shipment according to Clause (11) of this Contract.

F. 按本合同第（10）条规定的航行证明书（如本合同为 CFR/CIF 价格条件时，需要此项证明书；如本合同为 FOB 价格条件时，则不需此项证明书）。

Vessel's certificate as per Clause (10) of this Contract, (required if the price in this Contract is based on CFR/CIF; not required if the price in this Contract is based on FOB).

寄送 To the distributor / 份数 Number required / 单证 documents	A	B	C	D	E	F
送交议付银行（正本） to the negotiating bank (original)						
送交议付银行（副本） to the negotiating bank (duplicate)						
空邮目的口岸外运公司（副本） to ZHONGWAIYUN at the port of destination by airmail (duplicate)						

（10）装运条件：

Terms of shipment：

A. 离岸价条款（Terms of FOB）：

a. 装运本合同货物的船只，由买方租订舱位。卖方负担货物的一切费用、风险到货物装到船面为止。

For the goods ordered in this Contract, the carrying vessel shall be arranged by thebuyers. The sellers shall bear all the charges and risks until the goods are effectively loaded on board the carrying vessel.

b. 卖方必须在合同规定的交货期限30天前，将合同号码、货物名称、数量、装运口岸及预计货物运达装运口岸日期，以电报通知买方以便买方安排舱位，并同时通知买方在装运港的船代理。若在规定期内买方未接到前述通知，即作为卖方同意在合同规定期内任何日期交货，并由买方主动租订舱位。

The sellers shall advise the buyers by cable, and simultaneously advise thebuyers' shipping agent at the loading port, 30 days before the contracted time of shipment. of the contract number, name of commodity, quantity, loading port and expected date of arrival of the goods at the loading port, enabling the buyers to arrange for shipping space. Absence of such advice within the time specified above shall be considered as sellers' readiness to deliver the goods during the time of shipment contracted and the buyers shall arrange for shipping space accordingly.

c. 买方应在船只受载期 12 天前将船名、预计受载日期、装载数量、合同号码、船舶代理人，以电报通知卖方。卖方应联系船舶代理人配合船期备货装船。如买方因故需要变更船只或更改船期时，买方或船舶代理人应及时通知卖方。

The buyers shall advise the sellers by cable, 12 days before the expected loadingdate, of the estimated layday. contract number, name of vessel, quantity to be loaded and shipping agent. The sellers shall then arrange with the shipping agent for loading accordingly. In case of necessity for substitution of vessel or alteration of shipping schedule, the buyers or the shipping agent shall duly advise the sellers to the same effect.

d. 买方所租船只按期到达装运口岸后，如卖方不能按时备货装船，买方因而遭受的一切损失包括空舱费、延期费及/或罚款等由卖方负担。如船只不能于船舶代理人所确定的受载期内到达，在港口免费堆存期满后第 16 天起发生的仓库租费、保险费由买方负担，但卖方仍负有载货船只到达装运口岸后立即将货物装船的义务并负担费用及风险。前述各种损失均凭原始单据核实支付。

In the event of the sellers' failure in effecting shipment upon arrival of the vessel at the loading port, all losses, including dead freight, demurrage fines etc., thus incurred shall be for sellers' account. If the vessel fails to arrive at the loading port within thelayday. Previously declared by the shipping agent, the storage charges and insurance premium from the 16th day after expiration of the free storage time at the port shall be borne by the buyers. However, the sellers shall be still under the obligation to load the goods on board the carrying vessel immediately after her arrival at the loading port, at their own expenses and risks. The expenses and losses mentioned above shall be reimbursed against original receipts or invoice.

B. 成本加运费价条款（Terms of CFR）：卖方负责将本合同所列货物由装运口岸装上直达班轮到目的口岸，中途不得转船。货物不得用悬挂买方不能接受的国家旗帜的船只装运。

The sellers undertake to ship the contracted goods from the port of loading to the port of destinationon a direct liner, with no transshipment allowed. The contracted goods shall not be carried by a vessel flying the flag of the countries which the buyers cannot accept.

（11）装运通知：卖方在货物装船后，立即将合同号、品名、件数、毛重、净重、发票金额、载货船名及装船日期以电报通知买方。

Advice of Shipment：The sellers shall upon competition of loading, advise immediately the buyers by cable of the contract number, name of commodity, number of packages, gross and net weight, invoice value, name of vessel and loading date.

（12）保险：自装船起由买方自理，但卖方应按本合同第（11）条通知买方。如卖方未能按此办理。买方因而遭受的一切损失全由卖方负担。

Insurance：To be covered by the buyers from shipment, for this purpose the sellers shall advise the buyers by cable of the particulars as called for in Clause（11）of this Contract. In the event of the buyers being unable to arrange for insurance in consequence of the sellers' failure to send the above advice, the sellers shall be held responsible for all the losses thus sustained by the buyers.

（13）检验和索赔：货卸目的口岸，买方有权进行检验。如发现货物的品质及/或数量/重量与合同或发票不符，除属于保险公司及/或船公司的责任外，买方有权在货卸目的口岸后 90 天内，根据检验证明书向卖方提出索赔，因索赔所发生的一切费用（包括检验费用）均由卖方负担。FOB 价格条件时，如重量短缺，买方有权同时索赔短重部分的运费。

Inspection and Claim：The buyers shall have the right to apply for inspection after discharge of the goods at the port of destination. Should the quality and/or quantity/weight be found not in conformity withthe contract or invoice the buyers shall be entitled to lodge claims with the sellers on the basis of survey report, within 90 days after discharge of the goods at the port of destination. With the exception, however, of those claims for which the shipping company and/or the insurance company are to be held responsible. All expenses incurred on the claim including the inspection fee as per the inspection certificate are to be borne by the sellers. In case of FOB terms, the buyers shall also be entitled to claim freight for short weight if any.

（14）不可抗力：由于人力不可抗拒事故，使卖方不能在合同规定期限内交货或者不能交货，卖方不负责任。但卖方必须立即通知买方，并以挂号函向买方提出有关政府机关或者商会所出具的证明，以证明事故的存在。由于人力不可抗拒事故致使交货期限延期一个月以上时，买方有权撤销合同。卖方不能取得出口许可证不得作为不可抗力。

Force Majeure：In case of Force Majeure the Sellers shall not held responsible for delay in delivery or non-delivery of the goods but shall notify immediately the Buyers and deliver to the Buyers by registered mail a certificate issued by government authorities or Chamber of Commerce as evidence thereof. If the shipment is delayed over one month as the consequence of the said Force Majeure, the buyers shall have the right to cancel this Contract. Sellers' inability in obtaining export licence shall not be considered Force Majeure.

（15）延期交货及罚款：除本合同第（14）条人力不可抗拒原因外，如卖方不能如期交货，买方有权撤销该部分的合同，或经买方同意在卖方缴纳罚款的条件下延期交货。买方可同意给予卖方 15 天优惠期。罚款率为每 10 天按货款总额的 1%，不足 10 天者按 10 天计算。罚款自第 16 天起计算。最多不超过延期货款总额的 5%。

Delayed Delivery and Penalty：Should the sellers fail to effect delivery on time as stipulated in this Contract owing to causes other than Force Majeure as provided for in Clause（14）of this Contract, the buyers shall have the right to cancel the relative quantity of the contract. Or alternatively, the sellers may, with the buyers' consent, postpone delivery on payment of penalty to the buyers. The buyers may agree to grant the sellers' grace period of 15 days. Penalty shall be calculated from the 16th day and shall not exceed 5% of the total value of the goods involved.

（16）仲裁：一切因执行本合同产生或与本合同有关的争执，应由双方通过友好方式协商解决。如经协商不能得到解决时，应提交中国国际经济贸易仲裁委员会，按照中国国际经济贸易仲裁委员会仲裁程序进行仲裁。仲裁委员会的裁决为终局裁决，对双方均有约束力。仲裁费用除非仲裁委员会另有决定外，由败诉一方负担。

Arbitration：All disputes in connection with this Contract or the execution thereof shall be friendly negotiation. If no settlement can be reached, the case in dispute shall then be submitted for arbitration to the China International Economic and Trade Arbitration Commission in accordance with the Rules of Procedure of the China International Economic and Trade Arbitration Commission. The award made by the Commission shall be accepted as final and binding upon both parties. The fees for arbitration shall be borne by the losing party unless otherwise awarded by the Commission.

（17）附加条款：以上任何条款如与以下附加条款有抵触时，以以下附加条款为准。

Additional Clause：If any of the above-mentioned Clauses is inconsistent with the following Additional Clause (s), the latter to be taken as authentic.

买　方
The Buyer：

卖　方
The Seller：

任务四　装运条款的拟定

※任务目标

通过学习，了解国际贸易货物运输中的海洋、铁路、空运、集装箱、多式联运等主要运输方式的特点，掌握班轮运费的计算以及装运条款的内容。

※任务详解

一、运输方式

国际货物运输有多种方式，其中基本的运输方式包括海洋运输、航空运输、铁路运输、公路运输、内河运输、管道运输和邮政运输等。不同的运输方式特点和适用的范围都不同，适当地选择特定的运输方式，可以满足特定合同的具体要求。

（一）海洋运输

海洋运输（Ocean Transport）是起源较早的一种运输方式。由于其具有运量大、不受轨道和道路的限制以及运费低廉等优点，海洋运输已发展成为国际贸易中应用最普遍和最主要的运输方式。但海洋运输也有不足之处，例如，易受自然条件和气候等因素影响；风险较大；普通商船的航运速度相对较慢等。

资料卡

海洋运输的特点

（1）运力强、运量大。海上货轮量小的能载货几千吨，大的载货几万吨，一般杂货船都为一两万吨，集装箱船可载6~7吨，巨轮可装50万吨以上。

（2）运费低。与其他运输方式相比，单位运输成本较低，约为铁路运费的1/5，公路运费的1/10，航空运费的1/30。

（3）速度慢。由于船体大，水的阻力大，所以速度慢。从我国天津等沿海港口运往英国伦敦的货物，一般需要30天左右的时间。

（4）风险大。海上运输易受自然条件的影响，如遇上暴风、巨浪、冰球、雷击、迷雾等容易出事故。有些贵重、易碎商品不适合采用海运。

（5）有特殊制度。面对海上危险的客观存在，为分散危险、防止和减少海上危险事故的发生、促进海上运输的发展，逐步形成为人们普遍接受的一系列海上特殊制度，如共同海损制度、海上保险制度、海上救助制度、承运人责任限制制度、船东责任制度等。

（6）有国际统一的法规。为处理海上运输所涉及的各方当事人之间的纠纷，现在已逐步颁布了一套为各国所接受的、共同遵守的公约，如《海牙规则》《维斯比规则》《汉堡规则》等。

国际海洋运输，按照船舶的经营方式划分，可以分为班轮运输（Liner Transport）和租船运输（Shipping by Chartering）两种。

1. 班轮运输

（1）班轮运输的特点。班轮运输也称为定期船运输，是指在一定航线上，在一定的停靠港口，定期开航，并按照班轮运价表收取费用的船舶运输。它具有下列特点：

"四固定"，即船舶按照固定的船期、沿固定的航线、在固定的停靠港口之间往来运输，并按相对固定的运费率收取运费；货物由承运人（即船方）负责配载装卸并负担相应费用，即相应费用已经包含在运费中。双方不计算滞期费和速遣费；船、货双方不签订合同，双方的权利、义务和责任的豁免，均以船方签发的提单条款为依据。

班轮运输方式在国际贸易中被普遍采用，由班轮运输的特点可知，其运载货物方便灵活，特别适合与成交量少、分运批次多、交货港口分散的货物；相对固定的运价为买卖双方洽谈交易提供了方便；另外，班轮运输的手续简便，方便货主运货。

（2）班轮运费的构成。班轮运费是承运人为承运货物而收取的报酬，而计算运费的单价（或费率）则称为班轮运价。班轮运价有如下特点：

班轮运价的收取包括货物从启运港到目的港的运输费用以及货物在启运港和目的港的装、卸费用；班轮运价一般是以运价表的形式公布，比较固定；班轮运价是垄断性的价格。

班轮运输费用包括基本运费（Basic Freight）和附加运费（Surcharge）两部分。

①基本运费。基本运费指货物从装运港运到卸货港所应收取的基本运输费用，是全程运费的主要部分，对任何一种商品都要计收。班轮基本运费的计收标准一般有6种，具体见表3-16。

表3-16　班轮基本运费的计收标准

计收标准	计算方法	表示方法	说明	适用范围
重量法	按货物的实际重量计收，即"重量吨"（Weight Ton）	W	1重量吨一般为1公吨 运费＝实际重量吨×单位运费	重量大的货物，如重金属、建筑材料、矿产品等
体积法	按货物的尺码或体积计收，即"尺码吨"（Measurement Ton）	M	1尺码吨一般为1立方米 运费＝实际尺码吨×单位运费	轻泡货物，如纺织品、日用百货等
从价法	按商品价格（FOB价）计收，也称"从价运费"	"A. V"或"Ad. Val."	运费＝实际FOB价×单位费率	贵重物品，如精致工艺品、黄金、白银、宝石等
选择法	按货物的毛重或体积从高计收	W/M	重量吨和尺码吨统称为运费吨（Fright Ton） 运费＝Max（实际运费吨）×单位运费	一批商品中包含多种品质的商品
	根据货物重量、体积或价值三者中最高者计收	W/M or A. V.		
	选择货物的重量、体积从高计收，然后再收取一定比例的从价费用	W/M plus A. V.		

续表

计收标准	计算方法	表示方法	说明	适用范围
按件法	按货物的件数计收运费	Per Unit	运费＝件数×固定值	包装固定，数量、重量、体积也固定的货物，如汽车、活牲畜等
议价法	由船方和货主临时议价	Open Rate		大宗低值货物，如粮食、煤炭、矿砂等

应当注意的是，如果不同商品混装在同一包装内，则全部运费按其中较高者计收。

同一票商品如包装不同，其计费标准及等级也不同。托运人应按不同包装分列毛重及体积，才能分别计收运费，否则全部货物均按较高者收取运费。

同一提单内如有两种或两种以上不同货名，托运人应分别列出不同货名的毛重或体积，否则全部将按较高者收取运费。

【例】某 FOB 价值为 20000 美元的货物由甲地运往乙地，基本费率每运费吨 30 美元或从价费率 1.5%。体积为 6 立方米，毛重为 5.8 公吨，以 W/M or Ad. Val. 选择法计费，以 1 立方米或 1 公吨为一运费吨，求运费。

解：（1）按"W"计算的运费为：30×5.8＝174（美元）

（2）按"M"计算的运费为：30×6＝180（美元）

（3）按"Ad. Val."计算的运费为：20000×1.5%＝300（美元）

（4）三者比较，按"Ad. Val."计算的运费最高，实收运费为 300 美元。

②附加费。附加费指的是对一些需要特殊处理的货物，或者由于货币、港口等原因，以及由于突然事件的发生或客观情况变化等原因而需另外加收的费用。班轮收取附加费是为了抵补运输中额外增加的开支或意外蒙受的损失。附加费可以按照每一运费吨加收若干货币金额，也可以按照基本运费的一定比例收取。附加费的名目繁多，主要有以下几种。

a. 超重附加费（Extra Charges on Heavy Lift/Heavy Lift Additional），是指每件商品的毛重超过规定重量时所增收的附加运费。如需转船，则每次转船，均加收一次。

b. 超长附加费（Extra Charges on Long Lengths/Over Length Additional），即单件货物的长度超过一定限度时所加收的附加费用。如需转船，则每次转船，均加收一次。

c. 直航附加费（Direct Additional），如果货物托运人要求将一批货物（通常需达到规定的数量）运到非基本港口卸货，船公司为此而加收的费用为直航附加费。但所要求的非基本港口必须在班轮航区之内，否则一般船公司不承运。

d. 转船附加费（Transshipment Additional），指船公司对于需要在中途转船的货物向货主加收的费用。商品在中途挂靠港口转船时发生的装卸费、仓储费以及接运船舶的运费等费用，都要包括在转船附加费中。

e. 港口附加费（Port Surcharge），由于某些港口装卸效率较低或港口收费较高等原因，船公司加收一定的费用，称为港口附加费。

f. 港口拥挤附加费（Port Congestion Surcharge），是指由于卸货港口拥挤，船到港后需长时间停泊，等待卸货码头而延长船期，增加营运成本而向货方收取的附加费。

g. 绕航附加费（Deviation Surcharge），由于正常航道受阻不能通行，船舶必须绕航，船公司因此向货方收取的附加费用。

h. 选港附加费（Optional Surcharge），托运方托运时不能确定具体卸货港，要求在预先提出的两个或两个以上港口中选择一个港口卸货，船方为此而加收的附加费。

i. 燃油附加费（Bunker Surcharge or Bunker Adjustment Factor），是指在燃油价格突然上涨时船方加收的费用。

j. 货币贬值附加费（Devaluation Surcharge or Currency Adjustment Factor），在货币贬值时，船方为使实际收入不致减少而按基本运价的一定百分比加收的费用。

除上述各项外，常见的附加费还有洗舱费（Cleaning Charge）、熏蒸费（Fumigation Charge）、冰冻附加费（Ice Additional）等。

③班轮运费的计算。班轮运费（Liner Freight）是承运人为承运货物而向托运人收取费用。它由基本运费和附加费两部分组成，即班轮运费=基本运费+附加运费。

a. 班轮运费的计算步骤。班轮运费是按照班轮运价表（Liner's Fright Tariff）的规定计算的。不同的班轮公司或班轮公会有不同的班轮运价表。班轮运价表的结构包括：说明及有关规定、港口规定及条款、货物的分类和分级表、航线费率表、附加费率表、冷藏货及活牲畜费率表等。具体的计算步骤分为以下四步：

第一步，查货物等级表。根据商品的英文名称查出该商品的运价等级及计费标准。

货物等级表是班轮运价表的组成部分，它有"货名""级别"和"计费标准"3个项目，见表3-17。

表3-17　货物等级表

货名	COMMODITIES	CLASS（级别）	BASIS（计费标准）
…	…	…	…
自行车及零件	BICYCLES & PARTS	9	W/M
蜡烛	CANDLE	6	M
钟及零件	CLOCKS & SPARE PARTS	10	M
计算机和复印机	COMPUTER & DUPLICATOR	12	W/M
纸（捆，卷）	PAPER（IN BALES & REELD）	12	W
…	…	…	…

第二步，查等级费率表。根据商品的等级和计费标准，查找该商品某具体航线的基本费。表3-18是中国—澳大利亚航线等级费率表。

表3-18　中国—澳大利亚航线等级费率表

等级（Class）	费率（Rates）（元）
1	240.00
2	250.00
3	260.00
4	280.00

续表

等级（Class）	费率（Rates）（元）
5	290.00
6	310.00
7	340.00
8	360.00
9	404.00
10	443.00
Ad. Val.	290.00

注 基本港口为 BRISBAN、MELBOURN、SYDNEY、FREMANTLE。

第三步，查附加费率。根据该商品所经航线和港口，查出各附加费的费率及计算方法。

第四步，根据以上内容，按班轮运费计算工时（班轮运费=基本运费+各项附加运费）进行计算。

b. 班轮运费的计算公式为：

$$运费=基本费率×（1+附加费率）×总货运量$$

即：

$$F=F_b×（1+\sum s）×Q$$

式中：F 为班轮运费；F_b 为基本费率；$\sum s$ 为附加费率之和；Q 为总货运量。

【例】某公司以 CIF 价格条件出口科威特文具 1000 箱，每箱毛重 30 千克，体积 0.035 立方米。货物由大连装中国（外运）轮船，运往科威特港。试计算应付船公司运费。

第一步，按文具英文名称，查阅货物等级表，查得文具属于 9 级货，计费标准为 W/M。

第二步，查等级费率表，科威特所属波斯湾航线，大连至科威特基本费率为 76 美元/运费吨。

第三步，查得直航附加费为 5 美元/运费吨。

第四步，计算。

每箱尺码（M）= 0.035 立方米，每箱重量（W）= 0.03 公吨，因为 $M>W$，所以按尺码吨 M 计收运费。

总运费 = 0.035×（76+5）×1000 = 2.835×1000 = 2835（美元）

运费核算，影响到交易能否达成及经济效益的高低，应当引起重视。首先测算运费占货物总值的比例，看其是否合理。从上例来看，该笔文具运费占货值比例 8%~9%，对此，业务员应结合运价水平，衡量该比例是否正常，掌握规律，以便准确选择贸易术语，其次，选用货物英文名称时既要符合运价本规定，又要灵活运用。因为不同名称运费率不同。

☞ **技能训练**

上海运往肯尼亚蒙巴萨港口门锁一批，计 100 箱，每箱体积为 20 厘米×30 厘米×40 厘米，毛重为 25 千克，当时燃油附加费为 30%，蒙巴萨港口拥挤附加费为 10%。门锁属于小五金类，计收标准是 W/M，等级为 10 级，基本运费为每运费吨 443.00 港元。请计算应付运费是多少？

2. 租船运输

租船运输，又称不定期船（Tramp）运输，指船舶出租人按一定条件将船舶全部或部分出租给承租人进行货物运输的方式。租船的费用一般来说要比班轮运费低得多，由船货双方根据租船市场行市商定。

（1）租船运输的特点。与班轮运输不同，租船运输没有预定的船期表、航线、挂靠港口也不固定，须依据船舶所有人，也叫船东（ships Owner）和承租人（Charterer）双方签订的租船合同安排船舶航线、挂靠港口、船期以及运费。

租船一般都是租用整条船。在租船条件下，承租人获得在租船期限内的船舶使用权，租船人必须与船东签订租船协议，以便明确双方的权利与义务。

（2）租船运输的方式。租船运输适用于交货期集中的大宗货物的运输，如粮食、矿产、煤炭、木材等。租船方式主要有以下三种。

①定程租船（Voyage Charter）。定程租船是按照航程租赁船舶的一种方式，又称程租船、航次租船。一般分为单航次，来回航次，连续航次等租船形式。在这种租船方式下，租船人按照合同协议按时提交货物并支付运费，船舶所有人必须按租船合同规定的航程完成货物运输任务，并负责船舶的运营管理及其在航行中的各项费用开支。

航次租船的合同多数采用标准格式，常见的有波罗的海国际航运公会制定的《标准杂货租船合同》（Uniform General Charter），又简称"金康"合同（GENCON）。

②定期租船（Time Charter）。定期租船是指船舶所有人将船舶出租给承租人，供其在一段时间里使用的租船方式，又称期租船。租期可长可短，从数月到数年，长的可达 20 年以上，直到船舶报废为止。

租船业务也可采用一种称为"航次期租"（Time Charter Trip）的方法，即期租一个航次，但不规定具体的租期，以完成一个航次货运任务的实际时间计算租费。

船方应在合同规定的租赁期内提供"适航"（Sea Worthiness）的船舶，并保持船舶的适航和船级。租船人在此期内可以在规定航区内自行调度支配船舶，但此过程中的船舶燃料费、港口费、装卸费等运营过程中的各项开支需自行负责。

在定期租船的方式中，还有一种称作"净船期租船"或者"光船租船"（Bareboat Charter）的方式。光船租船是指船舶所有人将船舶出租给承租人使用一个时期，但船舶所有人提供的是空船，承租人要自己任命船长、配备船员负责船员的给养和船舶营运管理所需的一切费用。这种租船方式往往是租船人买船的先兆，实际上属于财产租赁，与一般的期租船有所不同。目前在海洋运输业务中，采用光船租船的方式进行运输的情况已不多见了。

（3）租船合同的主要内容。大宗货物的货主或货运代理应在交货期前 45 天向轮船公司或其代理商办理租船手续并签订租船合同。租船合同是租船人和船东就租用整船或部分舱位的当事人双方权利和义务所达成的协议。

以程租船合同为例，其内容除船东和租船人名称外，通常对船名、船旗、承运货物名称和数量、装卸港口、受载日期、运费和装卸率、滞期和速遣费等作出规定。下面是租船合同（以程租船为例）中的一些基本概念：

①运费与装卸费。这是船方提供运输服务的报酬。运费有两种计收方法，一是采用运费

率，这与班轮运费的计收方法相同，即按货物单位重量或体积计费；二是按整条船定租金运费，即"包干运费"，适用于轻泡货物。

租船合同对于装卸费负担的划分方法有以下四种：

a. 船方负责装卸费（Gross Terms/Berth Terms），又可称为班轮条件（Liner Terms），费用划分一般以船边为界。

b. 船方不负担装卸费（FIO，Free In and Out）。

c. 船方管装不管卸（FO，Free Out）。

d. 船方管卸不管装（FI，Free In）。

②许可装卸时间。许可装卸时间是指船方允许租船方必须完成装卸作业的时间，一般规定若干日（天）或若干小时，也可用每天装卸率来表示。如一艘载重量为 15000 公吨的货船，该船的 5 个舱口可同时作业，装卸率为每个舱口每日（天）300 公吨。则许可装卸时间则为 10［15000/（5×300）］日。但"日（天）"应该如何计算，则需要在租约中明确规定。

常用的货物装卸时间的规定方法有：

a. 日天（Days）或连续日（Running Days）。这是从午夜零时到次日午夜零时，不管气候如何，时钟连续走过 24 小时就算一天，没有任何扣除，这对船方有利。通常在装运矿石、石油的合同中使用。

b. 工作日（Working Days）。按港口习惯可以正常工作的日子，星期六、星期日和节假日都不是工作日。至于工作多少小时算一个工作日，世界各国港口的规定不同。因此，使用这种方法容易发生争议，一般不用。

c. 晴天工作日（Weather Working Days）。既是晴天又是工作日才算一天，如遇刮风下雨（不良天气）使装卸工作不能正常进行，虽属工作日也不能计算为装卸时间。

d. 累计 24 小时工作日（Working Days of 24 Hours）。即不管港口习惯作业几小时，均以累计达到 24 小时才算一个工作日，如某港口作业为 8 小时，则作业 3 个工作日才能算为合同中的一个工作日。

e. 连续 24 小时晴天工作日（Weather Working Days of 24 Consecutive Hours）此方法一般用于昼夜作业的港口，如中间有几个小时坏天气不能作业或设备出故障不能工作时，则不能装卸的小时要扣除，目前普遍采用这种方法。

另外，由于各国港口习惯和规定的不同，对于星期六、星期日和法定节假日是否计算也应具体订明。例如：

"晴天工作日，星期天和节假日除外，即使已使用也除外"（weather working days，Sunday，holidays excepted，even if used，缩写为 WWDSHEXEIU）。

"晴天工作日，星期天和节假日除外，除非已使用"（weather working days，Sunday，holidays excepted，unless used。缩写为 WWDSHEXUU）。

"晴天工作日，星期六下午、星期天和节假日除外"（weather working days，Saturday PM，Sundays，holidays excepted，缩写为 WWDSATPMSHEX）。

"晴天工作日，星期六、星期天和节假日除外"（weather working days，Saturday，Sundays，holidays excepted，缩写为 WWDSSHEX）。

③滞期费和速遣费。滞期（Demurrage）是指租船人未能在租船合同中约定的装卸时间内将货物全部装完或卸完。由于滞期致使船舶在港内停泊时间延长，给船方造成经济损失，这些损失，租船人必须按约定每天补偿若干金额给船方，这项补偿叫滞期费。

速遣（Dispatch）是指租船人按约定的装卸时间和装卸率提前完成装卸任务，使船方节省了在港停泊的时间及费用开支。为此，船方将其获取的利益一部分给租船人作为奖励，这部分奖励叫速遣费。按惯例，速遣费通常为滞期费的一半。

（二）铁路运输

铁路运输（Rail Transport）是仅次于海洋运输的主要运输方式。特别是在内陆国家间的贸易中，铁路运输更是起着极为重要的作用。另外，海洋运输的进出口货物，也大多是靠铁路运输进行集中和分散的。铁路运输一般不受气候条件的影响，可保障全年的正常运输，而且运量较大，速度较快，有高度的连续性，运转过程中可能遭受的风险也较小。其不足之处在于因轨道限制，不能任意改变运输路线。

我国对外贸易铁路运输可以分为国际铁路货物联运和对港澳地区铁路货物运输两种。

1. 国际铁路货物联运

凡在跨及两个及两个以上国家的铁路货物运输中，由参加国铁路共同使用一份运输票据，在由一国铁路向另一国铁路移交货物和车辆时，不需要收发货人参与，并以连带责任办理货物的全程铁路运输，这种运输组织形式称为国际铁路货物联运（International Railway Through Goods Traffic）。铁路联运方式具有简化手续，方便收、发货人，成本较低，运输连贯性强、运输风险小等优点。

一般来说，采用国际铁路货物联运，进出口货物从始发站至终点站，不论经过几个国家，只需办理一次托运手续，有关国家的铁路根据一张运单负责将货物一直运到终点站交给收货人。

国际铁路联运的主要运输单据为联运运单，是参加国际铁路货物联运的铁路与发货人、收货人之间缔结的运输合同。它规定了参加联运的各国铁路和发货人、收货人之间在货物运送上的权利、义务、责任和豁免，对铁路和发货人、收货人都具有法律效力。联运运单由运单正本、运行报单、运单副本、货物交付单、货物到达通知单等数份组成。运单正本随同货物全程附送，最后交给收货人。运单副本在铁路加盖戳记证明货物的承运和承运日期后，交还发货人，作为向买方结算货款的主要单据。

采用国际铁路货物联运，有关当事国事先必须要有书面的约定。早在 19 世纪中期，一些欧洲国家就开始签订协约开展国际铁路客货联运，1890 年欧洲国家在瑞士首都伯尔尼签订了《国际铁路运送规则》。1934 年该公约修改后称为《国际铁路货物运送公约》（以下简称《国际货约》），并于 1938 年 9 月开始实行。现在参加该公约的国家已达到 30 多个，在国际铁路货物运输的影响也日益扩大，1951 年在北大西洋公约组织欧洲各国部长运输会议上，由原苏联代表提议，起草并通过了《国际铁路货物联运协定》（以下简称《国际货协》）和《国际铁路旅客联运协定》（以下简称《国际客协》）。最初有 8 个国家参加，1954 年中国、朝鲜、蒙古正式参加，随后越南也参加进来。从此，国际铁路联运成为连接亚欧各国客货运输的重要纽带。

目前，我国对朝鲜、独联体国家的大部分进出口货物以及东欧一些国家的部分进出口货物，都是采用国际铁路联运的方式运送的。按照《国际货协》有关规定，从参加《国际货协》国家向未参加《国际货协》的国家或相反方向运送货物，亦可办理联运。

2. 对港澳地区的铁路运输

港澳地区，特别是香港特别行政区是我国同世界各地往来的重要通道之一。每年大陆与香港间的进出口货物，及大陆经香港的转口或复出口货物的运量很大。港澳铁路运输正是为了适应这种需要而发展起来的。供应港澳地区的物资经铁路运往香港、九龙，属于国内铁路运输的范围，但不同于一般的国内运输，是一种特定的租车方式的两票运输方式。它的全过程由两部分组成，即内地铁路运输和港段铁路运输。货车到达深圳后，要过轨至香港，继续运送至九龙车站。各地外运分公司以运输承运人的身份向发货单位提供经深圳中转香港的"承运货物收据"（Cargo Receipt），并以此作为向银行办理结汇的凭证。

（三）航空运输

航空运输（Air Transport）是一种现代化的运输方式，发展极为迅速。

1. 航空运输的优点

（1）运输速度快。航空运输的运送速度明显快于其他运输工具的速度。从北京到美国的货物，若通过海洋运输，从发运到客户收货，海运通常需要 30～40 天，而空运只需要 3～4 天；从中国香港至北欧的航空急件传送，当天即可送达货主手中。因此，航空运输十分适宜于运送易腐货物和鲜活商品，如鲜鱼、鲜虾，其他海产品以及水果和蔬菜等。

（2）安全准确。由于航空运输管理制度较为严格完善，因此在途风险低、货运质量高，引起的货物破损率较低，减少了货物丢失的事故。

（3）节省包装、保险、利息等费用。因为航空运输的货损、货差少，货物的包装就可较其他运输方式简化，包装和保险费用也可降低。另外，由于航空运输速度快，商品周转期短，存货就可相应降低，资金可以迅速收回，因此又节省了利息费用。

除此以外，航空运输还具有对外的辐射面广、占用土地少等优点。但也有其局限性，主要是运输费用高、机舱容量有限、不适于大宗货物的运输、易受恶劣气候影响以及对危险品的包装要求非常严格等，甚至对有些危险品还是禁运的。这些都是航空运输的缺点。

目前，我国的进出口商品中，采用空运的主要有电脑、成套设备中的精密部件、电子产品、丝绸、海产品、水果和蔬菜等。航空运输在我国外贸运输中的作用日益显著。

2. 航空运输的方式

（1）班机运输。班机运输是指在固定航线上定期航行的航班。班机运输一般有固定的始发站、经停站和目的站，在一定时间内有相对固定的收费标准。收发货人可以确切掌握起运和到达的时间，这对于急用物品、鲜活易腐货物及贵重货物等的运送尤为适宜。班机运输多采用客货混合机型，一些大的航空公司也开辟有定期全货机航班。

（2）包机运输。包机运输是指包租整架飞机或发货人（或航空货运代理公司）联合包租一架飞机来运送货物，即整机包机或部分包机。与班机运输相比，包机运输可以由承租飞机的双方议定航程的起止点和中途停靠的空港，运费通常也比班机运输的运费低，同时也能满足大批量货物进出口运输的需要。但我国包机运输的审批手续比较严格，因此，目前使用包机业务的不多。

（3）集中托运。集中托运是指集中托运人将若干批单独发运的货物组成一整批，向航空公司办理托运，采用一份航空总运单（附分运单）集中发运到同一目的站，由集中托运人在目的地指定的代理收货，再根据集中托运人签发的航空分运单分拨给务实际收货人的运输方式，也是航空货物运输中开展最为普遍的一种运输方式，是航空货运代理的主要业务之一。等级运价的货物、危险品即时限要求的货物不能办理集中托运。

（4）航空速递。航空速递（也称快件业务）是指具有独立法人资格的企业将进出境的货物或物品从发件人所在地通过自身或代理的网络运达收件人的一种快速运输方式，是一种新型的运输方式，发展非常迅速。

航空快递业使用独特的运输单据——交付凭证（Proof of Delivery，POD）。交付凭证一式四份。第一联留在始发地并用于出口报关；第二联贴附在货物表面，随货同行，收件人可以在此联签字表示收到货物（交付凭证由此得名）。但通常快件的收件人在快递公司提供的送货纪录上签字，而将此联保留；第三联作为快递公司内部结算的依据；第四联作为发件凭证留存发件人处，同时该联印有背面条款，一旦产生争议时可作为判定当事各方权益，解决争议的依据。航空速递业务以商务文件、资料、小件样品和货物等为主，如急需的图纸资料、单证货样、药品、医疗器械、贵重物品和书报等小件货物。航空速递业务安全可靠，整个运输途中都对货物进行不间断的监管，比一般的货运要安全得多，并能及时提供货物运输交接信息，随时答复对货物的查询。

（四）集装箱运输

集装箱运输（Container Transport）是以集装箱作为运输单位的一种现代化的先进的运输方式，它可适用于海洋运输、铁路运输及国际多式联运等，航空运输也常使用集装箱作为辅助工具。集装箱运输作为一种新的现代化运输方式，发展十分迅速。它具有提高货运速度，加快运输工具、货物及资金的周转；减少运输过程中的货差、货损，提高货运质量；节省货物包装费用以及简化货运手续等优点。

1. 集装箱的特点及规格

使用集装箱这种能反复使用的运输辅助工具是集装箱运输的主要特点，国际标准化组织（International Organization for Standardization，ISO）对集装箱应具备的条件做出了具体的规定：

（1）能长期反复使用，具有足够的强度和刚度。

（2）途中转运，不动容器内的货物，可直接换装。

（3）能快速装卸，并能从一种运输工具上直接和方便地换装到另一种运输工具上。

（4）便于货物的装满和卸空。

（5）每个容器具有一立方米（即35.32立方英尺）或以上的容积。

集装箱通常采用标准集装箱单位作为计量单位。标准集装箱计算单位（Twenty-Feet Equivalent Units，TEU）又称20英尺换算单位，是计算集装箱箱数的换算单位。国际标准化组织推荐了三个系列十三种规格的集装箱，目前在国际运输中常用的集装箱规格为20英尺和40英尺两种。为使集装箱箱数计算统一化，把20英尺集装箱作为一个计算单位，40英尺集装箱作为两个计算单位，以便于统一计算集装箱的营运量，表3-19为常用集装箱的主要数据。

表 3-19　常用集装箱的主要数据

规格	外尺寸	内容积	配货毛重	装货体积
20 英尺货柜（20GP）	20ft×8ft×8ft6in	5.96m×2.13m×2.18m	一般不超过 17.5 吨	24～26 立方米
40 英尺货柜（40GP）	40ft×8ft×8ft6in	11.8m×2.13m×2.18m	一般不超过 22 吨	54 立方米
40 英尺高柜（40HQ）	40ft×8ft×9ft6in	11.8m×2.13m×2.72m	一般不超过 22 吨	68 立方米

20 英尺的集装箱是国际上计算集装箱的标准单位，英文成为 Twenty-foot Equivalent Unit，简称"TEU"。一个 40 英尺的集装箱等于两个 TEU，其余以此类推。

在国际贸易中，集装箱类型的选用，货物的装箱方法对于减少运费开支起着很大的作用。货物外包装箱的尺码、重量，货物在集装箱内的配装、排放以及堆叠都有一定的讲究。

2. 集装箱货物的装箱方式

集装箱货物的装箱方式有整箱货和拼箱货两种：

（1）整箱（Full Container Load，FCL），是指货方自行将货物装满整箱以后，以箱为单位托运的集装箱。通常在货主有足够货源装载一个或数个整箱采用，除有些大的货主自己置备有集装箱外，一般都是向承运人或集装箱租赁公司租用一定的集装箱。空箱运到工厂或仓库后，在海关人员的监管下，货主把货装入箱内、加锁、铝封后交承运人并取得站场收据，最后凭收据换取提单或运单。

（2）拼箱（Less Than Container Load，LCL），是指承运人（或代理人）接受货主托运的数量不足整箱的小票货运后，根据货类性质和目的地进行分类整理。把去同一目的地的货，集中到一定数量拼装入箱。这种情况在货主托运数量不足装满整箱时采用。拼箱货的分类、整理、集中、装箱（拆箱）、交货等工作均在承运人码头集装箱货运站或内陆集装箱转运站进行。

3. 集装箱货物的交接方式

集装箱运输通常涉及集装箱货运站（Container Freight Station，CFS）和集装箱堆场（Container Yard，CY）。集装箱货运站是承运人或代表承运人的托运人接受拼箱货并办理装箱业务，或向收货人发放整箱货箱并接受空箱的场所。集装箱堆场是承运人或其代理人接受托运人整箱货或向托运人发放空箱，或向收货人发运整箱货并接受收货人空箱的场地，集装箱的货运站和堆场一般设在集装箱码头附近，便于装卸和存放。

集装箱货运分为整箱和拼箱两种，因此在交接方式上也有所不同。当前国际上普遍的做法有以下四类。

（1）整箱交整箱接（FCL/FCL）。货主在工厂或仓库把装满货后的整箱交给承运人，收货人在目的地以同样整箱接货。换言之，承运人以整箱为单位负责交接，货物的装箱和拆箱均由货方负责。这种交接方式效果最好，也最能发挥集装箱的优越性。

（2）拼箱交拆箱接（LCL/LCL）。货主将不足整箱的小票托运货物在集装箱货运站或内陆转运站交给承运人，由承运人负责拼箱和装箱运到目的地站或内陆转运站，由承运人负责拆箱，收货人凭单接货。货物的装箱和拆箱均由承运人负责。

（3）整箱交拆箱接（FCL/LCL）。货主在工厂或仓库把装满货后的整箱交给承运人，在目的地的集装箱货运站或内陆转运站由承运人负责拆箱后，各收货人凭单接货。

（4）拼箱交整箱接（LCL/FCL）。货主将不足整箱的小票托运货物在集装箱货运站或内陆转运站交给承运人，由承运人分类调整，把同一收货人的货集中拼装成整箱，运到目的地后，承运人整箱交货，收货人整箱接货。

4. 集装箱货物的交接地点

根据不同的交接方式和贸易术语，集装箱货物交接地点一般有以下四种：

（1）门到门（Door to Door）。在整个运输过程中，完全是集装箱整箱运输，并无货物运输，适宜于整箱交整箱接。

（2）门到场站（Door to CY/CFS）。在运输过程中，由门到场站为集装箱运输，由场站到门是货物运输，适宜于整箱交拆箱接。

（3）场站到门（CY/CFS to Door）。在运输过程中，由场站至门是集装箱运输，由门至场站是货物运输，适宜于拼箱交整箱接。

（4）场站到场站（CY/CFS to CY/CFS）：在运输过程中，除中间一段为集装箱运输外、两端的内陆运输均为货物运输，适宜于拼箱交拆箱接，如表3-20所示。

表3-20　集装箱的交接方式

交接方式	交接地点	说明
FCL/FCL（整箱交/整箱收）	Door/Door（门到门）	指在发货人的工厂或仓库整箱交货，承运人负责运至收货人的工厂或仓库整箱交收货人
	CY/CY（场到场）	指发货人在起运地或装箱港的集装箱堆场交货，承运人负责运至目的地或卸箱港的集装箱堆场整箱交收货人
	Door/CY（门到场）	指在发货人的工厂或仓库整箱交货，承运人负责运至目的地或卸箱港的集装箱堆场整箱交收货人
	CY/Door（场到门）	指发货人在起运地或装箱港的堆场整箱交货，承运人负责运至收货人的工厂或仓库整箱交收货人
LCL/LCL（拼箱交/拆箱收）	CFS/CFS（站到站）	指发货人将货物送往起运地或装箱港的集装箱货运站，货运站将货物拼装后交承运人，承运人负责运至目的地或卸箱港的集装箱货运站进行拆箱，当地货运站按件拨交各有关收货人
FCL/LCL（整箱交/拆箱收）	Door/CFS（门到站）	指在发货人的工厂或仓库整箱交货，承运人负责运至目的地或卸货港的货运站，货运站拆箱按件交给有关收货人
	CY/CFS（场到站）	指发货人在起运地或装箱港的集装箱堆场整箱交货，承运人负责运至目的地或卸货港的集装箱货运站，货运站负责拆箱拨给各有关收货人
LCL/FCL（拼箱交/整箱收）	CFS/Door（站到门）	指发货人在起运地或装箱港的集装箱货运站按件交货，货运站进行拼箱，然后由承运人负责运至目的地收货人工厂或仓库整箱交货
	CFS/CY（站到场）	指发货人在起运地或装箱港的集装箱按件交货，货运站进行拼箱，然后承运人负责运至目的地或卸箱港的集装箱堆场，整箱交收货人

为了更有效地开展以集装箱为媒介的国际多式联运，除加强交通运输设施的现代化建设

外，还需注意下列事项：

（1）要考虑货架和货物性质是否适宜装集装箱。

（2）要注意装运港和目的港有无集装箱航线，有无装卸及搬运集装箱的机械设备，铁路、公路沿途桥梁、隧道、涵洞的负荷能力如何。

（3）装箱点和起运点能否办理海关手续。

5. 集装箱运输的单据

（1）集装箱提单（Container B/L）。集装箱货物运输下主要的货运单据为集装箱提单，是指负责集装箱运输的经营人或其代理人，在收到集装箱货物后签发给托运人的提单。它与普通货物提单的作用和法律效力基本相同。

另外，在集装箱运输代理人组织拼箱货时还会使用"运输代理行提单"（House B/L），即由运输代理人签发的提单。运输代理行将不同发货人发运的零星货物拼在一个集装箱内，因此只能取得一套提单，各个托运人不能分别取得提单，所以由运输代理人向各托运人签发运输代理人（行）提单。根据国际商会《跟单信用证统一惯例》1993 年修订本的规定，除非提单表明运输行作为承运人（包括无船承运人）或承运人的代理人出具的提单，或国际商会批准的"国际货运代理协会联合会"的运输提单可以被银行接受外，银行将拒收这种提单。

（2）站场收据（Dock Receipt，D/R）。随着集装箱运输的发展，承运人在内陆收货的情况越来越多，而货运站不能签发已装船提单。港口收到集装箱货物后，向托运人签发"场站收据"，托运人可持"场站收据"向海上承运人换取"待运提单"，这种待运提单实质上是"收货待运提单"。由于在集装箱运输中，承运人的责任期间已向托运方和收货方两端延伸，常用于集装箱运输的 FCA、CPT 和 CIP 贸易术语，也以货交承运人划分买卖双方的风险。所以根据《联合国国际货物多式联运公约》和《跟单信用证统一惯例》的规定，在集装箱运输中银行可以根据具体情况接受以待运提单办理货款结汇的。

6. 集装箱运费的计算方法

集装箱海运运费是由船舶运费和一些有关的杂费组成，目前，有两种计费方法：一是按件杂货基本费率加附加费（俗称散货价）。这是按照传统的件杂货计算方法，以每运费吨为计算单位，再加收一定的附加费；二是按包箱费率（俗称包箱价），即以每个集装箱为计费单位，包箱费率视船公司的航线等不同因素而有所不同。

（1）杂货费率加收附加费。这是在航线等级费率运价的基础上加收附加费。加收的办法分为两种：一种是加收集装箱附加费，实行这种收费办法的航线有美、日、中国香港、西非，但也有的轮船公司，不加收集装箱附加费而采取议价；另一种是加收支线船附加费，如需在香港、日本转二程船的集装箱货物。

另外，还有一些船公司为了保证营运收益，制定有保底费率，亦即起码运费。如每箱运费收入达不到保底费率，则按保底费率收取，如超过保底费率则按实际收取。

（2）包箱费率。即以每个集装箱为计费单位，其具体规定方法有以下三种：

①FAK 包箱费率（Fright for All Kinds）。即对每一集装箱不细分箱内货类，也不计货量，只规定统一的每个集装箱收取的费率，见表 3-21。

表 3-21　中国—新加坡航线集装箱费率

CHINA-SINGAPORE CONTAINER SERVICE　　（美元，IN USD）

装运港（PORT OF LOADING）	货物种类（COMMODITIES）	CFS/CFS	CY/CY	
		Per F/T	20′FCL	40′FCL
上海	杂货	78.00	1100.00	2050.00
青岛	杂货	80.00	1450.00	2150.00
…	…	…	…	…

②FCS 包箱费率（Fright for Class）。即按不同货物等级制订的包箱费率。在这种费率下，拼箱货运费计算与传统班轮运输一样，根据货物名称查得等级、计费标准，然后套用相应的费率，乘以运费吨，即得运费，见表3-22。

表 3-22　中国—澳大利亚航线集装箱费率

CHINA-AUSTRALIA CONTAINER SERVICE　　（美元，IN USD）

基本港：Brisbane, Melbourne, Sydney, Fermented				
等级（CLASS）	计算标准（BASIS）	20′（CY/CY）	40′（CY/CY）	LCL（per F/T）
1~7	W/M	1700	3230	95
8~13	W/M	1800	3420	100
14~20	W/M	1900	3510	105

③FCB 包箱费率（Fright for Class & Basis）。即按不同货物等级或货物类别以及计算标准制定的费率，见表3-23。

表 3-23　中国—地中海航线集装箱费率

CHINA-MEDITERRANEAN CONTAINER SERVICE　　（美元，IN USD）

基本港：Algiers, Marseilles-FOS				
等级（CLASS）	LCL（per M）	LCL（per M）	FCL20′（CY/CY）	FCL40′（CY/CY）
1~7	131.00	100.00	2250.00	4200.00
8~13	133.00	102.00	2330.00	4412.00
14~20	136.00	110.00	250.00	4640.00

【例】湖州正昌贸易公司上海分公司出口一批打字机到澳大利亚的悉尼，货物用纸箱装运，每箱的尺寸为44cm×44cm×30cm，毛重是22kg，每箱装4台，装一个40英尺的集装箱。试计算每台的单位运价为多少美元？

解：（1）查货物等级表。打字机为12级货，按"M"标准计费，一个40英尺集装箱可装打字机的数量为 $55 \div (44 \times 44 \times 30 \times 10^{-6}) = 946.9697$ 箱，取整为946箱，$946 \times 4 = 3784$ 台。

（2）查中国—澳大利亚航线集装箱费率表，12级货的40英尺集装箱的包箱费率为3420美元，则打字机的单位运价为 $F = 3420 \div 3784 = 0.90$ 美元/台。

此外，集装箱除上述基本费率外，还有其他服务和管理方面的费用，如运箱费、吊装费、装箱费、拼箱费、滞期费、堆存费和交接费等。

（五）公路、内河、邮政和管道运输

1. 公路运输

公路运输（Road Transportation）同铁路运输一样，是一种陆上运输的基本方式。公路运输机动灵活，简洁方便，不仅可以直接运进或运出对外贸易货物，而且也是车站、港口和机场集散进出口货物的重要手段，但承载量有限，同时成本较高、风险也较大。

2. 内河运输

内河运输（Inland Water Transportation）是水上运输的重要组成部分，它是连接内陆腹地与沿海地区的纽带，在运输和集散进出口货物中起着重要的作用。内河运输投资较少，但运量很大，成本也较低。我国内河资源丰富，充分利用内河运输有利于进一步发展对外贸易运输。

3. 邮政运输

邮政运输（Parcel Post Transport）是一种简便的运输方式。各国邮政部门之间订有协定和合约，通过这些协定和合约，各国的邮件包裹可以相互传递，从而形成国际邮包运输网。我国与很多国家签订了邮政包裹协议和邮电协议，还参加了万国邮政联盟（Universal Postal Union）。由于国际邮包运输具有国际多式联运和"门到门"运输的性质、手续简便和费用不高等特点，故已成为国际贸易中普遍采用的运输方式之一。

资料卡

万国邮政联盟

万国邮政联盟（Universal Postal Union）是联合国关于国际邮政事务的专门机构。它成立于 1874 年 10 月 9 日，当时称"邮政总联盟"；1878 年 5 月改现名，简称"万国邮联"或"邮联"；1948 年 7 月 1 日成为联合国的一个专门机构，总部设在伯尔尼。万国邮政联盟的宗旨是组织和改进全世界服务工作，并保证国际邮政合作。

中国于 1914 年加入该联盟，由于中国台湾地区占据了席位，中国 1953 年与该联盟断绝往来。1972 年 4 月在万国邮政联盟承认中国为该组织的唯一合法代表后，我国与该组织关系恢复正常。

4. 管道运输

管道运输（Pipeline Transport）是一种特殊的运输方式，是指货物在管道内借助于高压气泵的压力输往目的地的一种运输方式，主要适用于运输液体和气体货物。这种运输方式的初期投资较大，建成以后，其运输成本则较低。目前，许多欧美国家和石油输出国均采用管道运输作为石油等液体、气体运输的主要方式。

（六）国际多式联运与大陆桥运输

20 世纪 60 年代末，最早出现在美国的国际多式联运是一种比区段运输高级的运输组织形式。目前，国际多式联运（International Multi-Model Transport，International Combined

Transport）已成为一种新型的重要的国际集装箱运输方式，并将成为今后国际运输发展的方向。国际集装箱多式联运具有许多优越性，如简化托运、结算及理赔手续，节省人力、物力和有关费用；缩短货物运输时间，减少库存，降低货损货差事故，提高货运质量；降低运输成本，节省各种支出；提高运输管理水平，实现运输合理化等作用。

1. 国际多式联运

（1）国际多式联运的定义。国际多式联运是一种利用集装箱进行联运的新的运输组织方式。它通过采用海、陆、空等其中两种以上的运输手段，完成国际的连贯货物运输。通过一次托运，一次计费，一份单证，一次保险，即将货物的全程运输作为一个完整的单一运输过程来安排。根据《联合国国际货物多式联运公约》所下的定义，国际多式运输是指按照多式运输合同以至少两种不同的运输方式，由多式运输经营人将货物从一国境内接管货物的地点运至另一国境内指定交付货物的地点的一种运输方式。

（2）国际多式联运的特点。

①具有一份多式联运合同。该运输合同确定了多式联运经营人与托运人之间权利、义务、责任与豁免的运输性质和合同关系，是区别多式联运与一般货物运输方式的主要依据。

②使用一份全程多式联运单证。该单证应满足不同运输方式的需要，并按单一运费率计收全程运费。

③至少是两种不同运输方式的连续运输。

④是国际的货物运输，适用国际运输的法规。

⑤由一个多式联运经营人对货物运输的全程负责，该多式联运经营人是订立多式联运合同的当事人，也是多式联运单证的签发人。

多式联运汇集各种运输方式的特长，能够达到优化运输的效果。其责任统一，手续简便。选择多式联运方式，不论运输的路程多么遥远，运输的环节多么复杂，只需办理一次委托，支付一笔全程单一运费，取得一张联运提单，就可以把货物从起点运到收货人手中。

（3）国际多式联运的作用。

①安全迅捷。国际多式联运是直达的、连贯的运输，各个运输环节配合密切，中转迅速及时，中途停留时间短。另外，多式联运以集装箱为主体，货物封闭在集装箱内，运输途中不需拆箱和搬动，能够保证货物安全、迅速、准确、及时地运到目的地。

②快速结汇。货物在启运地装上第一程运输工具后，货主就可以凭承运人签发的联运提单到银行办理结汇，这样就可以加快资金周转，减少利息支付。

③实现"门到门"的合理运输。采用多式联运，可以把货物从发货人内地仓库，直运到收货人的内地仓库，有的甚至可以运到收货人指定的现场。

（4）我国的国际多式联运。近年来，为适应外贸运输发展的需要，我国对一些国家和地区已开始采用国际多式联运方式。目前，我国已开展的国际多式联运路线主要包括我国内地经海运往返日本、美国等国以及非洲、西欧、澳洲等内地以及经蒙古或苏联境内的独立国家至伊朗和往返西、北欧各国的西伯利亚大陆桥运输线。同时，运输形式也多种多样，货物的交接方式有门到门、门到港站，也有港站到港站、港站到门等。

2. 大陆桥运输

大陆桥运输（Land Bridge Transport）是以横贯大陆的铁路（或公路）作为"桥梁"将大陆两端的海洋运输连接起来的运输方式。大陆桥运输一般都是以集装箱为媒介。采用国际铁路系统来运送，是一种"海—陆—海"的多式联合运输。

目前，世界上有三条大陆桥。即横贯美国东西的北美大陆桥；连接远东至西欧的西伯利亚大陆桥及中国连云港—荷兰鹿特丹的新欧亚大陆桥。

（1）北美大陆桥。北美大陆桥是指美国陆桥和加拿大陆桥。美国陆桥是横贯美国的三条铁路干线。即西雅图—芝加哥—波士顿、旧金山—芝加哥—纽约和洛杉矶—堪萨斯城—巴尔的摩。加拿大大陆桥包括温哥华—温尼伯—哈利法克斯和鲁珀特王子港—温尼伯—魁北克两条铁路线。

（2）西伯利亚大陆桥。远东国家或地区销往欧洲的货物先海运至俄罗斯海参崴的纳霍特卡港，然后改由西伯利亚铁路运往欧洲各国及中东一些国家。经此大陆桥运输货物要比经苏伊士运河缩短约 8000 千米，时间可节省约 20 天。

（3）新欧亚大陆桥。1992 年，新欧亚大陆桥正式开始营运。它东起我国连云港，途经陇海、兰新、北疆铁路与独联体土西铁路在阿拉山口和德鲁巴站相接，往西直达荷兰鹿特丹。该大陆桥全长 10800 千米，穿过我国中部，跨江苏、安徽、河南、陕西、甘肃和新疆等六大省区，货运辐射范围可达我国国土面积的 80%，无论北方的京津、华东的苏州、杭州、上海，还是南方的广东以及大西南的云南、贵州，都可以通过铁路与此大陆桥连接起来；还途经莫斯科、华沙、柏林等地。这一新欧亚大陆桥对我国中西部的发展有着深远的影响，进一步促进了我国对外贸易的发展。

二、运输单据

运输单据是指证明货物已经装船或发运，或已经由承运人接受监管的单据。在采用象征性交货方式下，运输单据则是卖方凭以证明已履行交付货物的责任和买方凭以支付货款的主要依据。根据不同的运输方式，运输单据主要有海运提单、铁路运单（或承运货物收据）、航空运单、邮包收据以及多式联运单据等。

（一）海运提单

海运提单，简称提单（Ocean Bill of Lading，B/L）。海运提单是指用以证明海上货物运输合同和货物已经由承运人接收或者装船以及承运人保证据以交付货物的单证。这个定义概括了提单的本质属性，即证明承运人接管货物或货物已装船，证明海上货物运输契约合同。同时，提单中载明的向记名人交付货物，或者按照指示人的指示交付货物，或者向提单持有人交付货物的条款，构成承运人据以交付货物的保证。

1. 海运提单的性质与作用

在实际业务中海运提单的性质与作用主要表现在以下三个方面：

（1）货物收据。海运提单是承运人或其代理人签发的货物收据（Receipt of the Goods），证实已按提单所列内容收到货物。

（2）物权凭证。海运提单是代表货物所有权的凭证，收货人或提单的合法持有人，有权凭提单向承运人提取货物。由于提单是一种物权证明，持有人还可在载货船舶到达目的港之前进行转让，也可凭它向银行押汇；

（3）承运人与托运人之间运输合同的证明。海运提单是承运人与托运人处理双方在运输中的权利和义务问题的主要依据。

2. 海运提单的种类

（1）根据货物是否已经装船，可分为"已装船提单"和"收货待运提单"。

① "已装船提单"（Shipped B/L, or On Board B/L），是指货物装船后由承运人或其授权代理人根据大副收据签发给托运人的提单。承运人签发已装船提单，即确认已将货物装上船。这种提单除载明一般事项外，通常还须注明装载货物"已由某某轮装运"，装载货物的船舶名称以及装船日期。由于已装船提单对于收货人及时收到货物较有保障，所以在国际货物买卖合同中，买方一般都要求卖方提供已装船提单。按照国际市场银行业务的惯例，按FOB、CFR和CIF成交的贸易合同，出口方向银行议付货款提交的提单，必须是已装船提单。在我国的出口业务中，一般也都使用此种提单。

② "收货待运提单"（Received for Shipment B/L），又称备运提单、待装提单，或待运提单。是指承运人在收到托运人交来的货物等待装船期间，应托运人的要求而签发的提单。签发这种提单，说明承运人确认货物已交由承运人保管并存在其所控制的仓库或场地等待装船。待到货物装船，承运人在这种提单上加注装运船名和装船日期并签字盖章后，待运提单即成为已装船提单。待运提单对托运人来说可以加速交易进程、融通资金。在FOB、CFR和CIF合同中由于待运提单没有装船日期、确定的装货船名等，将来货物能否装出以及能否凭单提到货物无确切保障，因此，在贸易实践中，买方一般不愿意接受这种提单。在跟单信用证的支付方式下，银行也不接受。

不过，备运提单如经承运人加注"已装船"（On Board）的字样，注明承运船名、装船日期以及承运人或其代理人签字，可转化为"已装船提单"而为银行所接受。

（2）根据提单上有无对于货物外表状况的不良批注，可分为"清洁提单"和"不清洁提单"。

① "清洁提单"（Clean B/L），是指在交运装船时，货物表面状况良好，承运人在签发提单时，未在提单上加注任何有关货物残损、包装不良、件数、重量和体积，或其他妨碍结汇等类型批注的提单。使用清洁提单在国际贸易实践中非常重要，按照国际惯例，卖方有义务提供清洁提单，同时，清洁提单也是转让提单时必须具备的条件。

② "不清洁提单"（Unclean B/L or Foul B/L），在货物装船时，承运人若发现货物包装破损、撕裂、渗漏、玷污、标志不清等现象时，会在收货单上加批注，并将此批注转签到提单上，例如："包装不固"（Insufficiently Packed）、"包装残旧玷污"（Covers old and stained）、"X 件损坏"（… Packages in Damaged Condition）、"X 盒遭水渍"（… Cartons Wet Stained）等，这种提单称为不清洁提单。我国《海商法》第75条还规定："承运人或者代其签发提单的人，知道或者有合理的根据怀疑提单记载的货物品名、标志、包数或者件数、重量或者体积与实际接收的货物不符，在签发已装船提单的情况下怀疑与已装船的货物不符，或者没有适当的方法核对提单记载的，可以在提单上批注，说明不符之处，怀疑的根据或者说明无法核对。"

（3）根据提单收货人的抬头划分，可分为"记名提单""不记名提单"和"指示提单"。

①"记名提单"（Straight B/L），又称收货人抬头提单，是指提单上的收货人栏中已具体填写收货人名称的提单。提单所记载的货物只能由提单上指定的收货人提取，如果承运人将货物交给提单指定的人以外的其他人，即使此人持有提单或者拥有货物的所有权，承运人也应对此负追回货物或赔偿的责任。这种提单失去了代表货物转让流通的便利，但同时也可以避免在传递过程中可能带来的风险，使货物始终控制在货主手中。银行也不愿意接受记名提单作为信用证议付的证件。因此，记名提单一般只适用于运输展览品或贵重物品，在短途运输中较有优势，而在一般的国际贸易中则很少使用。

②"不记名提单"（Bearer B/L, or Open B/L, or Blank B/L），又称"来人抬头提单"，指提单上收货人一栏内没有指明任何收货人，而只注明"来人"（Bearer）字样或将这一栏空白，不填写任何人名称的提单。这种提单不需要任何背书手续即可转让。提单持有人仅凭提单即可要求承运人交货，承运人则将提单作为交付货物的唯一依据。这种提单虽然转让或提货的手续简便，但风险很大，一旦遗失或被盗，货物也容易被人提走，故国际上较少使用这种提单。另外，根据有些班轮公会的规定，凡使用不记名提单，在给大副的提单副本中必须注明卸货港通知人的名称和地址。

③"指示提单"（Order B/L），指在提单正面"收货人"一栏内不填写收货人的名称，而注明"凭指示"（to Order）、"凭发货人指示"（to Order of Shipper…）、"凭收货人指定"（to Order of Consignee）、"凭某某银行指定"（to Order of…Bank）等字样的提单。这种提单按照表示指示人的方法不同，指示提单又分为托运人指示提单、记名指示人提单和选择指示人提单。

指示提单可以通过背书的办法转让给他人提货，是一种可转让提单。提单的指示人可以通过背书把提单转让给第三者，而不须经过承运人认可。背书分为记名背书（Special Endorsement）和空白背书（Endorsement in Blank），记名背书是指背书人（提单指示人，即提单转让人）在提单上写明被背书人（提单受让人，即被背书人）的名称，并由背书人签名，如"Deliver to ABC Co."；后者是指背书人在提单背书中不写明被背书人的名称。由于指示提单可以通过背书转让，适应了国际贸易的实际需要，所以在国际海运业务中使用较广泛。

资料卡

提单的背书

"背书"（Endorsement）是指由提单的转让人在提单的背面签名，将提货权转让给他人的行为。背书的方式有三种：

（1）记名背书。即转让人在提单背面将自己的名字和受让人的名称都签上，如"交×××公司"（Deliver to ××× Co.）。这意味着此提单已变成不可再转让的"记名提单"。

（2）指示背书。即转让人在提单背书签名后还写明"凭×××指定交付"（Deliver to the Order of ×××）。这种提单需经被背书人签名后方能提货或转让给他人。

（3）空白背书。这种提单转让人在背面签名，但无受让人名称，即仅凭交付就可转让。

目前，使用最多的是"指示抬头，空白背书"提单（to Order，Blank Endorsed）。

（4）根据运输方式的不同，可分为"直达提单""转船提单"和"联运提单"。

①"直达提单"（Direct B/L），又称直运提单，是指货物从装货港装船后，中途不经转船，直接运至目的港卸船交与收货人的提单。直达提单上仅列有装运港和目的港港名，而无中途"转船"或"在某港转船"的批注。信用证中若规定货物不能转船，则卖方就必须取得承运人签发的直达提单，银行才接受办理议付货款。

②"转船提单"（Transhipment B/L），是指当货物从起运港装载的船舶不直接驶往目的港，需要在中途港口换装其他船舶转运至目的港卸货时，承运人按此签发的包括运输全程的提单称为转船提单。转船提单上一般注有"转运"或在"××港转船"等字样，且通常由第一程船的承运人签发。

③"联运提单"（Through B/L），是指经过海运和其他运输方式联合运输（例如海陆、海空、海河联运）时，由第一承运人签发的，包括全程运输并能在目的港或目的地凭以提货的提单。货物在运输途中的转换交通工具和交接工作，均由第一承运人或其代理人负责向下段航程承运人办理，托运人不需自己办理。

另外，转船提单和联运提单虽然包括全程运输，但签发提单的承运人或其代理人一般都在提单的条款中规定：只承担其负责运输的一段航程内的货损责任，货物从签发提单的承运人或其代理人所有的运输工具卸下后，其责任即告终止。

（5）根据提单内容的简繁不同，可分为"全式提单"和"简式提单"。

①"全式提单"（Long Form B/L），是指提单除正面印就的提单格式所记载的事项外，背面还列有关于承运人与托运人及收货人之间的权利、义务等详细条款。由于条款繁多，所以又称繁式提单。在海运的实际业务中大量使用的大都是这种全式提单。

②"简式提单"（Short Form B/L，or Simple B/L），又称短式提单、略式提单，指提单背面没有关于承运人与托运人及收货人之间的权利、义务等详细条款的提单。这种提单一般在正面印有"简式"（Short Form）字样，以示区别。简式提单又可分为两种：租船项下的简式提单和班轮项下的简式提单。租船项下的简式提单是应用于租船项下的货物运输，提单内一般写有"根据×月×日签订的租船合同开立"等字样。这种提单受到租船合同的约束，本身并不能构成一个完整的独立文件，所以银行在议付时一般都不愿接受这种提单。班轮项下的简式提单，则一般是为了简化提单的制备工作，其中通常列有如下条款："本提单货物的收受、保管、运输和运费等事项，均按本提单全式提单的正面、背面的铅印、手写、印章和打字等书面条款和例外条款办理，该全式提单存本公司及其分支机构或代理处，可供托运人随时查阅。"按照惯例，这种简式提单可凭以向银行办理议付。

（6）根据签发提单的时间不同，可分为"倒签提单""预借提单"和"过期提单"。

①"倒签提单"（Anti-dated B/L），倒签提单是指承运人或其代理人应托运人的要求，在货物装船完毕后，以早于货物实际装船日期填写签发日期的提单。签发这种提单主要是为了满足托运人按照信用证中规定的条款结汇的需要。但是，签发这种提单，尤其当倒签时间过长时，可能会使承运人承担没有使船舶速遣、延误货物运输的责任。

②"预借提单"（Advanced B/L），是指货物尚未装船或尚未装船完毕的情况下，信用

证规定的结汇期（即信用证的有效期）即将届满，托运人为了能及时结汇，而要求承运人或其代理人提前签发已装船清洁提单，即托运人为了能及时结汇而从承运人那里借用的已装船清洁提单。签发这种提单承运人要承担更大的风险，有可能构成承、托双方合谋对善意的第三者收货人进行欺诈。

③"过期提单"（Stale B/L），是指提单签发后超过信用证规定期限才交到银行的提单，或者银行按照正常邮程邮寄，收货人不能在船到目的港前收到的提单。在实践中，有些近邻国家之间的贸易，常因运输路线短，提单邮寄所需时间往往超过实际运输时间而不能在船到达目的港前为进口人所收到，而产生提单"过期"，由于过期提单可能造成进口人不能如期提货而造成损失的情形，所以，近邻国家的买卖双方一般事先商定，由卖方负责将一份正本提单委托船公司随货带往目的地交开证银行，由进口商向银行付款后领取，然后再凭以向船公司提取货物。有时，买卖双方也在信用证中规定"过期提单也可接受"（Stable Bill of Lading is Acceptable）。

（7）根据收费方式不同，可分为"运费预付提单""运费到付提单"和"最低运费提单"。

①"运费预付提单"（Freight Prepaid B/L），以 CIF、CFR 等贸易条件成交时，按规定，卖方在货物托运时，必须预付运费。运费预付情况下出具的提单称为运费预付提单。这种提单正面载明"运费预付"字样，运费付后才能取得提单；运输途中，若货物灭失，运费不退。

②"运费到付提单"（Freight to Collect B/L），以 FOB 贸易条件成交时，不论是买方订舱还是买方委托卖方订舱，运费均为到付方式（Freight Payable at Destination）。这种情况下签发的提单称为运费到付提单，同时在提单上载明"运费到付"字样。货物运到目的港后，只有付清运费，收货人才能提货。

③"最低运费提单"（Minimum B/L），是指对每一提单上的货物按起码收费标准收取运费所签发的提单。如果托运人托运的货物批量过少，按其数量计算的运费额低于运价表规定的最低收费标准时，承运人均按最低收费标准收取运费，这时所签发的提单就是最低运费提单，通常承运人把最低运费定为一个运费吨的运费，货物不足一个运费吨，按一个运费吨计算运费。

（8）根据提单的法律效力不同，可分为"正本提单"和"副本提单"。

①"正本提单"（Original B/L），是指提单上有承运人、船长或其代理人签名盖章并注明签发日期的提单，其上必须要表明"正本"（Original）字样。这种提单在法律上是有效的单据。为了防止他人冒领货物和纠纷的发生，买方和银行通常要求卖方提供承运人签发的全部正本提单，即"全套"（Full Set）提单。

②"副本提单"（Copy B/L），是指提单上没有承运人、船长或其代理人签字盖章，而仅供参考之用的提单，其上一般都表明"副本"（Copy B/L）等字样。

（9）其他各种特殊提单。

①"合并提单"（Omnibus B/L），是指根据托运人的要求，将同一船舶装运的同一装货港、同一卸货港、同一收货人的两批或两批以上相同或不同的货物合并签发一份提单。托运人或收货人为了节省运费，常要求承运人将本应属于最低运费提单的货物与其他另行签发提

单的货物合并在一起只签发一份提单。

② "分提单"（Separate B/L），是指承运人依照托运人的要求，将标志、货种、等级均相同的同一批货物，分开签多份提单，分属于几个收货人的提单。只有标志、货种、等级均相同的同一批货物才能签发分提单，否则，会因在卸货港理货而增加承运人理货、分标志费用的负担。

③ "舱面货提单"（On Deck B/L），又称甲板货提单。是指货物装在露天甲板上运输，并于提单注明"装于舱面"（On Deck）字样的提单。一些体积庞大的货物以及某些有毒货物和危险物品不宜装于舱内，只能装在船舶甲板上。货物积载于甲板承运，遭受灭失或损坏的可能性很大，为了减轻风险，买方一般不愿意把普通货物装在舱面上，有时甚至在合同和信用证中明确规定，不接受舱面货提单。银行为了维护开证人的利益，一般也不接受这种提单。

3. 海运提单的内容

（1）提单正面内容一般包括：货物的品名、标志、包数或者件数、重量或体积，以及运输危险货物时对危险性质的说明；承运人的名称和主营业所；船舶的名称；收货人的名称；装货港和在装货港接收货物的日期；卸货港；提单的签发日期、地点和份数；运费的支付；承运人或者其代表的签字等内容。海运提单的正面内容可参见本任务附录提单示样 3-2。

（2）提单背面的条款由船公司根据国际公约制订。国际上先后签订了三个国际条约来规范统一提单背面的条款内容，它们分别是 1924 年签订的《统一提单的若干法律规则的国际公约》，简称《海牙规则》；1968 年签订的《修改统一提单的若干法律规则的国际公约的议定书》，简称《维斯比规则》；1978 年签订的《联合国海上货物运输公约》。目前国际上以《海牙规则》为依据的居多，许多国家的航运公司都在其印制发的提单上规定采用《海牙规则》，据以确定承运人在货物装船、收受、配载、承运、保管、照料和卸载过程中应承担的责任与义务，及其应享受的权利与豁免。

（二）海上货运单

海上货运单（Sea Waybill or Ocean Waybill），是证明海上货物运输合同和货物由承运人接管或装船，以及承运人保证据以将货物交付给单证所载明的收货人的一种不可流通的单证，因此又称为"不可转让海运单"（Non-negotiable Sea Waybill）。

海运单不是货物的物权凭证，故不得转让。收货人不凭海运单提货，承运人亦不凭海运单交货，而是凭海运单所载明的收货人的提货凭条交付货物，只要该凭条能证明提货人为运单上所指明的收货人即可。

海运单与提单既有区别又有联系。

（1）提单是货物收据、运输合同，也是物权凭证；海运单只具有货物收据和运输合同这两种性质，不是物权凭证。

（2）提单可以是指示抬头形式，通过背书流通转让；海运单是一种非流通单据，海运单上标明了确定的收货人，不能转让流通。

（3）提单的合法持有人和承运人凭提单提货和交货，海运单上的收货人并不出示海运单，仅凭提货通知或其身份证明提货，承运人凭收货人出示适当身份证明交付货物。

（4）提单有全式和简式之分，而海运单只是简式单据，背面不列详细的货运条款，但一般载有一条可援用海运提单背面内容的条款。

1990 年国际海事委员会正式通过了《1990 年国际海事委员会海运单统一规则》，为海运单的规范使用提供了依据。海运单仅涉及托运人、承运人、收货人三方，程序简单，操作方便，有利于货物的转移，可以简化手续、节省费用，同时由于其不是物权凭证，还更能适应 EDI（Electronic Data Interchange，电子数据交换）技术，因此海运单的使用将越来越广泛。

（三）铁路运单

铁路运单（Railway B/L）是铁路承运人收到货物后所签发的铁路运输单据，是收、发货人与铁路部门之间的运输契约。国际铁路联运使用"国际货协铁路运单"；国内铁路运输使用"承运货物收据"（对港澳地区出口使用）。

1. 国际货协运单

国际货协运单（International Convention Concerning Transport of Merchandise by Rail，其简称 CIM 源于法文 Convention Internationale de Transport Merchandises Parchem in de Fer）是指国际铁路货物联运所使用的运单，它是铁路与货主间缔结的运输契约的证明，而不是物权凭证。与海运提单不同的是，该运单正本从始发站随同货物附送至终点站并交给收货人，它是铁路承运货物出具的凭证，也是铁路同货主交接货物、核收运杂费用和处理索赔与理赔的依据。另外还是卖方凭以向银行结算货款的主要证件之一。

国际货协运单共五联，第一联是给收货人的正本，随货送交收货人；第三联是给发货人的副本，作为发货人向银行议付使用的运输单据；第五联由铁路转给收货人，作为货物到达通知书；第二联和第四联留存在抵达站，作为参加联运的各铁路的凭证。

2. 承运货物收据

承运货物收据（Cargo Receipt）是港澳联运中使用的一种结汇单据。由于国内铁路运单不能作为对外结汇的凭证，故使用承运货物收据这种特定性质和格式的单据。该收据起到了类似海运提单或国际联运运单副本的作用，代表货物所有权；同时又是港澳商人的提货证明，也是货、运双方的运输契约和承运人的货物收据。承运货物收据的格式及内容和海运提单基本相同，主要区别是前者只有第一联为正本。在该正本的反面印有"承运简章"，载明承运人的责任范围。承运货物收据是货物在深圳中转时，由"中外运"办事处以承运人的身份签发。

（四）航空运输单据

航空运输单据（Airway Bill）是航空货运的正式凭证，是发货人与承运人之间的运输合同，也是货物收据，可以凭此办理议付。但它不是物权凭证，不能凭此提货。收货人提货时，要凭航空公司的"提货通知书"提货。因此，航空运单不具有可转让性。航空运单收货人一栏内容填写收货人的全称和地址，不能填"To Order"等指示性抬头。

航空运单正本三份，第一份交发货人；第二份交承运人留底；第三份随货物附送至目的地，作为收货人查收货物的依据。副本份数视具体需要而定，一般在六份左右。

（五）邮包收据

邮包收据（Parcel Post Receipt）是邮政部门或国际信使专递公司收到由其负责邮递的信

函、样品或包裹等邮件后向寄件人出示的、注有寄发日期的货物收据，也是邮件发生灭失或损坏后寄件人或收货人向邮政部门索赔的凭证。但邮政收据不代表货物所有权，既不能转让，也不能凭收据提货。

三、装运条款

国际货物买卖合同中的装运条款一般包括装运时间、装运港和目的港、分批装运和转船、装运通知、装卸时间、装卸率、滞期与速遣条款等。

（一）装运时间

1. 装运时间与交货时间

装运时间是指货物在装运港装船的时间。交货时间是指交付货物的时间。装运时间与交货时间通常是一致的。但在目的港交货以及在其他目的地交货的价格条件下，装运与交货就是两个截然不同的概念。

2. 装运时间的规定方法

（1）明确规定具体装运时间。这种规定的方法是在合同中订明某年某月装运或某年跨月装运，或某年某季度装运等。就是说装运时间一般不确定在某一个日期上，而是确定在一段时间内，这种规定方法在国际货物买卖合同中采用较为普遍，例如：

①Shipment at or before the end of June.

6月底或以前装运。

②Shipment not later than July 31st.

不迟于7月装运。

③Shipment during Jan/Feb.

1~2月装运。

（2）规定以某一特定的事件（如收到信用证、信汇、电汇或票汇）作为装船前提。这类规定方法，主要适用于下列情况：按买方要求的花色、品种和规格或专为某一地区或某商号生产的商品，或者是一旦买方拒绝履约难以转售的商品，为防止遭受经济上的损失，则可采用此种规定方式；在一些外汇管制较严的国家和地区，或实行进口许可证或进出口配额管制的国家，为促成交易，有时也可采用这种方法；对某些信用较差的客户，为促使其按时开证，也可酌情采用这一方法，例如，"Shipment within 30 days after receipt of L/C"。

（3）笼统规定近期装运。这种规定方式不规定具体期限，只是用"立即装运"（Immediate Shipment）、"尽速装运"（Shipment As Soon As Possible）等词语表示。由于各国或各行业对这类词语的解释不尽一致，容易造成分歧，而且，根据《UCP600》的规定，银行将不受此种词语约束，因此，在采用此方法时应当慎重。

3. 规定装运时间应注意的问题

（1）船货衔接。船货衔接就是在规定装运期时，一方面要考虑舱位、船期、航线等运输能力的问题；另一方面要考虑到货源情况，以免造成有货无船或有船无货的局面。

（2）对装运期的规定要明确，对"立即装运"和"尽速装运"等词语应用时必须慎重。

（二）装运港和目的港

装运港（Port of Shipment）是指货物起始装运的港口。装运港一般由出口方提出，经进口方同意后确定。目的港（Port of Destination）是买卖合同中规定的最后卸货港口，目的港则由进口方提出，经出口方同意后确定。

1. 装运港（地）的确定

国际买卖合同中的装运港（地）是由买卖双方协商而定，但一般是卖方认为方便的地点。装运港可以是一个明确的港口，也可以是两个或两个以上的港口，届时从中选择一个，且选择权归卖方。此外，在交易磋商时，如明确规定装运港有困难，或是对于一些批量较大、货源较分散、可以在几个地方交货的合同，也可以在合同中不规定具体的装运订岸，也可以规定某一航区为装运港，如"中国主要港口""西欧主要港口"等，至于以后由哪一个或哪几个港口装运，则由卖方根据货物情况和港口的繁忙情况决定。但这种规定方法笼统、无统一解释，而且各港口距离远近不一，港口条件也有区别，运费和附加费相差很大，所以，在订立合同时应尽量避免采用此种规定方法。

卖方在确定装运港时要注意：

（1）综合考虑港口条件。需不需要专用泊位，有无必需的装卸设备，港口是否为安全港。

（2）供货地点应尽量离装运地点距离近一些。

在 FOB 术语下成交，买方选择装运港时要注意：

（1）装运口岸必须是买方所租船舶能够抵达并进入的口岸。

（2）如卖方提出装运口岸，则买方应掌握该港口的设施、装卸效率、作业条件、吃水深度、港口费用、港口管理水平及有无特殊的港口惯例等。

（3）如提出两个以上选装港，则要同时规定卖方应在某一最后期限内将最终选定的装运港告知买方。

2. 目的港（地）的确定

目的港（地）直接关系到商品的价格，并且目的港选择正确与否影响到卖方能否顺利履行合同。在用 FOB、FAS 等术语成交的合同中，卖方为了限制售出货物运到别国或禁止转到某地区，可采用规定目的港的方式来约束买方的行为。

目的港（地）的确定要考虑的因素：

（1）必须是我国法律及对外政策允许的港口。

（2）世界上重名港口很多，为防止误运误卸，应在港口名称后面注明国别。

（3）目的港的条件能满足卖方所租用船舶的靠泊、装卸作业要求。

（4）如业务需要，目的港可为两个以上的"选卸港"，但此时卖方应注意：

①规定买方在开出信用证的同时宣布最终选定的卸货港。

②选卸港一般不超过三个，而且应在同一航区或系班轮的同一条航线将要挂靠的港口。

③规定选卸港导致增加的运费或附加费，应由买方负担。

（5）如果我方为买方，在用 C 组术语成交时，应使目的港力争靠近最终用货客户，以减少内陆运输的费用和风险。

（6）如果是内陆国家的买方要求在内陆城市交货，则应明确运费和保险费的负担。应该指出，随着集装箱多式联运的发展，以内陆城市作为目的地的情况已日益增多。在这类情况下，买卖双方均须就货物的费用负担作出明确规定。

（三）部分发运和转船

1. 分批装运

部分发运（Partial Shipment）是指一笔成交货物，分若干批装运。出现分批装运的原因很多，比如运输工具的限制、港口的装卸能力，卖方的生产能力和买方一定时间内某种货物的市场容量等。按照《跟单信用证统一惯例》规定：不明确规定不准分批装运，则视为允许分批装运；运输单据表明货物是使用同一运输工具并经同一路线运输的即使运输单据注明装运日期不同及（或）装运港（地）不同只要目的地相同，也不视为分批装运。如信用证规定在指定的时间内分批装运，若其中任何一批未按约定的时间装运，则该批和以后各批均告失效。

资料卡

《UCP600》对部分发运的规定

国际商会《跟单信用证统一惯例》（简称《UCP600》）第三十一条规定：

a. 允许部分支款或部分发运。

b. 表明使用同一运输工具并经由同次航程运输的数套运输单据在同一次提交时，只要显示相同目的地，将不视为部分发运，即使运输单据上表明的发运日期不同或装货港、接管地或发送地点不同。如果交单由数套运输单据构成，其中最晚的一个发运日将被视为发运日。含有一套或数套运输单据的交单，如果表明在同一种运输方式下经由数件运输工具运输，即使运输工具在同一天出发运往同一目的地，仍将被视为部分发运。

c. 含有一份以上快递收据、邮政收据或投邮证明的交单，如果单据看似由同一快递或邮政机构在同一地点和日期加盖印戳或签字并且表明同一目的地，将不视为部分发运。

第三十二条规定，如信用证规定在指定的时间段内分期支款或分期发运，任何一期未按信用证规定期限支取或发运时，信用证对该期及以后各期均告失效。

2. 转船

转船（Transhipment）是指货物没有直达船或一时无合适的船舶运输，而需通过中途港转运的称为转船。出现转船的原因有很多，比如：至目的港无直达船、目的港不在载货的班轮航线上、属于联运货物等。按照《跟单信用证统一惯例》的规定，如果信用证未明确规定禁止转船，则视为可以转船。

☞ 技能训练

某公司出口货物一批，国外开来信用证规定：红小豆10吨，单层新麻袋装，准许转船运输。该公司即致电进口方，要求将"红小豆10吨"按合同规定改为"10公吨"。修改后信用证规定：红小豆10公吨，单层新麻袋装，不准转船运输。公司认为"不准转船运输"条款不符合同规定，仍按原计划转船运输。请问该公司的做法能否正常收汇？

另外，关于部分发运、转船需特别指出，按国外合同法，如合同中不作转船、分装的规定，不等于可以转船、分装。所以，为了减少争议的发生，最好在合同中给予明确。

在 UCP600 中，对各种运输方式下的转运都有新的定义和条件例外。例如，关于公路、铁路或内陆水运单据的转运，是指在信用证规定的发运、发送或运送的地点到目的地之间的运输过程中，在同一运输方式中从一运输工具卸下再装上另一运输工具的行为。而在 UCP600 中，该条款的规定是"在信用证规定的发运地到目的地之间的运输过程中，以不同的运输方式，从一种运输工具卸下再装至另一运输工具的运输"。

资料卡

《跟单信用证统一惯例》对转运的规定

根据国际商会《跟单信用证统一惯例》（简称《UCP600》）的相关规定，转运是指在从信用证规定的发送、接管或者发运地点至最终目的地的运输过程中，从某一运输工具上卸下货物并装上另一运输工具的行为（无论其是否为不同的运输方式）。具体到不同的运输方式时，相关的条款规定：

（1）海运：指在信用证规定的装货港到卸货港之间的运输过程中，将货物从一船卸下并装上另一船的行为。

（2）空运：指在信用证规定的起飞机场到目的地机场的运输过程中，将货物从一飞机卸下再装上另一飞机的行为。

（3）公路、铁路或内陆水运：指在信用证规定的发运、发送或运送的地点到目的地之间的运输过程中，在同一运输方式中从一运输工具卸下再装上另一运输工具的行为。

（四）装运通知

装运通知（Shipping Advice）是在采用租船运送大宗进出口货物的情况下，在合同中加以约定的条款。规定这个条款的目的在于明确买卖双方的责任，促使买卖双方互相配合，共同做好船货衔接工作。如在 FOB 条件下，买方应按约定的时间将船名、船期等通知卖方，卖方装船后应及时通知买方以便保险。装运通知对 CFR 及其他由买方负责办理保险的合同具有特殊重要的意义。按照某些国家的法律，CFR 的卖方在货物装船后必须"无延迟"（Without Delay）向买方发出装运通知，以使买方及时办理保险，否则，卖方应承担货物在运输途中的一切风险。在具体买卖合同中，为了明确双方责任，避免对"无迟延"有不同解释而引起纠纷，一般应明确规定卖方必须在装船后 24 小时内，以电报通知买方。

资料卡

FOB 合同和 CIF 合同中的装运通知

在 FOB 合同和 CIF 合同中，对于卖方是否也有责任向买方发出装运通知的问题，国际上的看法并不一致。但大多数人认为，在 FOB 条件下，船是买方派出的，但船方并非买方接受货物的代理人，而只是运输货物，买方对实装货物的情况并不了解，为了便于买方办理保险，卖方应该通知买方有关装运情况。而在 CIF 条件下，卖方虽然已经办理保险，但考虑到买方转售"路货"（Float Cargo）中加保的需要，也应该将装运情况通知买方。因此，在我国的出口合同中，无论是采用 CFR 还是 CIF、FOB 条件，都规定有装运通知条款。

需要注意的是，在一些国家，法律规定如果合同中订有装运通知条款，卖方向买方按时发出该项通知就属于合同的一项要件，如果违反这项规定，买方即有权拒收货物或撤销合同。

装运条款样例：

（1）Despatch/shipment from Chinese port to...

从中国港口发送/装运往……

（2）Shipment must be effected no later than（or on）July 31，2017.

货物不得迟于（或于）2017 年 7 月 31 日装运。

（3）Shipment during Jan./Feb. 2017 in two equal monthly lots，transhipment to be allowed.

2017 年 1/2 月每月平均装运，允许转运。

（4）During Mar./Apr. in two equal monthly shipment，to be transhipped at Hong Kong.

3/4 月分两次每月平均装运，由香港转运。

（5）Shipment on or before May 31 from Shanghai to Wellington，allowing partial shipment and transhipment.

5 月底或以前装船，由上海至惠灵顿，允许分装和转船。

（6）Shipment from Shanghai to Genoa during June/July 2017 in two equal monthly lots，transhipment to be allowed.

2017 年 6/7 月由上海运往热那亚，每月平均装运，允许转运。

（7）Shipment during July/Aug. 2017 in two shipment，transhipment is prohibited，partial shipments is allowed. Port of loading：Qingdao. Port of destination：New York.

2017 年 7/8 月分两次装运，禁止转运，允许分批。装运港：青岛，目的港：纽约。

（8）Shipment during May from London to Shanghai. The Sellers shall advise the Buyers 45 days before the month of shipment of the goods will be ready for shipment，partial shipments and transhipment allowed.

5 月装运，由伦敦至上海。卖方应在装运月份前 45 天将备妥货物可供装船的时间通知买方，允许分批和转船。

（9）Port of Loading：Chinese Main Ports.

装运港：中国主要港口。

Port of Destination：Sydney/Melbourne.

目的港：悉尼或墨尔本。

Shipments during June and September of 2017 in four equal monthly lots，with transshipment strictly not allowed.

装运期：在 2017 年 6~9 月期间，每月装运同等数量，严禁转运。

☞ **技能训练**

某农产品进出口公司向国外某贸易公司出口一批花生仁，国外客户在合同规定的开证时间内开来一份不可撤销信用证，证中的装运条款规定："Shipment from Chinese port to Singapore in May, Partial shipment prohibited."农产品进出口公司按证中规定，于5月15日将200公吨花生仁在福州港装上"嘉陵"号轮，又由同轮在厦门港续装300公吨花生仁，5月20日，农产品进出口公司同时取得了福州港和厦门港签发的两套提单。农产品公司在信用证有效期内到银行交单议付，却遭到银行以单证不符为由拒付货物。请问：银行的拒付是否有理？为什么？

※项目阶段性训练

1. 知识训练

（1）班轮运输有何特点？班轮运费的计费标准有几种？

（2）什么是滞期费？什么是速遣费？

（3）航空运输有何特点？国际航空运输有哪几种方式？

（4）什么是国际多式联运？国际多式联运有何特点？

（5）选择装运港和目的港时应考虑哪些问题？

（6）如何理解"部分发运"？如果在合同和信用证中都没有规定允许部分发运，应该如何理解？

（7）什么是海运提单？如何理解海运提单是物权凭证？

（8）记名提单、不记名提单、指示提单三者之间有何异同？清洁提单与不清洁提单有何区别？

2. 能力训练

（1）我某公司出口一批工具，共19.6公吨，14.892立方米。由上海装船经香港转运至温哥华。经查，上海至香港，该货物计费标准为W/M，8级，基本运费率为每运费吨20.5美元；香港至温哥华，该货物计费标准为W/M，8级，基本运费率为每运费吨60美元，另收香港中转费，每运费吨14美元。计算该批货物的总运费。

（2）一批货物共100箱，自广州运至纽约，船公司已签发"已装船清洁提单"，等货到目的港，收货人发现下列情况：①5箱欠交；②10箱包装严重破损，内部货物已散失50%；③10箱包装外表完好，箱内货物有短少。

请问：上述三种情况是否应属于船方或托运人的责任？为什么？

3. 情景接力训练

你的谈判又取得了重大进展，外商同意接受以下装运条款，请你将这部分内容填入合同中。

在收到买方的信用证后不迟于5月内装运，允许分批装运、转运；装运港为上海港，目的港为纽约港。

为你加油！

附录

BILL OF LADING

1）SHIPPER	10）B/L NO.
2）CONSIGNEE	
3）NOTIFY PARTY	

4）PLACE OF RECEIPT	5）OCEAN VESSEL	中国远洋运输（集团）总公司 CHINA OCEAN SHIPPING（GROUP）CO.
6）VOYAGE NO.	7）PORT OF LOADING	CABLE：COSCO BEIJING TLX：210740 CPC CN
8）PORT OF DISCHARGE	9）PLACE OF DELIVERY	*ORIGINAL* Combined Transport BILL OF LADING

11）MARKS & NOS. 12）NOS. & KINDS OF PKGS. 13）DESCRIPTION OF GOODS

14）G. W.（kg）15）MEAS（m³）

16）TOTAL NUMBER OF CONTAINERS

OR PACKAGES（IN WORDS）

FREIGHT & CHARGES	REVENUE TONS	RATE	PER	PREPAID	COLLECT
PRERAID AT	PAYABLE AT		17）PLACE AND DATE OF ISSUE		
TOTAL PREPAID	18）NUMBER OF ORIGINAL B/ （S）L		21）		
LOADING ON BOARD THE VESSEL			*COSCO Shanghai Shipping Co.，Ltd.* 马晓 FOR THE CARRIER NAMED ABOVE		
19）DATE	20）BY *COSCO Shanghai Shipping Co.，Ltd.* 马晓 FOR THE CARRIER NAMED ABOVE				

任务五　保险条款的拟定

※任务目标

本任务旨在介绍货物运输保险保障的范围，我国海洋运输货物保险的条款，保险险种、投保操作及保险费计算，在此基础上拟定保险条款。

※任务详解

在国际货物买卖过程中，货物运输路途长、环节多，运输过程中可能会遇到各种难以预料的风险而造成货物损失。因此，进出口商通常事先办理货物运输保险，将不确定的损失变为固定的费用。如果货物在运输过程中发生约定范围内的损失，被保人可从保险公司得到经济上的补偿。

一、国际货物运输保险概述

（一）货物运输保险的含义与作用

我国《保险法》规定：保险是指投保人根据合同约定，向保险人支付保险费，保险人对于合同约定的可能发生的事故因其发生所造成的财产损失承担赔偿保险金责任。

货物运输保险就是投保人对某一特定的运输货物，按一定的险别和规定的费率，向保险公司办理投保手续，并缴纳保险费，保险公司依约承保并发给投保人保险单作为凭证。保险公司对所承保的风险损失承担赔偿责任。

货物运输保险的作用是使运输中的货物在水路、铁路、公路和联合运输过程中，因遭受保险责任范围内的自然灾害或意外事故所造成的损失能够得到经济补偿，并加强货物运输的安全防损工作，以利于商品的生产和流通。

（二）货物运输保险的基本要素

1. 被保险人（Insured）

在国际货物运输保险中，被保险人也就是投保人，他对投保货物具有保险利益。在FOB、CFR价格条件下，运输保险的投保人按惯例是买方，并且在货物装上船之时获得保险利益；CIF术语下按惯例由卖方投保，但由于CIF条件下的保险是代办性质，因此在货物装上船之后，买方才对货物享有保险利益。

2. 保险人（Underwriter，Insurer，Assurer）

"Underwriter"意指签字的人，在保险业务中指保险人、保险商、承保人。在国际货物运输保险中，保险人也就是承办保险业务的保险公司。保险公司承保后，如果承保货物发生约定范围内的损失，保险公司负责赔偿；但如果发生不在约定范围内的损失，保险公司不予赔偿，保险公司已经收取的保险费，将不退还给投保人，该笔保险费成为保险公司的收入。

在保险业务中，除了保险公司以外，还有保险代理人（Insurance agent）或经纪人（Insurance Canvasser）。我国《保险法》规定：保险代理人是根据保险人的委托，向保险人收取代理手续费，并在保险人授权的范围内代为办理保险业务的单位或个人。通常保险代理人的业务范围是在保险代理合同授权范围内，代保险人招揽业务，代收保险费，处理赔案等事宜。但保险代理人根据保险人的授权代为办理保险业务的行为由保险人承担责任。

3. 保险标的（Subject of Insurance）

保险标的又称保险对象，是指作为保险对象的财产。货物运输保险是以运输中的货物价值作为保险标的，货物价值及其保险加成比例影响保险费的高低。

4. 保险合同 （Insurance Policy）

保险合同是投保人与保险人约定保险权利义务关系的协议。国际货物运输保险中，保险单据是保险公司和投保人之间的保险合同，也是保险公司对投保人的承保证明，它具体规定双方之间的权利和义务，也是索赔和理赔的依据。在国际贸易中，保险单据可以转让。

5. 承保险别 （Conditions）

保险人对不同的险别承担不同的责任范围，投保人在投保时按照买卖双方约定投保的险别进行投保。

6. 保险金额 （Insured Amount）

保险金额是保险人所应承担的最高赔偿金额。国际货物运输保险金额可由买卖双方经过协商确定，按照国际保险市场习惯，通常按 CIF 或 CIP 总值加 10%计算，所加的百分率称为投保加成率。

7. 保险费 （Insured Premium）

由投保人交付保险费用，它是保险合同生效的前提条件。保险费是保险人经营业务的基本收入。保险公司收取保险费的计算方法是：保险费＝保险金额×保险费率。保险费率是按照不同商品、不同目的地、不同运输工具和不同险别，由保险公司在货物损失率和赔付率的基础上，参照国际保险费率水平而制定的。

8. 保险索赔 （Insurance Claims）

当货物遭受承保范围内的损失时，具有保险利益的人，在确定责任为保险公司的保险范围内时，在索赔时效内向保险公司提出赔偿，保险公司根据损失程度给予理赔。

（三） 保险的基本原则

保险的基本原则是在保险业务的发展过程中逐步形成并为国际保险业所公认的准则，这些准则，有利于维护保险双方的合法权益，更好地发挥保险的职能和作用。

1. 可保利益原则

可保利益原则 （Insurable Interest） 是指只有具有保险利益的人才能投保。所谓保险利益是指投保人或被保险人对标的所具有的利害关系。例如，投保人或被保险人因保险事故的发生致使保障标的不安全而受损；或因保险事故不发生而受益，这种关系就是保险利益。是否具有保险利益是判断保险合同是否有效以及保险人履行赔偿损失责任的重要标准，被保险人只有在投保时具有预期的保障利益才能投保，从而在保险事故发生时获得相应的损失赔偿。

2. 最大诚信原则

最大诚信原则 （Utmost Good Faith） 是指保险关系的双方要相互信任，保险人要把有关保险的责任范围、除外责任、保险费事、索赔期限、赔偿处理等问题告知被保险人；被保险人应如实提供有关标的的各项情况及资料等。如果一方欺骗了对方，受骗的一方可以宣布保险失效。我国《海商法》明确规定：如果被保险人故意未将重要情况如实告知保险人，保险人有权解除合同，并且不退还保险费。

3. 损失补偿原则

损失补偿原则 （Principle of Indemnity） 是指当保险标的发生保险责任范围内的损失时，

保险人对被保险人所受的实际损失予以补偿，以使被保险人恢复到损失前的经济状态，即被保险人得到的补偿是其实际损失的，而不能从中获利。

补偿原则有三方面的含义，保险人在对被保险人理赔时需要把握：

（1）补偿以保险责任范围内的损失为前提。

（2）补偿损失不能使被保险人获得额外利益。

（3）被保险人获得补偿须对保险标的具有保险利益，赔偿金额既不能超过保险金额，也不能超过实际损失。例如，一批货物投保时的市价和保险金额为 20 万元，发生保险事故时的市场价为 15 万元，则保险人只应赔偿 15 万元。尽管保险金额 20 万元，但赔偿 15 万元足以使被保险人恢复到受损前的经济状态。又例如，一批货物投保时市场价和保险额为 20 万元，发生保险事故货物全损，全损时的货物市价是 25 万元，保险人的赔偿金额应为 20 万元，因为保险金额为 20 万元。

4. 近因原则

近因原则（Principle of Proximate Cause）是指保险人只对承保风险与保险标的损失之间有直接因果关系的损失负责赔偿，而对保险责任范围外的风险造成的保险标的的损失不承担赔偿责任。寻找"近因"要从最初事件出发，按逻辑推理直到最终损失发生，则最初事件就是最后一个事件的近因。比如雷击折断大树，大树压坏房屋，房屋倒塌致使家用电器损毁，家用电器损毁的近因就是雷击。

☞ 技能训练

1. 一被保险人打猎时不慎从树上掉下来，受伤后的被保险人爬到公路边等待救援，因夜间天冷又染上肺炎死亡。肺炎是意外险保单中的除外责任，但法院认为被保险人的死亡近因是意外事故——从树上掉下来，因此保险公司应给付赔偿金。

2. 某货轮在航行途中搁浅，船上的香蕉因运输迟延而腐烂。保险公司认为，"延迟"是香蕉腐烂的近因，根据保险单的规定，保险人不负赔偿责任。法院指出，该案中货物装船时是完好的，正常航程不会腐烂，货损的近因是海上风险——搁浅，因搁浅引起迟延导致货物受损，根据海上货物保险单的规定，保险人对货损应负赔偿责任。

5. 代位追偿原则

代位追偿原则（Right of Subrogation）是指当保险标的物发生了由第三者责任造成的保险责任范围内的损失，保险人按照合同的规定向被保险人履行了损失赔偿的责任后，有权获得被保险人在该项损失中向第三者责任方要求索赔的权利。保险代位追偿权实质上就是一种债权转移，即被保险人的第三人损害赔偿请求权的转移。

（四）货物运输保险的种类

对外运输货物保险是以对外贸易货物运输过程中的各种货物作为保险标的的保险。外贸货物的运输有海运、陆运、空运以及邮政运输等多种方式，因此国际货物运输保险的种类根据其保险标的的运输工具种类相应可分为四类：海洋运输货物保险、陆上运输货物保险、航空运输货物保险、邮包保险。有时一批货物的运输全过程使用两种或两种以上的运输工具，这时，往往以货运全过程中主要的运输工具来确定投保险种。由于国际贸易货物运输以海运为主，保险也以海运保险为主要险种。

二、海上货物运输保险承保的范围

国际货物在海上运输时可能会遇到很多风险，但保险人一般都对其所承保的范围加以明确的规定。保险人承保的海上货物运输保险的范围仅限于"海上风险"和"外来风险"两大类及其所造成的损失与费用。要处理好国际贸易中的保险业务环节，必须首先对保险人所承保的风险、损失和费用有准确的理解。

（一）海上风险

海上风险（Perils of Sea）也称海难，它是保险业的专门术语，有其特定的含义和范围。它一方面包括海上发生的自然灾害和意外事故，但并不指发生在海上的一切风险；另一方面又不局限于在海上航行中发生的风险，与海运相连的包括陆上、内河、驳船运输过程中的风险也包含在内，如洪水、地震、船舶与码头或驳船碰撞等。

1. 自然灾害

自然灾害（Natural Calamities）是指不以人们的意志为转移的自然力量所引起的灾害，但在海上保险业务中它并不是泛指一切由自然力量所造成的灾害。按照我国现行《海洋运输货物保险条款》的规定，自然灾害是指恶劣气候（Heavy Weather）、雷电（Lightning）、洪水（Flood）、地震（Earthquake）、海啸（Tsunami）、火山爆发（Volcano Break）以及其他人力不可抗拒的灾害。其中的恶劣气候（Heavy Weather）又叫暴风雨（Wing Storm），是指海上发生的飓风、大浪引起船只颠覆和倾斜造成船体机械设备的损坏或者因此引起的船上所载货物相互挤压碰撞而导致破碎、泄漏、凹瘪等损失。

2. 意外事故

意外事故（Fortuitous Accidents）是指偶然的、非意料中的事故。按照我国《海洋运输货物保险条款》的规定，意外事故仅指海运途中运输工具遭受搁浅（Grounding）、触礁（Stranding）、沉没（Sinking）、碰撞（Collision）、倾覆（Overturn）以及失踪（Missing）等。

资料卡

常见的意外事故

（1）搁浅（Grounded）是指船舶在航行中，由于意外或异常的原因，船底与水下障碍物紧密接触牢牢地被拥住，并且持续一定时间失去进退自由的状态。

（2）触礁（Stranding）是指船舶在航行中触及海中岩礁或其他障碍物如木桩、渔栅等造成的一种意外事故。

（3）沉没（Sunk）是指船舶因海水侵入失去浮力，船体全部沉入水中，无法继续航行的状态，或虽未构成船体全部沉没，但是大大超过船舶规定的吃水标准，使应浮于水面的部分浸入水中无法继续航行，由此造成保险货物损失属沉没责任。如果船体只有部分浸入水中而仍能航行，则不能视为船舶沉没。

（4）碰撞（Collision）是指载货船舶同水以外的外界物体：如码头、船舶、灯塔、流冰等发生的猛力接触，由此造成的船上货物的损失。若发生碰撞的是两艘船舶，则碰撞不仅会带来船体及船上货物的损失，还会产生碰撞责任损失，碰撞是船舶在海上航行中的一项主要风险。

（5）倾覆（Capsized）是指船舶在航行中遭受自然灾害或意外事故导致船体翻倒或倾斜。失去正常状态，非经施救不能继续航行，由此造成保险货物的损失，属倾覆责任。

（6）火灾（Fire）是指由于意外、偶然发生的燃烧失去控制，蔓延扩大而造成的船舶和货物的损失。海上货物运输保险不论是直接被火烧毁、烧焦、烧裂，或间接被火熏黑、灼热，或为救火而导致损失，均属火灾风险。

（7）爆炸（Explosion）是指物体内部发生急剧的分解或燃烧，迸发出大量的气体和热力，致使物体本身及其周围的其他物体遭受猛烈破坏的现象。

（二）外来风险

外来风险（Extraneous Risks）一般是指由于海上风险以外的其他原因所造成的风险。货物运输中所指的外来风险必须是意外的、事先难以预料的，而不是必然发生的。外来风险包括一般外来风险和特殊外来风险两类。

1. 一般外来风险

一般外来风险是指被保险货物在运输过程中由于偷窃、短量、渗漏、碰损、破碎、钩损、锈损、淡水雨淋、沾污、混杂、受潮受热、串味等一般外来原因所引起的风险。

2. 特殊外来风险

特殊外来风险是指由于军事、政治、国家政策法令以及行政措施等特殊外来原因所造成的风险与损失。常见的特殊外来风险有战争、罢工、交货不到、拒收或没收、产生黄曲霉素等。

（三）损失

被保险货物在海上运输中因风险所遭受的损失称为海损或海上损失（Average）。海损按损失的程度不同，可分为全部损失和部分损失。

1. 全部损失

全部损失（Total Loss），简称全损，是指整批或不可分割的一批被保险货物在运输途中遭受全部损失。实际业务中，关于整批或不可分割的一批保险货物的全损，一般包括以下四种情况：

（1）一张保险单所载明的货物的全损。

（2）一张保险单中包括数类货物，每一类货物分别列明数量和保险金额时，其中每一类货物的全损。

（3）在装卸过程中一整件货物的全损。

（4）在使用驳船装运货物时，一条驳船所装运货物的全损。

凡是货物的损失程度符合上述情况，便可申请按全损赔偿。按损失的情况不同，全部损失又可分为实际全损和推定全损两种。

（1）实际全损。实际全损（Actual Total Loss）又称绝对全损。是指被保险货物在运输过程中全部灭失或等同于全部灭失，如货物完全变质或货物实际上已不可能归还被保险人。

（2）推定全损。推定全损（Constructive Total Loss）是指被保险货物遭遇保险事故后，认为实际全损已经不可避免，或者为避免发生实际全损所需支付的费用与继续将货物运抵目的地的费用之和超过保险价值的损失。

从定义可判断，推定全损有两个相互独立的标准：一是实际全损不可避免；二是为避免实际全损所需支付的费用（包括为拯救货物而支出的施救、恢复或重整等费用和续运费用之和）超过保险标的价值，或是被保险人因事故丧失货物所有权，为收回这一所有权其所需花费的费用超过收回后的标的价值。

资料卡

构成推定全损的情况及赔付

下列情况下构成推定全损：

（1）保险货物受损后，修理费用估计要超过货物修复后的价值。

（2）保险货物受损后，整理和继续运到目的地的费用，将超过货物到达目的地的价值。

（3）保险货物的实际全损已经无法避免，或者为了避免实际全损需要施救等所花费用，将超过获救后的标的价值。

（4）保险标的遭受保险责任范围内的事故，使被保险人失去标的所有权，而收回这一所有权，其所需费用将超过收回后的标的价值。

在发生推定全损时，被保险人可以选择恢复和修理保险标的。要求保险公司按部分损失赔偿，也可要求按推定全损赔付。但只有在被保险人提出委付并经保险人同意的情况下，才能按推定全损赔付。所谓委付（Abandonment），是指在推定全损的情况下，被保险人将保险标的一切权利包括所有权转让给保险人，而要求保险人按照实际全损的赔偿予以补偿。

技能训练

有一台精密仪器价值 15000 美元，货轮在航行途中触礁，船身剧烈震动而使仪器受损。事后经专家检验，修复费用为 16000 美元。问该仪器属于何种损失？

2. 部分损失

部分损失（Partial loss）是指没有达到全部损失程度的损失。在保险业务中，按照损失发生的原因，部分损失又可分为共同海损（General Average）和单独海损（Particular Average）两种。

（1）共同海损。共同海损是指在同一海洋运输途中的船舶、货物或其他财产遭遇共同危险，为了解除共同危险，有意采取合理的救难措施所直接造成的特殊牺牲和支付的特殊费用，称为共同海损。

资料卡

共同海损的牺牲与费用

共同海损牺牲是指共同海损行为造成的有形的物质损坏或灭失。其范围主要包括：

（1）船舶的牺牲。如为了避免船舶倾覆，船长故意使船舶触礁、搁浅，或截断锚链，使船舶部分毁损等。

（2）货物的牺牲。如为了减轻货载，将货物弃于海中；或船舶遭遇火灾，引水灭火时将货物浸湿等。

（3）运费的牺牲。货物被牺牲的情况下，如果这批货物应支付的运费是到付运费，则该笔运费不能被收取，因此也算被牺牲掉了。

共同海损费用是指共同海损行为造成的金钱上的支出。其范围主要包括：

（1）避难港费用。船舶在航行途中遇险，有时不得不进入避难港。为进入避难港而延长航程的费用、进入和离开避难港的费用、在避难港停靠期间为维持船舶所需的日常费用、因安全所需造成的货物或船上其他物品卸下和重装的费用等，都可以计入共同海损费用。

（2）救助费用。船、货陷入共同危险，不得不求助于他船而支出的救助报酬和其他费用可列入共同海损费用。

构成共同海损必须具备下述条件：

①必须确实遭遇危难。也即共同海损的危险必须是实际存在的，或者是不可避免的，而非主观臆测的。

②必须是主动地、有意识地采取的合理措施。如船舶遭遇海难，须投弃一部分货载，船长不将木材、废铁等重而便宜的货物投弃，而是将钻石、名画等贵重物品首先投弃，则属于不合理的处分，不得列入共同海损。

③必须是为船、货共同安全而采取的措施。仅危及船舶或货物单方的危险不会造成共同海损，采取共同海损的措施，必须足以维护船只和所载货物的共同安全为目的。如果只是为了船舶或货物单方面的利益而造成的损失，则不能作为共同海损。

④必须是属于非常性质的牺牲或发生的费用。即共同海损的牺牲不是海上危险直接导致的损失，而是人为造成的特殊损失。其支付的费用，应是在正常情况下没必要发生和支付的。例如，船舶搁浅，为脱浅而开动主机以致超过负荷造成主机损坏，这种损失在正常情况下是不会出现的，属于共同海损牺牲。又如，为使船舶起浮而雇请拖轮拖带，由此支付了一笔费用，这种费用显然是额外的，属于共同海损费用。

技能训练

假设有一艘货轮，投保价值为 5000 万美元。船东将其租赁给 Y 公司，Y 公司在本航次中可收入 30 万美元运费。船上载有 A、B、C、D、E 五家货主的货物，但在航行中触礁遇险，海水大量涌入船舱，整条船有倾覆的危险。为了挽救船、货及船上人员，船长下令抛弃部分货物，以减轻载重量，使船舶可以浮起维修。于是 E 货主的货物被全都抛入海中后，船舶浮起到安全水平。经过抢修后，船舶可以继续航行，并安全抵达港口。此次抛货造成的共同海损，各方的分摊比例，请完成下表：

当事方	各方价值（万美元）	占总值比例（%）	各方承担E货值（美元）
船东	5000		
运费方	30		
A货方	150		
B货方	130		
C货方	90		
D货方	80		
E货方	60		
合计	5540		

在船舶发生共同海损后，凡属共同海损范围内的牺牲和费用，均可通过共同海损理算，由有关获救受益方（即船方、货方和运费收入方）根据获救价值按比例分摊，然后再向各自的保险人索赔，称为共同海损分摊（General Average Contribution）。共同海损分摊涉及的因素比较复杂，一般均由专门的海损理算机构进行理算。

（2）单独海损。单独海损是指仅涉及货物所有人单方面的利益的损失，即被保险货物遭遇海上风险受损后，其损失未达到全损程度，同时，该损失应由受损方单独承担的部分损失。

单独海损与共同海损的主要区别在于：

①造成海损的原因不同。单独海损是承保风险所直接导致的货物损失；共同海损则不是承保风险所直接导致的损失，而是为了解除或减轻共同危险人为地造成的损失。

②涉及的利益方不一样。共同海损是为船货各方的共同利益所受的损失，而单独海损则只涉及损失方个人的利益。

③承担损失的责任不同。单独海损的损失一般由受损方自行承担；而共同海损的损失，则应由受益的各方按照受益大小的比例共同分摊。

☞ 技能训练

海轮的舱面上装有1000台拖拉机（货物投保了舱面险），航行中遇大风浪袭击，450台拖拉机被卷入海中，海轮严重倾斜，如不立即采取措施，则有翻船的危险，船长下令将余下的550台拖拉机全部抛入海中。请问：这1000台拖拉机的损失属于何种性质？

（四）海上费用

此外，海上风险还会造成费用支出的损失。主要有施救费用（Sue and Labour Charges）和救助费用（Salvage Charges）。

施救费用是指被保险的货物在遭受承保责任范围内的灾害事故时，被保险人或其代理人、雇用人员等，为了避免或减少损失，对保险标的采取的各种抢救或防护措施而所支付的合理费用。

救助费用是指被保险货物在遭受了承保责任范围内的灾害事故时，由保险人和被保险人以外的第三者采取了有效的救助措施，在救助成功后，由被救方付给救助人的一种报酬。保险人对这种费用也负赔偿责任。

三、我国海洋运输货物的保险险别与条款

目前国内最常用的海洋运输货物保险条款是中国人民保险公司（PICC）1981 年 1 月 1日修订的《海洋运输货物保险条款》。根据保险人承保责任范围的不同，海运货物保险险别分为基本险、附加险和专门险三大类。基本险又称主险，是可以独立投保的险别，包括平安险、水渍险和一切险。附加险是对基本险的补充和扩展，它不能单独投保，只能在投保了基本险的基础上加保，包括一般附加险和特殊附加险。针对海运货物的某些特性，保险业务中还有承保其特性的专门险别，包括海运冷藏货物险、海运散装桐油险等。这些专门险也属于基本险的性质，可以单独投保。

（一）基本险险别

1. 平安险

平安险（Free From Particular Average，F. P. A.），英文原意是"单独海损不负赔偿责任"，"平安险"一词是我国保险业的习惯叫法。平安险的承保责任范围包括八项：

（1）被保险货物在运输途中由于恶劣气候、雷电、海啸、地震、洪水自然灾害造成整批货物的全部损失或推定全损。当被保险人要求赔付推定全损时，须将受损货物及其权利委付给保险公司。被保险货物用驳船运往或运离海轮的，每一驳船所装的货物可视作一个整批。

（2）由于运输工具遭受搁浅、触礁、沉没、互撞，与流冰或其他物体碰撞以及失火、爆炸意外事故造成货物的全部或部分损失。

（3）在运输工具已经发生搁浅、触礁、沉没、焚毁意外事故的情况下，货物在此前后又在海上遭受恶劣气候、雷电、海啸等自然灾害所造成的部分损失。

（4）在装卸或转运时由于一件或数件整件货物落海造成的全部或部分损失。

（5）被保险人对遭受承保责任内危险的货物采取抢救、防止或减少货损的措施而支付的合理费用，但以不超过该批被救货物的保险金额为限。

（6）运输工具遭遇海难后，在避难港由于卸货所引起的损失以及在中途港、避难港由于卸货、存仓以及运送货物所产生的特别费用。

（7）共同海损的牺牲、分摊和救助费用。

（8）运输契约订有"船舶互撞责任"（Both to Blame Collision Clause）条款，根据该条款规定应由货方偿还船方的损失。

在实际业务中，平安险一般适用于低值、裸装的大宗货物，如矿砂、钢材、铸铁制品等。

☞ **技能训练**

一批货物已投保了平安险（中国人民保险公司），分装两艘货轮驶往目的港。一艘货轮在航行中遇暴风雨袭击，船身颠簸，货物相互碰撞而发生部分损失；另一艘货轮在航行中则与流冰碰撞，货物也发生了部分损失。请问：保险公司对于这两次的损失是否都应给予赔偿？

2. 水渍险

水渍险（With Average or With Particular Average，W. A. or W. P. A.），英文含义是"负单独海损责任"，水渍险是我国保险业沿用已久的叫法。

水渍险承保责任范围除包括上列平安险的各项责任外，此项保险还负责被保险货物由于恶劣气候、雷电、海啸、地震、洪水自然灾害所造成的部分损失。

水渍险一般来说适用于不大可能发生碰损、破碎或容易生锈但不影响使用的货物，如铁钉、铁丝、螺丝等小五金类商品以及旧汽车、旧机床等二手货。

3. 一切险

一切险（All Risks）是三种险别中责任范围最大的一个，除包括上述平安险和水渍险的各项责任外，本保险还负责赔偿被保险货物在运输途中由于一般外来原因所致的全部或部分损失。

由于一切险的承保责任范围是三种基本险别中最广泛的一种，因而适宜于价位较高，可能遭受损失因素较多的货物投保。

上述三种基本险别，被保险人可以从中选择一种投保。但应注意的是，对于以上三种基本险别，保险公司并非对一切损失和费用都负责赔偿，按规定除外责任（Exclusions）包括：

（1）被保险人的故意行为或过失所造成的损失。

（2）属于发货人责任所引起的损失。

（3）在保险责任开始前，被保险货物已存在的品质不良或数量短差所造成的损失。

（4）被保险货物的自然损耗、本质缺陷、特性以及市价跌落、运输延迟所引起的损失或费用。

（5）保险公司海洋运输货物战争险条款和货物运输罢工险条款规定的责任范围和除外责任。

（二）附加险险别

在上述基本险的基础上，被保险人可以根据客观情况和货运的需要加保一种或几种附加险。附加险是依附于主险下的险别，承保由外来风险所造成的损失，可分成一般附加险和特殊附加险。

1. 一般附加险

一般附加险（General Additional Risk），承保货物在运输途中，由于一般外来原因造成的货物的全部损失或部分损失。中国人民保险公司设定的一般附加有：

（1）偷窃、提货不着险（Theft, Pilferage and Non-delivery, T. P. N. D.）。承保被保险货物因偷窃行为所致的损失或整件提货不着的损失。"偷"是指整件货物被偷走，"窃"则一般是指包装完整的整件货物中仅一部分被盗窃。"提货不着"指运输途中整件货物遗失，未能运达目的地交付给收货人。被保险人必须取得责任方提供的非其他风险造成的整件提货不着的书面证明。

（2）淡水雨淋险（Fresh Water and/or Rain Damage, F. W. R. D.）。承保被保险货物因直接遭受淡水或雨淋，或冰雪融化所造成的损失。淡水包括船上淡水舱、船舱内水汽凝聚而成的舱汗以及水管漏水等。发生此项损失，包装外应有淡水或雨水的痕迹或其他适当证明，被保险人需及时提货，并在提货后 10 日内申请检验。

（3）短量险（Risk of Shortage）。承保被保险货物在运输过程中，因外包装破裂或散装货物散失或实际重量短缺的损失，但要扣除货物的正常途耗。

（4）混杂、沾污险（Risk of Intermixture & Contamination）。其承保被保险货物在运输过程中，因混杂、沾污所致的损失。散装粮谷、矿砂和粉粒状化工产品，容易混进泥土、碎石，致使质量受到影响；而纸张、布匹、服装以及食品等有较多可能因接触到油脂或带色物质被沾染而产生的损失。

（5）渗漏险（Risk of Leakage）。承保流质、半流质货物在运输过程中，因容器损坏而引起的渗漏损失，或用液体储藏的货物因液体的渗漏而引起的货物腐败、变质等损失。

（6）碰损、破碎险（Risk of Clash & Breakage）。承保被保险货物在运输过程中因震动、碰撞、受压造成的破碎和碰撞损失。

（7）串味险（Risk of Odour）。承保被保险食品、中药材、化妆品原料等货物在运输过程中，因受其他物品如皮革、樟脑的影响而引起的串味损失。但如果这种串味损失和船方配载不当有关，则损失应由船方负责。

（8）受潮受热险（Damage Caused by Heating & Sweating）。承保被保险货物在运输过程中因气温突然变化或由于船上通风设备失灵致使船舱内水汽凝结、发潮或发热所造成的损失。

（9）钩损险（Hook Damage）。承保袋装、捆装货物在运输过程中用钩子等工具装卸时，因不当作业致使包装破裂所造成的货物损失以及钩子直接钩破货物的损失。此外，该附加险还对由于钩损货物的包装进行修补或调换所支付的费用负责。

（10）锈损险（Risk of Rust）。承保被保险货物在运输过程中，因生锈所造成的损失。但一般不承保易生锈的铁丝、铁绳、水管零件等货物以及必然会生锈的裸装金属板、块、条、管等。

（11）包装破裂险（Loss or Damage Cause by Breakage of Packing）。承保被保险货物在运输过程中因搬运或装卸不慎，包装破裂所造成的损失，以及为继续运输安全所需要对包装进行修补或调换所支付的费用。货物因包装破裂造成的损失，在短量险、沾污险、渗漏险等一般附加险的责任范围内也可相应得到保障，包装破裂险主要是用来解决对因修补或调换包装所支付费用的补偿。

值得注意的是，上述11种附加险，只能在投保平安险和水渍险的基础上加保一种或数种险别，但若投保一切险时，因上述险别均包含在内，故无须加保。

2. 特殊附加险

特殊附加险（Special Additional Risk）是指承保由于军事、政治、国家政策、法令以及行政措施等特殊外来原因所引起的风险与损失的险别。主要有战争险、罢工险、舱面险、拒收险、交货不到险、黄曲霉素险、进口关税险以及货物出口到港澳地区的存仓火险责任扩展条款八种：

（1）战争险（War Risks）。承保被保险货物直接由于战争或敌对行为（包括海盗行为）所致的损失以及由于上述情况所引起的捕获、拘留、扣留、禁制、扣押所造成的损失；战争遗留的各种常规武器，包括水雷、鱼雷、炸弹所致的损失；另外，还负责责任范围内所引起的共同海损的牺牲、分摊和救助费用。

战争险规定的除外责任包括：由于敌对行为使用原子或热核制造的武器所致的损失和费用；执政者、当权者或其他武装集团的扣押、拘留引起的承保航程的丧失和挫折而提出的索赔；被征购或征用所致的损失等。

（2）罢工险（Strike Risks）。承保被保险货物由于罢工者、被迫停工工人或参加工潮、暴动、民动、民众争斗的人员的行动，或任何人的恶意行为所造成的直接损失共同海损的牺牲、分摊和救助费用。

罢工险规定的除外责任为：在罢工期间由于劳动力短缺或不能使用所致的保险货物的损失，包括因此而引起的动力或燃料缺乏使冷藏机停止工作所致的冷藏货物的损失。

另外，投保战争险后加保罢工险不另收费。因此，被保险人一般都同时投保战争险和罢工险。

（3）黄曲霉素险（Aflatoxin Risk）。承保被保险货物在保险责任有效期内，在进口港或进口地经当地卫生当局的检验证明，因含有黄曲霉毒素，并且超过了进口国对该毒素的限制标准而拒绝进口、没收或强制改变用途时所造成的损失。

（4）交货不到险（Failure to Deliver）。自货物装上船舶时开始，不论由于何种原因，如货物不能在预定抵达目的地的日期起 6 个月以内交讫，保险公司将按全损予以赔付，该货物之全部权益应转移给保险公司。

（5）舱面货物险条款（On Deck Risk）。当货物存放舱面时，除按保险单所载条款负责外，还承保因货物被抛弃或风浪冲击落水所遭受的损失。

（6）进口关税险（Import Duty Risk）。被保险货物在运输途中因承保责任范围内的风险遭受部分损失，但被保险人在目的港仍须按报关单据记载的全部货物完税，本保险负责赔偿被保险人缴纳的受损货物的进口关税，但以不超过受损部分的保险价值为限。

（7）拒收险（Rejection Risk）。承保货物在进口港被进口国的政府或有关当局拒绝进口或没收，按货物的保险价值负责赔偿。

（8）出口货物到中国香港或澳门地区存仓火险责任扩展条款。被保险货物，运抵目的地中国香港或澳门地区，卸离运输工具后直接存放在保险单载明的过户银行指定的仓库内，本保险对存仓火险的责任，自运输责任终止时开始，直至上述银行收回押款、解除对货物的权益时终止或自运输险责任终止时起计满 30 天为止。

☞ **技能训练**

我方按 CIF 出口冷冻食品一批，合同规定投保平安险加战争、罢工险。货到目的港后恰逢码头工人罢工，港口无人作业，货物无法卸载，不久货轮因无法补充燃料以致冷冻设备停机。等到罢工结束，该批冷冻食品已变质。

试问这种由于罢工而引起的损失，保险公司是否负责赔偿？

（三）专门险

除了以上三种常见的基本险，还有两种属于基本险性质的专门险别：海洋运输冷藏货物保险和海洋运输散装桐油险。

1. 海洋运输冷藏货物保险

海洋运输冷藏货物保险——Ocean Marine Insurance（Frozen Products）分为冷藏险和冷藏一切险两种。

（1）冷藏险（Risks for Frozen Products）。该险的责任范围除了包括水渍险所承保的责任外，还承保由于冷藏机器停止工作连续达 24 小时以上所造成的腐败或损失。

被保险人获得赔偿需要满足两个限制条件：一是必须"完全停止工作"；二是必须连续达 24 小时，而不能是多次间隔停止工作的时间累加。

（2）冷藏一切险（All Risk for Frozen Products）。除包括冷藏险的各项责任外，本保险还负责赔偿被保险货物在运输途中由于一般外来原因所致的腐败或损失。

2. 海洋运输散装桐油保险

海洋运输散装桐油保险——Ocean Marine Insurance（Wood oil Bulk）主要负责赔偿被保险货物在运输过程中遭受污染、短少、渗漏、变质等损失。由于桐油具有易受污染、易变质的特性，因此被保险人在启运港必须取得品质等检验证书。

（四）海运货物保险承保责任起讫

1. 基本险承保期限

中国人民保险公司的海洋运输货物保险条款的保险责任的起讫时间，采用国际保险业惯用的"仓至仓条款"（Warehouse to Warehouse Clause，W/W Clause）。即保险责任自被保险货物运离保险单所载明的起运地仓库或储存处所开始运输时生效。包括正常运输过程中的海上、陆上、内河和驳船运输在内，直到该项货物到达保险单所载明目的地收货人的最后仓库或储存处所，或被保险人用作分配，分派或非正常运输的其他储存处为止。如未抵达上述仓库或储存处，则以被保险货物在最后卸载港全部卸离海轮后满 60 天为止。如在上述 60 天内被保险货物需转运到非保险单所载明目的地时，则以该项货物开始转运时终止。

2. 战争险承保责任的起讫

与海洋运输货物基本险的责任起讫不同，战争险的保险责任起讫适用"水面危险"（Water Torn）原则，保险人一般只负责海上风险。具体的责任为：自被保险货物装上保险单所载起运港的海轮或驳船时开始，到卸离保险单所载明的目的港的海轮或驳船时为止。如果被保险货物在目的港不卸离海轮或驳船，则保险责任以海轮到达的当日午夜起算满 15 天为限。

3. 专门险承保责任的起讫

海洋运输冷藏货物保险的保险期间与海运货物保险的保险期间大致相同，区别仅在于冷藏险关于责任终止期限的规定根据冷藏货物的特点和储藏条件的特定要求而有所差异。海运散装桐油保险的保险期限和海运基本险的保险期限基本一致。

资料卡

中国保险条款

以 FOB、CFR、CIF 条件成交，投保海运险"仓至仓"条款，如果货物在从起运地仓库运往装运港途中遭受承保范围内的损失，是否只要货物在"仓至仓"的运输过程中，发生承保责任范围内的损失，都会得到保险公司的赔偿呢？

索赔人要想获得保险公司的赔偿，必须同时满足四个条件：保险公司与索赔人之间存在保险合同关系；索赔人是保险合同的合法持有人，是指投保人、被保险人或受让人；索赔人对该保险标的具有保险利益，如果保险标的受到损失，而被保险人并未受到任何利益影响，那么他就不具有保险利益；该保险标的所受的风险损失在保险合同所承保的范围内。

从以上四个条件来看，以 FOB、CFR 条件成交，货物装上船前的风险由卖方承担，卖方对保险标的享有可保利益，但保险由买方办理并持有保单（保险合同），卖方不是保险单的被保险人或合法的受让人，因而与保险公司之间不存在合法有效的合同关系，因此卖方没有索赔权。买方虽然是保险单的持有人，与保险公司存在合法有效的合同关系，但他当时对保险标的尚未取得所有权，因此，买方对装船前的标的不具有可保利益，所以同样不具备索赔条件。CIF 条件下，由卖方投保，卖方与保险公司间存在合法有效的合同关系；而且装船前的风险由卖方承担，也具有可保利益，所以保险公司可对卖方给予赔偿。

可见，在不同的贸易术语下，并不是说只要货损发生在"仓至仓"条款所涵盖的运输途中，且为承保责任范围内的风险所造成的，保险公司就会赔偿。关键是要看损失发生时，被保险人是否对货物享有可保利益。在 FOB 和 CFR 条件下，保险责任起讫实际上是"船至仓"；只有在 CIF 价格条件下，保险责任起讫才是真正的"仓至仓"。因为货物装上船之前的货损是由卖方承担的（拥有可保利益）；货物装船后，卖方将提单和保险单背书转让给买方，买方付款赎单后可保利益也随即转让到其手中。所以 CIF 术语下，从起运港发货人仓库到目的港收货人仓库为止的整个过程中，如果发生保险责任范围内的风险，被保险人都能从保险公司获得赔偿。因此可以认为，CIF 条件下卖方投保并不完全是代办性质的，至少货物装船前这一段是为自己利益而投保的。所以卖方在签订合同时必须根据自己产品的特点，选择投保相应险种。

在 FOB、CFR 条件下买方投保，卖方无法持有保险单，又由于买方投保时不具备可保利益，因此无法将保单转让给卖方，所以卖方也无法成为保单受让人。卖方无法向保险公司索赔，在这种情况下，卖方应该自行投保从仓库至装运港这一段的"陆运险"来规避可能发生的风险。

四、伦敦保险业协会海运货物保险条款

在国际保险市场上，许多国家的保险组织都制定了保险条款。但最有影响、被广为采用的是经英国国会确认的、由英国伦敦保险业协会制订的《协会货物条款》（I. C. C.）。

《协会货物条款》最早的版本出现在 1912 年，为了适应不断变化的国际贸易、航运等多方面的情况，该条款经历了多次修订和补充。现行规定于 1982 年 1 月 1 日修订公布，共有 6 种险别，分别是：

（1）协会货物条款（A），Institute Cargo Clause（A），简称 ICC（A）。

（2）协会货物条款（B），Institute Cargo Clause（B），简称 ICC（B）。

（3）协会货物条款（C），Institute Cargo Clause（C），简称 ICC（C）。

（4）协会战争险条款（货物），Institute War Clauses—Cargo，简称 IWCC。

（5）协会罢工险条款（货物），Institute Strikes Clauses—Cargo，简称 ISCC。

（6）恶意损害险，Malicious Damage Clause。

在这六种险别中，前三种为主险，可以单独投保；战争险和罢工险也可以单独投保，只有恶意损害险不能单独投保。

ICC 主要险别是 ICC（A）、ICC（B）与 ICC（C），其中，ICC（A）条款的承保风险类似于我国的"一切险"；ICC（B）条款类似于"水渍险"；ICC（C）条款类似于"平安险"，但比"平安险"的责任范围要小一些。下面分别介绍这三种险别。

（一）ICC（A）

1. 承保风险

这是基本险中承保责任范围最大的险别。根据伦敦保险协会新条款的规定，对 ICC（A）是采用"一切风险减除外责任"的办法。即除"除外责任"项下所列风险保险人不予赔偿外，其他风险均予赔偿。

2. 除外责任

（1）一般除外责任。例如，因被保险人故意的不法行为造成的损失或费用；自然渗漏、自然损耗、自然磨损、包装不足或不当所造成的损失或费用；保险标的内在缺陷或特性所造成的损失或费用；直接由于延迟所引起的损失或费用；由于船舶所有人、租船人经营破产或不履行债务所造成的损失或费用；由于使用任何原子或核武器所造成的损失或费用。

（2）不适航、不适货除外责任。所谓不适航、不适货除外责任是指保险标的在装船时，如保险人或其受雇人已经知道船舶不适航以及船舶、装运工具、集装箱等不适货，保险人不负赔偿责任。

（3）战争除外责任。例如，由于战争、内战、敌对行为等造成的损失或费用；由于捕获、拘留、扣留等（海盗行为除外）所造成的损失或费用；由于漂流水雷、鱼雷等造成的损失或费用。

（4）罢工除外责任。由于罢工、被迫停工所造成的损失或费用，任何恐怖主义者或者其他任何人出于政治目的采取的行动所造成的损失或费用。

（二）ICC（B）

1. 承保风险

该险别采用列明风险的形式，凡列出的即可承保，凡承保风险范围内的损失（不分全损、分损），保险人按损失程度给予赔偿；凡没有列出的均不负责。

ICC（B）的承保风险包括：

（1）火灾、爆炸。

（2）船舶或驳船触礁、搁浅、沉没或倾覆。

（3）陆上运输工具倾覆或出轨。

（4）船舶、驳船或运输工具同水以外的外界物体碰撞。

（5）在避难港卸货。

（6）地震、火山爆发、雷电。

（7）共同海损牺牲。

（8）抛货。

（9）浪击落海。

（10）海水、湖水或河水进入船舶、驳船、运输工具、集装箱、大型海运箱或储存处所。

（11）货物在装卸时落海或跌落造成整件的全损。

2. 除外责任

ICC（B）险与 ICC（A）险的除外责任基本相同，但有下列两点区别：

（1）ICC（A）险只对被保险人的故意不法行为所造成的损失、费用不负赔偿责任，而对于被保险人之外的任何个人或数人故意损害和破坏标的物或其他任何部分的损害要负赔偿责任；但在 ICC（B）险中，保险人对此也不负赔偿责任。

（2）ICC（A）险将海盗行为列入保险范围，ICC（B）险则对海盗行为不负保险责任。

（三）ICC（C）

1. 承保风险

ICC（C）承保的风险比 ICC（A）、ICC（B）要小得多，它只承保"重大意外事故"，而不承保"自然灾害及非重大意外事故"。其具体承保的风险包括：

（1）火灾、爆炸。

（2）船舶或驳船触礁、搁浅、沉没或倾覆。

（3）陆上运输工具倾覆或出轨。

（4）船舶、驳船或运输工具同水以外的外界物体碰撞。

（5）在避难港卸货。

（6）共同海损牺牲。

（7）抛货。

2. 除外责任

ICC（C）除外责任与 ICC（B）完全相同，但需要说明的是，由于在 ICC（B）和 ICC（C）中将被保险人以外的其他人（如船长、船员）的故意破坏行为所造成的被保险货物的灭失或损坏均列为除外责任。因此在投保 ICC（B）和 ICC（C）时，如需取得防范这种风险的保障，应另行加保恶意损害险。恶意损害险承保除被保险人以外的其他人的故意破坏行为所造成的被保险货物的灭失或损坏，但出于政治动机的人的行为除外。

在保险期限的规定上，ICC（A）、ICC（B）、ICC（C）均采用"仓至仓"条款，但比我国规定得更为详细。

五、其他货物运输保险

（一）陆上运输货物保险险别与条款

根据我国《陆上运输货物保险条款》（Overland Transportation Cargo Insurance Clauses），陆上货物运输保险（火车、汽车）分为陆运险和陆运一切险两个基本险种，承保货物标的在陆上运输过程中（以火车、汽车运输方式或联运）由于保险责任范围内的事故造成的损失。

1. 陆运基本险

（1）陆运险。陆运险（Overland Transportation Risks）的承保责任范围与海洋运输货物保险条款中的"水渍险"相似，保险公司负责的承保范围包括：被保险货物在运输途中遭受暴风、雷电、洪水、地震自然灾害，或由于运输工具遭受碰撞、倾覆、出轨，或在驳运过程中因驳运工具遭受搁浅、触礁、沉没、碰撞，或由于受隧道坍塌、崖崩，或失火、爆炸等意外事故所造成的全部或部分损失；被保险人对遭受承保责任内危险的货物采取抢救，防止或减少货损的措施而支付的合理费用，但以不超过该批被救货物的保险金额为限。

（2）陆运一切险。陆运一切险（Overland Transportation All Risks）的承保责任范围与海洋运输货物保险条款中的"一切险"相似，保险公司负责的承保范围除包括上列陆运险的责任外，还负责被保险货物在运输途中由于外来原因所致的全部或部分损失。

陆运险、陆运一切险的除外责任与海洋运输货物险的除外责任相同。陆上货物运输保险责任起讫也采用"仓至仓"条款原则。

2. 陆上运输冷藏货物险

陆上运输冷藏货物险是陆上货物险中的一种专门险。其主要责任范围是：保险公司除负责陆运险所列举的各项损失外，还负责被保险货物在运输途中由于冷藏机器或隔温设备的损坏或者车厢内储存冰块的融化所造成的解冻融化以致腐败的损失。但对由于战争、罢工或运输延迟而造成的被保险冷藏货物的腐败或损失以及被保险货物开始时因未保持良好状态，包括整理加工和包扎不妥、冷冻上的不符合规定及骨头变质所引起的货物腐败和损失则不负责任，至于一般的除外责任条款，也适用本险别。

陆上运输冷藏货物的责任自被保险货物远离保险单所载明起送地点的冷藏仓库装入运送工具开始运输时生效，包括正常陆运和与其有关的水上驳运在内，直至该项货物到达保险单所载明的目的地收货人仓库为止。保险责任以被保险货物到达目的地车站后10天为限。中国人民保险公司的该项条款还规定：装货的任何运输工具，都必须有相应的冷藏设备或隔离温度的设备，或供应和储存足够的冰块使车厢内始终保持适当的温度。保证被保险冷藏货物不致因化冻而腐败，直至到达目的地收货人仓库为止。

3. 陆运附加险

（1）陆上运输货物战争险（火车）。陆上运输货物战争险（火车）（Overland Transportation Cargo War Risks—by Train）为路上运输货物险的特殊附加险，在投保陆运险和陆运一切险的基础上可加保该险。陆上运输货物战争险承保在火车运输途中由于战争、类似战争行为和敌对行为、武装冲突等所造成的损失以及各种常规武器包括地雷、炸弹所致的损失。保险责任起讫以货物置于运输工具时为限。

（2）陆上运输罢工险。该险别承保责任范围与海洋运输货物罢工险相同，其保险手续的办理也与海运货物罢工险相同，即在投保战争险的前提下加保罢工险，不另收费。若仅要求加保罢工险，则按战争险费事收费。

（二）航空运输保险险别与条款

根据我国《航空运输货物保险条款》规定，航空运输货物保险（Air Transportation Cargo Insurance）是以飞机为运输工具的货物运输保险，分为航空运输险和航空运输一切险两种基本险别，此外还有航空运输货物战争险等附加险。

1. 航空运输货物基本险

航空运输货物基本险包括航空运输险和航空运输一切险。承保货物标的在航空运输过程中由于保险责任范围内的事故造成的损失。

（1）航空运输险（Air Transportation Risks）承保被保险货物在运输途中遭受雷电、火灾、爆炸或由于飞机遭受恶劣气候或其他危难事故而被抛弃，或由于飞机遭碰撞、倾覆、坠落或失踪意外事故所造成全部或部分损失以及被保险人对遭受承保责任内危险的货物采取抢救，防止或减少货损的措施而支付合理费用，但以不超过该批被救货物的保险金额为限。

（2）航空运输一切险（Air Transportation All Risks）的责任范围除包括航空运输险的责任外，还负责承保被保险货物由于一般外来原因所致的全部或部分损失。

航空运输险、航空运输一切险的除外责任与海洋运输货物保险条款基本险的除外责任基本相同，保险责任起讫期限也采用"仓至仓"条款原则。所不同的是，如果货物运达保险单所载明的目的地而未送抵保险单所载明的目的地收货人仓库或储存处所，则以到达最后卸载地卸离飞机之后 30 天为限，保险责任即告终止。如在上述 30 天内，被保险货物需转送非保险单所载明的目的地时，保险责任以该项货物开始转送时终止。

2. 航空运输货物战争险

航空运输货物战争险（Air Transportation Cargo War Risks）与海洋货物运输战争险的有关规定基本相同。在投保航空运输险时可加保战争险等附加险别。值得注意的是，如果被保险货物不卸离飞机，本保险责任起讫期限则以载货飞机到达目的地的当日午夜起算满 15 天为止。

此外，航空货物运输险还可以加保罢工险，其责任范围与海洋运输罢工险相同，其保险手续的办理也与海运货物罢工险相同。

（三）邮政包裹运输保险险别与条款

根据《邮包保险条款》（Parcel Post Insurance Clauses）规定，由邮政包裹保险可分为邮包险和邮包一切险两种。

邮包险（Parcel Post Risks）承保被保险邮包在运输途中由于恶劣气候、雷电、海啸、地震、洪水自然灾害或由于运输工具遭受搁浅、触礁、沉没、碰撞、倾覆、出轨、坠落、失踪，或由于失火、爆炸意外事故所造成的全部或部分损失；被保险人对遭受保责任内危险的货物采取抢救，防止或减少货损的措施而支付的合理费用，但以不超过该批救货物的保险金额为限。

邮包一切险（Parcel Post All Risks）的承保责任除包括上述邮包险的各项责任外，还负责承保被保险邮包在运输途中由于一般外来原因所致的全部或部分损失。

邮包战争险（Parcel Post War Risks）是在基本险的基础上可以加保的一种附加险。

邮包保险的保险责任是自被保险邮包运离保险单所载明的起运地点寄件人的处所运往邮局时开始生效，直至被保险邮包运达保险单所载明的目的地邮局，自邮局签发到货通知书给收件人当日午夜起算满 15 天为止。但在此期限内邮包一经递交至收件人的处所时，保险责任即告终止。

六、保险单据

保险单据是保险人与被保险人之间订立保险合同的证明文件，它反映了保险人与被保险人之间的权利和义务关系，也是保险人的承保证明。当发生保险责任范围内的损失时，它又是保险索赔和理赔的主要依据。在国际贸易中，保险单据是可以转让的。常用保险单据可分为保险单、保险凭证、联合凭证、预约保单、批单几种。

（一）保险单

保险单（Insurance Policy）又称大保单。它是使用最广泛的一种保险单据（见示样 3-3）。保险单具有法律效力，对双方当事人均有约束力。保险单上一般需载明：当事人的名称和地址；保险标的的名称、数量或重量、唛头；运输工具；保险险别；保险责任起讫时间和地点及保险期限；保险币值和金额；保险费；出立保险单的日期和地点；保险人签章；赔款偿付地点以及经保险人与被保险人双方约定的其他事项等内容。保险单背面载明保险人与被保险人之间权利与义务等方面的保险条款，也是保险单的重要内容。

（二）保险凭证

保险凭证（Insurance Certificate）又称小保单，是一种简化的保险单据，除其背面不载明保险人与被保险人双方的权利和义务等保险条款外，其余内容与保险单相同。

保险凭证与保险单具有同等的法律效力。但需要注意的是，如果信用证明确规定要求受益人出具保险单而非保险凭证，受益人应严格按信用证的规定来出具大保单。

保险单和保险凭证可以经背书或其他方式进行转让。保险单据的转让无须取得保险人的同意，也无须通知保险人，即使在保险标的发生损失之后，保险单据仍可有效转让。

（三）联合凭证

联合凭证（Combined Certificate）是一种将商业发票和保险单相结合的，比保险凭证更为简化的保险单据。保险公司将承保的险别、保险金额以及保险编号加注在投保人的商业发票上，并加盖印章，其他项目均以发票上列明的为准。这种凭证很少使用，只限于在我国对某些特定国家或地区的出口业务中使用。

（四）预约保单

预约保单（Open Policy）又称预约保险合同（Open Cover）。它是保险公司对投保人将要装运的、属于约定范围内的一切货物自动承保的总合同，适用于经常有相同类型货物需要陆续部分发运时所采用的一种保险单。订立这种合同是为了简化保险手续，使货物一经装运即可获得保障。凡预约保险单约定的运输货物，在有效期内自动承保。

在实际业务中，预约保险单适用于我国的进口货物。凡属预约保险单规定范围内的进口货物，一经起运，保险公司即自动按预约保单所订立的条件承保。被保险人在获悉每批货物装运时，应及时将装运通知书（包括货物名称、数量、保险金额、船名或其他运输工具名称、航程起讫地点、开航或起运日期等）送交保险公司，并按约定办法缴纳保险费，即完成了投保手续。事先订立预约保险合同，可以防止因漏保或迟保而造成的无法弥补的损失。

（五）批单

保险单出立后，投保人如需要补充或变更其内容，可根据保险公司的规定，向保险公司提出申请，经同意后另出盘一种凭证，注明更改或补充的内容，这种凭证即为批单（Endorsement）。保险单一经批改，保险公司即按批改后的内容承担责任。批单原则上须粘贴在保险单上，并加盖骑缝章，作为保险单不可分割的一部分。

在 CIF 或 CIP 条件下，保险单据的形式和内容，必须符合信用证的有关规定，保险单的出单日期不得迟于运输单据所列货物或装船或发运或承运人接受监管的日期。因此，办理投保手续的日期也不得迟于货物装运日期。

七、保费计算

按照国际保险市场的习惯做法，出口货物的保险金额（Insured Amount）依买卖合同中的相应条款为准，如合同中没有规定，则一般按 CIF 货价另加 10% 计算，这增加的 10% 称为保险加成，是为买方进行这笔交易付出的费用和预期利润投保的金额。保险金额计算的公式为：

$$保险金额 = CIF 货值 × （1 + 加成率）$$

在国际贸易中，如使用其他贸易术语，则在计算保险费的时候，要将非 CIF 术语的成交金额换算成 CIF 术语的成交金额。

以 CFR 为例：　　　　$$CIF = CFR / [1 - 保险费率 × （1 + 加成率）]$$

保险费率（Premium Rate）是由保险公司根据一定时期、不同种类的货物的赔付率，按不同险别和目的地确定的。保险费（Premium）则根据保险费率表按保险金计算，计算公式为：

$$保险费 = 保险金额 × 保险费率$$

☞ 技能训练

某公司出口一批货物，CFR 纽约价为 1980 美元，现外商来电要求改报 CIF 纽约价，并要求按 CIF 价加 20% 投保一切险并加保战争险。假定一切险的保险费率为 0.8%。战争险费率为 0.03%。请计算我方应向保险公司支付多少保险费？

八、保险条款拟定

（一）保险条款的主要内容

一般认为，合同中保险条款应该包括以下内容：

（1）保险投保人的约定。

（2）投保险别的约定。

（3）保险金额的约定。一般来说，保险金额按货物的 CIF 或 CIP 发票金额和规定的加成率计算。其计算公式为：

$$出口货物保险金额 = CIF 货价 × （1 + 加成率）$$

按照国际惯例，这个加成率通常是 10%，若买方要求的加成率超过 10%，卖方也可以酌情接受。如买方要求保险加成率过高，则卖方要先征得保险公司的同意才能予以接受。

（4）以何种保险条款为依据。目前，国际上最权威的是伦敦保险协会海运货物保险条款 ICC，其特点是承保责任范围较广，而中国人民保险公司根据我国保险工作的实际情况参照国际保险市场的习惯做法，制定了中国人民保险公司货物保险条款 CIC。因此在我国的对外贸易中有两种常见的做法，即分别以这两个条款为依据。由于两个条款的基本险别在保险人的承保责任范围方面差别不大，保险公司均予以承保。因此，在合同中也可以接受买方以 ICC 条款投保的要求。

（二）进口合同中的保险条款

如果买卖合同采用 FOB 或 CFR 两种贸易术语，则由买方自办保险。因此，具体投保险别、投保金额、选用的保险条款等完全是买方单方面的事情，与卖方无关。所以买卖合同中的保险条款一般只需订明"装船后保险由买方负责"即可。

我国进口一般采用 FOB、CFR 或 CPT 术语，由我方公司办理保险。为了简化投保手续和防止来不及投保或漏保，我国进口一般采用预约保险的做法，即各外贸公司与中国人民保险公司签订各种运输方式下的预约保险合同，以后每批进口货物，无须填制投保单，仅以国外的装运通知单代替投保单。

我国进口货物的保险金额原则上是以 CIF 价作为保险金额而不再加成，其中的运费率和保险费率均采用平均值计算。其计算公式为：

FOB 进口保险金额＝FOB 货价×（1+平均运费率）/（1-平均保险率）

CFR 进口保险金额＝CFR 货价/（1-平均保险率）

（三）出口合同中的保险条款

为发展中国的保险事业，中国出口一般按照 CIF 条件出口。在签订出口合同时，双方除了约定险别、保险金额等内容，还应明确定名按照 CIC 向中国人民保险公司适用的保险条款投保。通常在保险合同中也要注明由卖方投保。在合同中可写明"由卖方按发票金额的××%投保××险（险别名称），按照中国人民保险公司 1981 年 1 月 1 日的有关海洋运输货物保险条款为准"。

在实际业务中，按 CIF 和 CIP 出口的货物，由卖方向中国人民保险公司以合适的险别办理投保手续时，应根据出口合同或信用证规定，在备妥货物并确定装运日期和船只后，按规定格式填制保险单，列明各项内容，送保险公司投保，缴纳保费，并向保险公司领取保险单证。

我国各外贸进出口公司的出口货物保费是逐笔投保的，保险金额按上述公式计算即可。

（四）保险条款范例

（1）To be covered by the seller for 110% of the invoice value, covering All Risks&War Risk as per CIC dated 1/1/1981.

保险由卖方按发票金额的 110%投保一切险、战争险，以中国人民保险公司 1981 年 1 月 1 日的中国保险条款为准。

（2）For transactions concluded on CIF basis, it is understood that the insurance amount will be 110% of the invoice value against the risks specified in the S/C. If additional insurance amount or coverage is required, the extra premium is to be borne by the buyer.

以 CIF 成交的交易，应以发票金额的 110%投保合同中所规定的险别。如果要提高投保金额或加保其他险别，则由此产生的保险费由买方支付。

（3）The seller shall cover the insurance for 110% of total invoice value against ICC（A），as per Institute Cargo Clauses（A）dated 1/1/1982.

保险由卖方按发票金额的 110%投保伦敦货物协会 A 险，按伦敦保险业协会 1982 年 1 月 1 日货物（A）险条款。

※项目阶段性训练

1. 知识训练

（1）什么是实际全损？什么是推定全损？

（2）什么是共同海损？构成共同海损的条件是什么？

（3）中国人民保险公司的海运基本险别有哪些？承保的范围分别是什么？

2. 能力训练

（1）我方以 CFR 贸易术语出口货物一批，在从出口公司仓库运到码头的待运过程中，货物发生损失，该损失应由何方负责？如买方已经向保险公司办理了保险，保险公司对该项损失是否给予赔偿？并说明理由。

（2）有一份 CIF 合同，卖方在装船前向保险公司投保了"仓至仓"条款一切险，但货物在从卖方仓库运往码头的途中，发生了承保范围以内的货物损失。事后卖方以保险单含有"仓至仓"条款为由，要求保险公司赔偿此项损失，但遭到保险公司拒绝。保险公司认为货物未装运，损失不在承保范围内。

试问：在上述情况下，保险公司能否拒赔？为什么？

（3）某货轮在航行途中因设备故障起火，该船的第四舱内发生火灾，经灌水灭火后统计损失，被火烧毁货物价值 5000 美元，因灌水救火被水浸坏货物价值 6000 美元。船方宣布为共同海损，试根据上述案例分析回答下列问题：

①该轮船长宣布损失为共同海损是否合理？

②被火烧毁的货物损失 5000 美元船方是否应负责赔偿，理由是什么？

③被水浸的货物损失 6000 美元属什么性质的损失？应由谁负责？

3. 情景接力训练

真不错，又有进展了。就保险条款达成的结果，请填入合同。

由卖方投保，按发票金额的 110%投保中国人民保险公司 1981 年 1 月 1 日《海洋运输货物保险条款》一切险和战争险。

附录

示样 3-3　保险单（正面）

中 国 人 民 保 险 公 司

THE PEOPLE'S INSURANCE COMPANY OF CHINA

总公司设立于北京　　　　　1949 年创立

Head Office：BEIJING　　　　Established in 1949

保险单　　　　　　号次

INSURANCE POLICY　　　　NO.

中国人民保险公司（以下称承保人）根据被保险人的要求，在被保险人向承保人缴付约定的保险费后，按照本保险单承保险别和背面所载条款与下列特款承保下述货物运输保险，特立本保险单。

This Policy of Insurance witnesses that China Pacific Insurance Company Limited（hereinafter called "The Underwriter"）at the request of the Insured named hereunder and in consideration of the agreed premium paid to the Underwriter by the Insured.

标记 Mark & Nos.	数量及包装 Quantity & Packing	保险货物项目 Description of Goods	保险金额 Amount Insured
As per Invoice No.			

总保险金额：

Total Amount Insured：

保费　　　　　　　　　　费率　　　　　　　　　　装载运输工具

Premium　　　　　　　　Rate　　　　　　　　　　Per conveyance S. S

开行日期　　　　　　　　自　　　　　　　　　　至

Slg. on or abt.　　　　　From　　　　　　　　　To

承保险别

Conditions

所保货物，如遇出险，本公司凭第一正本保险单及其他有关证件给付赔款；如发生本保险单项下负责赔偿的损失或事故，应立即通知下述代理人查勘。

Claims，if any，payable on surrender of the first original of the Policy together with other relevant documents. In the event of accident whereby loss or damage may result in a claim under this Policy immediate notice applying for survey most be given to the Company's Agent as mentioned hereunder：

赔款偿付地点

Claim payable at

日期

Date

任务六　支付条款的拟定

※任务目标

通过学习，掌握支付工具及各种常用支付方式的基本知识和基本技能，并学会在实践中加以运用，能够解决国际货款支付中出现的实际问题。

※任务详解

处于两个不同国家的买卖双方，因为商品买卖必然要发生货款的结算，以结清买卖双方间的债权、债务关系，这种活动称为国际结算。最初的国际结算均采用黄金、铸币、白银等来支付。后来，随着国际贸易活动的扩展，单纯的现金结算已经越来越不符合实际的需要，于是出现了代替现金作为流通手段和支付手段的信用工具和支付工具——票据来进行国际结算，在国际结算业务中，汇票、本票和支票是各种结算方式中常用的结算工具。

一、国际贸易结算工具

现代的国际贸易都是通过银行来完成结算，通过银行遍布世界各地的机构和专业化的服务，国际贸易活动发展得越来越快。在银行结算时，单据成为结算的重要基础，而且银行或买卖双方仅凭单据上所述的事实，便可以进行结算。因此在国际贸易中，仅了解和掌握与货物有关的贸易问题是远远不够的，还必须进一步掌握国际结算中的票据问题，保障货款能够顺畅收付。

（一）票据概述

1. 票据的定义

票据有广义和狭义之分。广义的票据就是指所有商业上作为权力凭证的单据和资金票据，是作为属于当事人但又不在当事人实际占有下的货币或商品所享有所有权的证据，包括股票、债券、汇票、本票、提单、仓储单等各种单据。从狭义上讲票据是指资金票据，即依据票据法签发和流通的，以无条件支付一定金额为目的的有价证券，包括汇票、本票和支票。国际结算所用的票据是指狭义的票据。

2. 票据的特征

（1）流通性。可流通性是票据的基本特性。票据的流通转让，仅凭交付或者背书交付即可完成，不需通知票据上的债务人。一张票据可以经过多次转让，最终持票人有权要求票据上的债务人向其清偿，票据债务人不得以没有接到转让通知为由拒绝清偿。

（2）无因性。票据的受让人无须调查出票、转让原因，只要票据记载合格，他就能取得票据文义载明的权力。

（3）要式性。要式是指票据必须具备一定的格式或者必要项目才有效，否则不能产生票据效力。各国法律对于票据所必须具备的形式条件都做了具体的规定，当事人不得随意变更。

（4）提示性。票据上的债权人要想获得债务人的付款，必须在法定的期限内向债务人提示票据。如果持票人不提示票据，付款人就没有履行付款的义务。因此，票据法规定了票据的提示期限，超过期限则丧失票据权利。

（5）返还性。票据的持票人获得款项后，应当在票据上签收并将票据交还给付款人，从而结束该票据的流通。

3. 票据的作用

（1）支付工具。票据可以作为支付工具来完成商品交易。同时，利用票据代替现钞作为支付工具，可以避免现钞清点的错误、节省现钞清点的时间、减少现钞携带的不便和危险。

（2）抵消债权债务。出票人可以通过出具票据来支付债务或请求债务人付款，持票人则可以通过提示票据来实现其债权，或通过把票据交付给他人来转让其债权。伴随票据的出具、提示和转让，票据当事人间的债权债务也相应获得清偿。

（3）资金融通。一方面，通过远期票据的开立，可以给付款人提供短期资金融通；另一方面，由于票据是支付工具，是代表着一定金额的权利凭证，因此在流通转让过程中，当事人可以通过转让票据而获得相应数量的资金。

比如，在国际贸易中，买方往往会要求对卖方延期付款，此时如果卖方同意，可以由卖方（通过银行）向买方开立出票后 3 个月付款的汇票，由买方承兑后，于到期时付款；也可以由买方（通过银行）向卖方开出 3 个月后付款的本票，这都可以起到给买方以 3 个月信贷的作用。有了该汇票或本票，出口商才会愿意备货、装运。如果卖方急需款项，可以把该汇票或本票背书转让给别人，或者向银行贴现，从而提前获得所需的资金。这就是票据作为信用工具，可以起到融资的作用。

4. 票据权利

票据作为债权债务清算过程中的支付工具，代表着一定的权力，通常包括两个部分：一是付款请求权，二是追索权。

付款请求权是指票据持有人具有的、可从付款人那获得一定金额的债权。当付款人拒绝支付时，持票人所具有的付款请求权未能实现，他就需要持此票据，向当初取得票据时的当事人（即前手），索要票据标明的金额。此时持票人向前手索要的权力就是追索权。

付款请求权势持票人的票据主权利，追索权则属于从属权力。当主权利未能实现时，持票人才能行使票据的从属权力。

（二）汇票

1. 汇票的定义及特征

根据我国《票据法》的定义：汇票是由出票人签发的、委托付款人在见票时或者在指定日期无条件支付确定的金额给收款人或者持票人的票据。

汇票有如下几个特征：

（1）汇票是由出票人签署的书面文件，是票据的一种，具有票据的法律特征。

（2）汇票是委托支付票据。

（3）汇票的付款必须是无条件的。

（4）汇票的金额必须是确定的。

（5）汇票关系中有三个基本当事人：出票人、付款人和收款人。

2. 汇票的种类

（1）按付款时间不同可分为即期汇票和远期汇票。即期汇票是指汇票上规定见票后立即付款的汇票；远期汇票时规定付款人于一个指定的日期或在将来的一个可确定的日期付款的汇票。远期期限又分为将来固定日付款、出票后××天付款和见票后××天付款三种不同情况。

①将来固定日付款的汇票，如 on 1st May, 2007, pay to ……。

②出票日后××天付款的汇票，如 at 60 days after date, pay to the order of ……。

③见票日后××天付款的汇票。如 at 60 days after sight, pay to the order of ……。此见票日是指付款人承兑汇票之日。

（2）按照出票人的不同可分为商业汇票和银行汇票。银行签发的汇票为银行汇票，银行汇票的出票人和付款人都是银行。在国际结算中，银行汇票签发后，一般交汇款人，有汇款人寄交国外收款人向指定的付款银行取款。由工商企业签发的汇票为商业汇票。付款人可以是工商企业，也可以是银行。在国际结算中，商业汇票通常是由出口人开立，向国外进口人或银行收取货款时使用。

（3）按照汇票是否随附单据可分为跟单汇票和光票。跟单汇票时附有提单等货运单据的汇票，跟单汇票的付款以附交货运单据为条件，汇票的付款人要想取得货运单据以提取货物，必须付清货款或提供一定的担保。国际贸易中的货款结算，多数使用跟单汇票。光票就是不附带货运单据的汇票。在国际结算中，一般仅限于在贸易中从属费用、货款尾数、佣金等支付时使用，银行汇票大多是光票。

3. 汇票的项目内容与格式

汇票是一种要式证券，法律对汇票所记载的必要项目作了明确规定，票据的开立需按照一定的格式并载明必要的事项才成为有效票据，才能使票据产生法律效力，汇票示样如图 3-4 所示。

BILL OF EXCHANGE

NO. S00000190   Dated   2017-03-05

Exchange for   USD   21840.00

     At   Sight of this FIRST of Exchange

（Second of exchange being unpaid）

Pay to the Order of   BANK OF CHINA

The sum of   USD TWENTY ONE THOUSAND EIGHT HUNDRED AND FORTY ONLY

Drawn under L/C No.   002/0000154   Dated   20170305

Issued by   THE BANK OF TOKYO-MITSUBISH, LTD.

To THE BANK OF TOKYO-MITSUBISH, LTD.

   2-10-22 Kayato Bldg 4F, Akebonocho Tachikawa Shi,

Tokyo   CHINA DESUN TRADING CO., LTD

                                       （Authorized Signature）

图 3-4 汇票示样

（1）表明"汇票"字样。《日内瓦统一票据法》要求汇票注明 Draft 或 Bill of Exchange 或 Exchange 的字样，以便将汇票与本票、支票加以区别。

（2）无条件支付命令。票据必须采用书面形式表达无条件的支付命令，表明票据的支付不附加任何条件；也不能使用商量和请求的语气，从而使得收款人可以向付款人提示汇票，并要求其付款。否则该汇票将是无效的。

（3）确定的金额。表明出票人要求付款人应支付的一定数量的某种货币。在汇票中，付款金额应是一个确定数，这样才便于持票人向付款人提示汇票要求付款。汇票的金额包括大写和小写两个部分，两者应一致。

（4）出票的日期和地点。汇票上记载的出票日期具有法律意义，可以起到三个作用：一是用来判定出票人出票时的行为能力；二是可以计算远期汇票的付款到期日；三是用来确定汇票提示是否过期。出票地点关系到汇票的法律适用问题，一般出票地点都是出票人所在地。

（5）出票人及其签章。出票人（Drawer）是指签发并交付汇票的当事人。出票人一旦在票据上签章，就确定了其票据债务人的地位，他要对票据负付款责任。

（6）付款人。付款人（Payer）是出票人出票时指定的汇票付款人或汇票承兑人，即在"To"项下指定的人。付款人作为票据上记载的债务人，其名称和地址应成为汇票的一个必要事项，而且必须书写清楚不得有误，以便持票人向其提示付款或承兑的要求。付款人是无条件接受支付命令的当事人，他可以拒付，也可指定担当付款人付款。

（7）付款时间和付款地点。付款日期又称到期日，是指汇票的出票人要求付款人向收款人支付一定金额的时间。汇票上应当记载付款期限，如果没有付款，则被视为即期付款。

付款地是汇票金额的支付地点。付款地是出票人向付款人提示付款的地点、是付款人向出票人解付款项的地点、是付款人向出票人承兑远期汇票的地点。如汇票未记载付款地，以付款人所在的营业场所、住所或者经常居住地为付款地。

（8）收款人或指定人。收款人（Payee）可以理解为俗称的抬头（Title），收款人是出票人要求付款人无条件支付款项的对象，即在 pay to 项下指定的人，他是汇票第一债权人。我国《票据法》规定不记载收款人名称的汇票是无效的。

根据出票人的书写格式不同，汇票上的收款人主要有以下三种情况：

①限制性抬头。它是指出票人要求付款人支付款项给唯一某收款人，如：

a. PAY TO C COMPANY ONLY.

b. PAY TO C COMPANY, NOT TRANSFERABLE.

c. PAY TO C COMPANY, NOT NEGOTIABLE.

由于汇票上的支付对象被限制为某一人，其他任何人均不得作为收款人，因此这套汇票也就不可以流通转让。这种带有限制转让字样的汇票，不能以票据的背书的方式转让，而只能以民法的债权让与的方式转让。

②指示性抬头。它是指出票人要求付款人支付款项给某人或某人的指定人的汇票。如：

a. PAY TO THE ORDER OF C COMPANY ONLY.

b. PAY TO THE ORDER OF C COMPANY.

c. PAY TO C COMPANY OR ORDER.

这种汇票可以背书转让。

③来人抬头（BEARER ORDER，或无记名抬头）。所谓来人是指持有汇票作为收款人向付款人要求付款的人（而不必是被背书人）。这种汇票不记载收款人名称，而只写"付给持票人"，常见的记载方法有：

a. PAY TO BEARER.

b. PAY TO C COMPANY OR BEARER.

这种汇票可以流通转让，而且仅凭交付不需背书就可转让。

在实际业务中，汇票的抬头大多做成指示性抬头。

（9）其他项目。在贸易中，汇票在开立时还会有其他一些项目内容：

①表示正本汇票，"付一不付二"条款。汇票上一般在醒目位置上印着"1""2"字样，表示第一联和第二联。付款人只对其中一份承兑或付款，当对其中的一份承兑或付款后，另一份随即作废。因此有"付一不付二"条款。

②出票依据。即汇票上的出票条款，例"凭（Drawn Under）××银行、凭信用证号码

（L/C No.）……"等。

③汇票号码。跟单汇票的号码一般使用发票号，便于单证的查阅和引用。

④汇票的票据行为和程序。票据行为是指票据的流通和使用的程序，一般有：出票、提示、承兑、付款、背书、拒付、追索等。

a. 出票。出票（Issue）即汇票的签发，是指出票人按照一定要求和格式签发汇票并将其交付他人的一种行为。出票是汇票涉及的基本票据行为，出票包括两个环节：一是做成汇票，并由出票人本人或授权人签章；二是将汇票交付给收款人。若出票人仅有"签发汇票"的行为而无"交付他人"的行为，汇票才得以流通转让，否则"签发汇票"的行为是毫无意义的。

特别注意的是：汇票一经签发，在汇票得到付款人的承兑前，出票人就是该汇票的主债务人，对持票人而言，便取得了票据上的一切权利，包括付款请求权和遭遇退票的追索权。

b. 提示。提示（Presentation）是指持票人向付款人出示票据，要求其履行票据义务的行为，也就是持票人要求票据权利的行为。各国票据法规定，持票人应在规定的时间内（称为提示期限）向付款人提示汇票要求付款或承兑，否则，持票人就丧失对其前手及出票人的追索权。提示分为两种：付款提示，持票人向付款人提交汇票，要求付款；承兑提示。如果是远期汇票，持票人向付款人提交汇票，付款人见票后办理承兑手续，到期时付款。

c. 承兑。承兑（Acceptance）是指远期汇票的付款人在持票人提示的汇票正面签章，从而承诺在该远期汇票的到期日向付款人支付汇票金额的一种票据行为。只有远期汇票需要承兑。

付款人对远期汇票一经承兑就成为远期汇票的承兑人，承兑人即成为远期汇票的主债务人（原出票人成为远期汇票的次债务人），需保证在汇票的到期日按汇票的文义付款，而不能以其他理由否认汇票的效力。如出票人伪造签章、出票人不存在、出票人未经授权等。

d. 付款。付款（Payment）是指汇票的付款人于汇票到期日支付汇票金额以终止票据权利的行为。即对于即期汇票（或远期汇票），汇票的持票人向付款人提示汇票（或承兑后汇票到期时再次提示）时，请求付款，付款人付款并收回汇票，终止汇票的当事人之间的一切法律与合约关系。

付款是汇票的流通和使用程序中的最后一个环节，即票据行为的最后一个行为。

e. 背书。背书（Endorsement）是指持票人的在票据背面签名，以表明转让票据权利的意图，并交付给受让人的行为。即背书的目的是为了转让票据权利。汇票经收款人背书后，收款人则成为背书人，受让人则成为被背书人。

f. 拒付。拒付（Dishonour）又称退票，它包括两种情况：一是持票人要求承兑时，遭到拒绝承兑；二是持票人要求付款时，遭到拒绝付款。此外，事实上不可能付款，如付款人的破产、倒闭、死亡等也属于拒付。一旦发生拒付，持票人应及时向其前手发出书面的退票通知（或拒付通知）。

g. 追索。追索（Recourse）是汇票遭拒付时持票人要求"前手"偿还票款和费用的行为。汇票遭到拒付时，持票人对其"前手"有请求其偿还汇票金额及费用的权利，这种权利称为追索权。

（三）本票

1. 本票的定义与内容

本票（Promissory Note）是出票人签发的，承诺自己在见票时无条件支付确定的金额给收款人或者持票人的票据。本票可以看作是汇票的一个特例。当汇票中的出票人与付款人是同一人时，汇票所体现的无条件支付"命令"也就成为一种无条件支付"承诺"，此时的汇票就是本票。

本票的内容包括：表明"本票"的字样；无条件支付的承诺（Promise to pay to …）；付款金额；付款期限（如未记载，视同见票即付）；付款地（如未记载，以出票地或者出票人住所为付款地）；收款人或者其指定人；出票日以及出票地；出票人及签章。

2. 本票的种类

（1）根据出票人的不同，可分为商业本票和银行本票。商业本票是指由公司、企业或者个人签发的本票，银行本票是指由银行签发的本票。依据我国的《票据法》，本票只能由银行签发，所以在我国只有银行本票。

（2）根据付款期限的不同，可分为即期本票和远期本票。远期本票与远期汇票一样，还可分为将来确定时间、出票后若干天、见票后若干天付款的远期本票。我国《票据法》规定付款期限为见票即付（只有即期本票），而且只能由银行签发，所以，在我国只有银行即期本票。

3. 本票与汇票的区别

本票与汇票的区别见表3-24。

表3-24　本票与汇票的区别

汇票	本票
汇票是一个付款命令	本票是一个付款承诺
汇票是三方票据	本票是两方票据
远期汇票需要做承兑	本票不需要
承兑前，出票人对票据承担第一性的付款责任；承兑后，受票人（承兑人）对票据承担第一性的付款责任	本票的出票人一直对本票承担第一性的付款责任
汇票一般一式两份	本票只出一份
当外国汇票被拒付时，需做拒绝证书，以保留对前手的追索权	本票不需要

（四）支票

1. 支票的定义

简单来说，支票（Cheque）是以银行为付款人的即期汇票。详细来说，支票是银行客户开出的，由银行客户签字，授权银行对某特定的人或其指定人或者持票来人即期支付一定货币金额的书面的无条件支付命令。

2. 支票的特性

支票与汇票、本票不同的特性主要有两个方面：一是支票的付款人为办理支票存款业务的银行或者其他金融机构，二是支票限于见票即付。

资料卡

支票存款账户的开立要求

（1）申请人向办理支票存款业务的银行，申请开立支票存款账户必须使用其本名。

（2）申请人应当存入一定的现金。

（3）申请人应当预留其本名的签名式样和印章。

3. 支票应记载事项

我国票据法规定，支票必须记载下列事项：支票字样，无条件支付命令，确定的金额，收款人名称，出票日期及出票人签章。

4. 支票的种类

（1）按照收款人的不同分，可以分为记名支票和不记名支票。

依据支票的抬头空白与否，可分为：记名支票（Cheque to Order）和无记名支票（Cheque to Bearer）。记名支票是出票人在收款人栏中注明"付给某人"，"付给某人或其指定人"。这种支票转让流通时，需由持票人背书，取款时需由收款人在背面签字。

无记名支票是没有记明收款人名称或只写付来人的支票。任何人只要持有此种支票，即可要求银行付款，且取款时不需要签章。银行对持票人获得支票是否合法不负法律责任。

（2）按照支票的支付方式不同可分为现金支票和转账支票。

现金支票是出票人签发的，委托其开户银行向收款人在见票时无条件支付确定金额的现金的票据。转账支票是出票人签发给收款人办理结算或者委托开户银行向收款人付款的票据，只能用于转账，不能提取现金。

（3）按照支票是否划线可分为划线支票和普通支票。

对于划线支票（Crossed Cheque），支票的持票人不能凭支票在付款行提现，而只能委托银行转账（将款项转入指定的账户）；而普通支票，支票的持票人既可以通过银行将款项转入指定账户，也可以凭支票在付款行提现。

5. 支票与汇票的不同

（1）支票是"委托银行"付款，汇票是"命令他人"付款，本票是"承诺自己"付款。

（2）支票的出票人和付款人之间事先就有储户关系，而汇票没有。支票的付款人只能是银行（仅当出票人开立账户并有足额存款时），汇票的付款人不一定。

（3）支票的制票人是银行，支票的出票人必须是银行的储户。

（4）支票只有即期付款，而没有远期付款，因而没有承兑。汇票有即期、远期之分，因此有承兑行为。

（5）支票可以由付款银行加注"保付"，而汇票没有保付的做法。

（6）支票的出票人始终是主债务人（除非付款银行加注"保付"字样并签章），而远期汇票的主债务人在承兑前是出票人，在承兑后远期汇票的主债务人则是承兑人。

（7）支票的出票人可以止付，而汇票一旦被付款人拒付，出票人承担被追索的责任，而远期汇票一经承兑，承兑人不可到期止付。

（8）支票只能开出一张，而汇票是开出一套。

（9）支票记载的款项既可以转账又可以提现（提取现钞），通过划线来加以限制。而汇票不能划线，汇票记载的款项只能转账而不能提现。

资料卡

预防票据诈骗

需要注意的是，由于票据管理、使用和鉴别还存在许多问题，一些社会上的不法分子把票据诈骗作为他们的生财之道，他们主要通过伪造票据、变造票据和"克隆"票据等方式来进行诈骗。因此我们在进行国际结算时，对大额款项的支付或有疑问的票据，要立即要求银行查询；选择资金雄厚、信誉较好的贸易伙伴；认真履行合同，避免给对方留有不付款的理由；注意掌握货物的所有权。

二、国际贸易结算方式——汇付与托收

（一）汇付

1. 汇付的含义与当事人

（1）汇付的含义。汇付（Remittance）也称汇款，是银行（汇出行）应付款人要求，以一定方式将款项通过代理行（汇入行）交付给收款人的结算方式。其流程见图3-5：

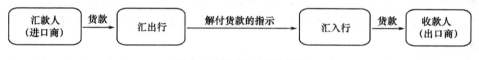

图3-5　汇付方式业务流程

从汇款的流程可以看出，付款人和收款人都不是银行，而是利用银行间的资金划拨渠道，将付款人的资金输送给收款人，以完成双方之间的债权债务的清偿。这种结算方式，由于资金流向和结算工具的流向是一致的，故称为顺汇法。

（2）汇付的当事人。汇款人（Remitter），是委托银行向国外收款人付款的当事人。汇款人负责填具汇票申请书，向银行提供将要汇出的金额，并承担有关费用。

汇出行（Remitting Bank），是接受汇款人委托办理汇款业务的银行。汇出行通常是汇款人所在地银行，其按汇款人要求将款项汇给收款人。

汇入行（Receiving Bank），也称解付行（Paying Bank），是接受汇出行委托，向收款人解付汇入款项的银行。汇入行通常是收款人所在地银行。

收款人（Payee），是接受汇款人所汇款项的当事人。

2. 汇付的种类

根据汇出行通知汇入行付款的方式，或支付授权书、汇款委托书传递方式的不同，汇付可以分为电汇、信汇和票汇三种。

（1）电汇。电汇（Telegraphic Transfer，T/T），是银行应汇款人的申请，由汇出行拍发加押电报或电传或SWIFT电文等电讯方式指示其在国外的分行或代理行（汇入行），要求其

支付一定金额给收款人的结算方式。

资料卡

SWIFT 介绍

SWIFT（Society for Worldwide Interbank Financial Telecommunications，环球同业银行金融电讯协会），是一个国际银行间非营利性的国际合作组织，该组织将全球银行间电信数据的格式进行了统一。总部设在比利时的布鲁塞尔，同时在荷兰阿姆斯特丹和美国纽约分别设立交换中心（Swifting Center），并为各参加国开设集线中心（National Concentration），为国际金融业务提供快捷、准确、优良的服务。SWIFT 运营着世界级的金融电文网络，银行和其他金融机构通过它与同业交换电文（Message）来完成金融交易。除此之外，SWIFT 还向金融机构销售软件和服务，其中大部分的用户都在使用 SWIFT 网络。

电汇所使用的电讯方式经历着由电报—电传—SWIFT 通信方式逐渐演变过程。由于 SWIFT 具有传递速度快、准确性强、收费合理、操作规范及方便等特点，因此，SWIFT 通信方式已被各国广泛应用，并逐渐取代电报/电传。

使用电汇时，汇款人向汇出行提出申请，汇出行据此拍发加押电报、电传或 SWIFT 给另一国的代理行/分行（汇入行），并将电报证实书寄给汇入行作为汇入行核对电文之用。汇入行核对密押后，缮制电汇通知书，通知收款人取款，收款人收取款项后出具收据作为收妥汇款的凭证。汇入行解付汇款后，将付讫借记通知书寄给汇出行进行转账，一笔汇款业务得以完成。

这种方式快捷、简便，虽银行手续费用相对较高，但由于适应电子化的高速发展，因此，在国际款项的结算中被广泛应用。

（2）信汇。信汇（Mail Transfer，M/T）是指汇出行应汇款人的申请，将信汇付款委托书或支付委托书寄给汇入行，授权解付一定金额给收款人的一种汇款方式。

使用信汇时，汇款人向汇出行提出汇款申请并交款付费给汇出行，取得信汇回执。汇出行以航空信函将信汇委托书寄汇入行，委托其解付货款，汇入行凭以通知收款人取款。收款人在"收款人收据"上签字/盖章后交汇入行，汇入行凭以解付货款，同时将付讫借记通知书寄汇出行，以清算双方债权债务。

信汇的手续费虽较电汇低，但速度较慢，目前较少适用，如美国、加拿大等地区已不接受信汇汇款业务。信汇方式与电汇方式类似，只是汇出行不适用 SWIFT 或电传，而是使用付款委托书通过航空邮寄交汇入行。信汇、电汇业务程序如图 3-6 所示。

①汇款人填写汇款申请书向汇出行提出申请，注明汇款方式为电汇/信汇以及收款人名称、汇款人名称及地址、金额和币种、汇款用途及附言等，签名盖章，并缴费汇款资金及手续费。

②汇出行收妥资金及费用后，以汇款申请书的客户收据联为电汇回执退还给汇款人，从而确立汇出行与汇款人关于该项汇款的委托关系。

③汇出行以 SWIFT 等电信方式（信汇用寄送邮件的方式），向汇入行发出电汇委托书，

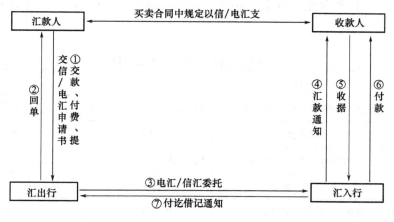

图 3-6　电汇、信汇流程

委托书除应包括汇款申请书所列各项内容外，还应注明汇出行电汇业务编号、密押、偿付指示等。

④汇入行收到电信指令后，核对密押无误，即缮制电汇/信汇通知书致收款人。

⑤收款人持电汇通知书及身份证明到汇入行取款，并提供经签章的收据。

⑥汇入行核对有关凭证无误后解付汇款资金。

⑦汇入行将付讫通知寄送汇出行，同时按偿付指示取得资金偿付。

（3）票汇。票汇（Remittance by Banker Demand Draft，简称 D/D）是汇出行应汇款人的申请，代汇款人开立以其分行或代理行为解付行的银行即期汇票，支付一定金额给收款人的一种汇款方式。简单来说，票汇就是使用银行即期汇票进行汇款。

票汇结算的一般程序是：汇款人填写申请书并交款给汇出行，汇出行开出银行即期汇票给汇款人，由汇款人自行寄送或自己携带出国给收款人。同时汇出行将汇票通知书寄给汇入行，供汇入行在收款人持汇票取款时验对。汇入行确认无误后解付货款给收款人，并将付讫借记通知书寄汇出行，以清算双方债权债务。

票汇多用于小额汇款以及贸易从属费用的结算。票汇支付程序如图 3-7 所示。

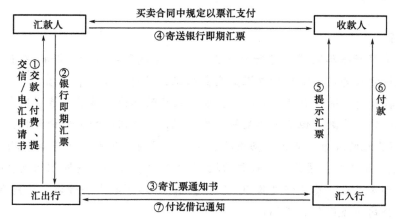

图 3-7　票汇业务流程

（4）电汇、信汇和票汇的比较。电汇、信汇和票汇三种汇款方式各有利弊。比较见表 3-25：

表 3-25　电汇、信汇和票汇比较

比较内容方式	电汇	信汇	票汇
使用的结算工具	电报、电传或 SWIFT，用密押核实	信汇委托书或支付授权书	银行即期汇票
成本费用	收费较高	收费较低	收费较低
安全性	中间环节少，安全性高	邮寄可能遗失，安全性低	汇票有丢失、损毁风险
快捷性和灵活性	最快捷	时间长，手续多	可以流通转让，比较灵活、简便
适用范围	金额大，收款时间紧迫的汇款	现在很少用	金额少，收款时间不紧迫的汇款

3. 汇款方式在国际贸易中的应用

（1）汇款结算方式。汇款结算方式有以下两种：

①预付货款。也称为前 T/T，货到付款是指进口商（付款人）在出口商（收款人）将货物或货运单据交付以前将货款的全部或者一部分通过银行付给出口商，出口商收到货款后，再根据约定发运货物的一种结算方式。

在预付货款的进口业务中，进口商为了减少风险，可以采用"凭单付款"的方法，即进口商通过银行将款项汇给出口商所在地银行（汇入行），并指示该行凭出口商提供的某些商业单据或某种装运证明即可付款给出口商。

②货到付款。也称为后 T/T 或赊销货到付款，与预付货款正好相反，他是进口商在收到货物以后，立即或一定时期以后再付款给出口商的一种结算方式。

（2）汇款结算方式的特点。

①风险大。预付货款或货到付款依据的都是商业信用。对于预付货款的买方及货到付款的卖方来说，一旦付款或发货后就失去了制约对方的手段，他们能否收货或收款，完全依赖对方的信用，如果对方信用不好，很可能钱货两空。因而汇款只在国际贸易结算的一些特殊场合和情况下使用。

☞ **技能训练**

M 公司与俄罗斯一华商蔡某进行皮夹克贸易。受俄罗斯当时经济状况差、外汇管制较紧的影响，支付方式约定为货到后电汇。交易初期，贸易额不大，发货频率为每月一两批，蔡某付款还比较及时。随着贸易额的扩大，发货频率的加快，蔡某以俄罗斯卢布贬值、外汇管制等因素拖欠部分货款，但不久蔡某能以美元现钞付清前面的大部分欠款，其中蔡某曾一次支付近 30 万美元的现钞。双方交易虽存在付款不及时的现象，但是贸易额仍发展到上百万美元。到 2017 年年初，蔡某已累计欠款近 70 万美元，M 公司随即控制发货并催蔡某付清欠款，但至同年 4 月底，蔡某仍欠款 50 多万美元。此后蔡某失去音讯，最终 M 公司损失惨重。请问：M 公司应汲取什么教训？

②资金负担不平衡。对于预付货款的买方及货到付款的卖方来说，资金负担较重，整个交易过程中需要的资金，几乎全部由他们来提供。对于出口商来说，货到付款风险较大，可能会出现钱货两空的情况。

③手续简便，费用少。汇款支付方式的手续是最简单的，银行的手续费也最少，只有一笔数额很少的汇款手续费。因此，在交易双方相互信任的情况下，或者在跨国公司的不同子公司之间，用汇款支付方式还是最理想的。因此，汇款方式尽管存在不足之处，但在国际贸易结算中还会时有运用。

4. 外贸合同中的汇付条款

在国际贸易中使用汇付方式结算支付货款时，交易双方应在买卖合同中规定汇款的金额、具体的汇付方式和汇款的时间等内容，例如：

（1）The buyer shall pay the total value to the seller in advance by T/T.

买方应于×年×月×日前将全部货款用电汇方式汇付给卖方。

（2）The Buyers shall pay the total value to the Sellers in advance by T/T（M/T or D/D）no later than June 25th.

买方应不迟于 6 月 25 日将 100%的合同金额用电汇（信汇或票汇）预付至卖方。

（3）30% of the fee should be paid to the seller by T/T before April 20. The rest should be paid within five days after receipt of the origin of B/L.

买方应于 4 月 20 日前将 30%货款电汇至卖方，其余货款收到正本提单后 5 日内支付。

（二）托收

托收（Collection）是债权人（出口商）开立汇票，委托本地银行通过它在国外的分行或代理行向债务人（进口商）代为收款的一种结算方式。托收方式一般都通过银行办理，所以又叫银行托收。在托收业务中，银行以代办者的身份，依照委托人的指示，既转移资金，又传递单据，在一定程度上代表卖方控制货权，还可以作为买方的融资中介，因此，托收方式较汇付方式使用得更广泛。托收亦属于商业信用。

1. 托收的当事人

托收结算方式的当事人一般有四个：

（1）委托人（Principal），是开立汇票委托银行向国外付款方收款的人，因为是由他开具托收汇票的，所以也称为出票人。

（2）托收行（Remitting Bank），又称出口方银行，是接受委托人的委托，代向付款方收款的银行。

（3）代收行（Collecting Bank），又称进口方银行，是接受托收行的委托，代向付款方收款的银行。

（4）付款人（Payer），汇票指定的付款方，就是汇票的受票人，通常为进口方。

此外，国际商会《托收统一规则》还增加了一个当事人，即提示行（Presenting Bank），是向付款人提示汇票和单据的银行。代收行可以委托与付款人有往来账户关系的银行作为提示行，也可以自己就是提示行。

资料卡

国际商会托收统一规则 (《URC522》)

国际商会为统一托收业务的做法, 减少托收业务各有关当事人可能产生的矛盾和纠纷, 曾于 1958 年草拟《商业单据托收统一规则》。(The Uniform Rules for Collection, ICC Publication No. 322); 1995 年再次修订, 称为《托收统一规则》, 国际商会第 522 号出版物 (简称《URC522》), 于 1996 年 1 月 1 日实施。《托收统一规则》自公布实施以来, 被各国银行所采用, 已成为托收业务的国际惯例。

需要注意的是, 该规则本身不是法律, 因而对一般当事人没有约束力。只有在有关当事人事先约定的条件下, 才受该惯例的约束。

《托收统一规则》(《URC522》) 共 7 部分, 26 条。包括总则及定义, 托收的形式和结构, 提示方式, 义务与责任, 付款, 利息、手续费及其他费用, 其他规定。根据《托收统一规则》规定托收意指银行根据所收的指示, 处理金融单据或商业单据, 目的在于取得付款和/或承兑, 凭付款和/或承兑交单, 或按其他条款及条件交单。上述定义中所涉及的金融单据是指汇票、本票、支票或其他用于付款或款项的类似凭证。商业单据是指发票、运输单据、物权单据或其他类似单据, 或除金融单据之外的任何其他单据。

2. 托收的种类及业务程序

根据是否附带商业单据, 托收可以分为光票托收和跟单托收。光票托收 (Clean Collection) 是指卖方仅开立汇票而不附带商业票据 (主要是货运单据), 委托银行收取款项的一种托收结算方式。光票托收的汇票, 可以是即期汇票, 也可以是远期汇票。如果是即期汇票, 代收行应于收到汇票后, 立即向付款人提示, 要求付款。如果是远期汇票, 代收行应在收到汇票后, 向付款人提示, 要求承兑, 以肯定到期付款的责任。承兑后, 代收行收回汇票, 于到期日再作提示, 要求付款。光票托收一般用于收取货款尾数、代垫费、佣金、样品费、寄售费或其他贸易从属费用。跟单托收 (Documentary Collection) 是由卖方开立跟单汇票 (即汇票连同一整套货运单据一起) 交给银行, 委托银行代收货款。国际贸易中货款收付大多采用跟单托收。根据交付单据条件的不同, 跟单托收可以分为付款交单和承兑交单两种。

(1) 付款交单。付款交单 (Documents Against Payment, D/P), 是指卖方交单以买方付款为条件。即出口人发货后, 取得货运单据, 委托银行办理托收, 并在托收委托书中指示银行。只有在进口人付清货款后, 才能把货运单据交给进口人。付款交单按付款时间不同, 又可分为即期付款交单和远期付款交单两种方式。

即期付款交单 (D/P at sight): 凭即期汇票付款或者简单地凭付款而交出单据。办理此类业务时, 出口商必须在托收申请书中指示托收行在进口方付清款项后才能向其交单。其业务流程如图 3-8 所示。

①进出口商约定结算方式为即期付款交单。

②出口商 (委托人) 装运货物, 填写托收申请书, 开立即期汇票连同商业单据交给托收行。

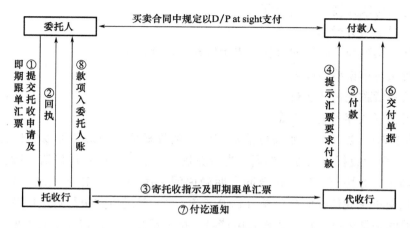

图 3-8 即期付款交单流程

③托收行核对单据，填写托收委托书，将汇票、商业单据一并交给代收行。

④代收行向付款人提示，要求付款。

⑤付款人付款。

⑥代收行交单。

⑦代收行将货款交付托收行。

⑧托收行将货款交付委托人。

远期付款交单（D/P after sight），是指出口人发货后开具远期汇票连同货运单据，通过银行向进口人提示，进口人审核无误后即在汇票上进行承兑，其于汇票到期日付清货款后银行再交出货运单据。远期付款交单的业务流程如图 3-9 所示。

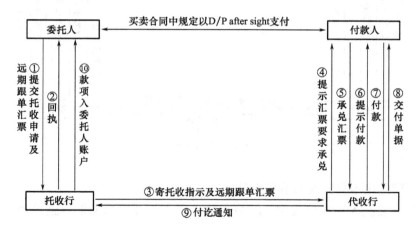

图 3-9 远期付款交单流程

①进出口商约定结算方式为远期付款交单。

②出口商（委托人）装运货物，填写托收申请书，开立远期汇票连同商业单据交给托收行。

③托收行核对单据，填写托收委托书，将汇票、商业单据一并交给代收行。

④代收行向付款人提示，要求承兑。

⑤付款人对汇票进行承兑。

⑥⑦远期汇票到期代收行向付款人提示付款，付款人付款。

⑧代收行交付单据给付款人。

⑨代收行将货款交付托收行。

⑩托收行将货款存入委托人账户。

在远期付款交单条件下，如果付款日期晚于到货日期，进口商可以凭信托收据（Trust Receipt，T/R）向代收行借取货运单据，先行提货，于汇票到期日再付清货款，换回信托收据（但需要与出口方协商一致，在合同中明确说明采用 D/P. T/R 方式结算）。这种结算方式称为"远期交单·凭信托收据借单（D/P. T/R）"，是进口方银行对进口商提供的一种资金融通。这种做法是出口人在办理托收申请时，指示银行允许进口商承兑汇票后可以凭信托收据借单提货，即凭信托收据向进口商借单是由出口商授权的，日后进口商到期拒付时，则与银行无关一切风险由出口人自己承担。

（2）承兑交单（D/A）。承兑交单（Documents against Acceptance，D/A），即代收行向进口商提示远期汇票和单据，进口商承兑后代收行留下已承兑的汇票，将代表货物所有权的全套单据交给进口方，待汇票到期日再付款。承兑交单的方式只适用于远期汇票。承兑交单的业务程序如图 3-10 所示。

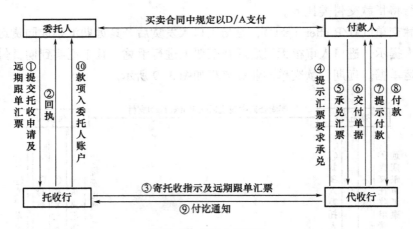

图 3-10　承兑交单流程

①进出口商约定结算方式为承兑交单。

②出口商（委托人）装运货物，填写托收申请书，开立远期汇票连同商业单据交给托收行。

③托收行核对单据，填写托收委托书，将远期汇票、商业单据一并交给代收行。

④代收行向付款人提示，要求承兑。

⑤付款人承兑汇票。

⑥代收行交付单据给付款人。

⑦⑧等到汇票到期日，代收行对付款人进行提示付款，然后付款人付款。

⑨代收行将货款交付给托收行。

⑩托收行交货款交付委托人。

承兑交单对进口商很有利，因为其承兑后即可取得提单，若销售顺利，至汇票到期日应付款时，货物已经售出，可以不必使用自有资金，对进口商加速自有资金周转有利。

承兑交单对出口商风险很大，因为承兑交单后，尽管进口商对汇票金额承诺一定时期后支付，但并没有真正付款。进口商承兑汇票后，即可取得货运单据，并凭以退货，而对出口商来说，因已交出了物权凭证，其收款的保障只能取决于进口商的信用。如果进口商到期拒付，出口商就可能遭受货物与货款两空的损失。

上述远期付款交单（D/P after sight）与远期承兑交单（D/A）相比，远期付款交单方式相对于出口商收款的风险要小一些。因为在远期付款交单方式下，进口商通常在未付款前不能取得货运单据，不能掌握货物，如果到期日汇票遭到拒绝，代表货物所有权的货运单据仍在代收行手中，出口商仍然有对货物的支配权。所以，远期付款交单方式对出口商收款来说相对安全些。

☞ 技能训练

（1）D/P at 30 days after sight 与 D/A at 30 days after sight 有何不同？

（2）某外贸公司与某美籍华人客商做了几笔顺利的小额交易后，付款方式为预付。后来客人称销路已经打开，要求增加数量，可是，由于数量太多，资金要是周转不开，最好将付款方式改为 D/P AT SIGHT。当时我方考虑到 D/P AT SIGHT 的情况下，如果对方不去付款赎单，就拿不到单据，货物的所有权归我方所有。结果，未对客户的资信进行全面调查，就以此种方式发出了一集装箱的货物，金额为 3 万美元。后来，事情发展极为不顺。货物到达目的港后，客户借口资金紧张，迟迟不去赎单。10 天后，各种费用相继发生。考虑到这批货物的花色品种为客户特别指定，拉回来也是库存，便被迫改为 D/A 30 天。可是，客户将货提出之后，就再也没有音信。到涉外法律服务处与讨债公司一问才知道，到美国打官司费用极高。于是只好作罢。

请问该外贸公司应汲取哪些教训？

3. 托收方式下的资金融通

（1）出口押汇。出口方收款人采用托收为结算方式并将单据交出口地托收行，在收回货款前，要求托收行先预支部分或全部货款，待银行收妥款项后归还银行垫款的一种融资方式。融资比例一般是发票价值的 80% 左右，各银行有各自的规定。还款来源在正常的情况下是托收的收款，企业在不能正常收回货款的情况下，必须偿还给银行押汇本金及利息。

（2）信托收据。信托收据就是进口商借单时提供的一种书面信用担保文件，用来表示愿意以代收行的委托人身份代为提货、报关、存仓、保险或出售，并承认货物所有权仍属银行。货物出售后所得的货物，应于汇票到期时交银行。如果代收行因借出单据而遭受损失，借单人负责赔偿，代收行可以随时取消信托收据，收回货物。

代收行凭进口商"信托收据（T/R）"给予进口商提货便利，从而向进口商融通资金的银行业务。具体做法是：由进口商出具"信托收据"向代收行借取货运单据，先行提货。

这实际上是代收行向进口商提供的一种融资方式，使进口方在未付款的条件下提取货物，以便出售，售得货款后偿还代收行，换回信托收据。

信托收据是代收行向进口商提供的信用便利，如果接单人（进口商）到期不能付款，代收行就要代为付款，因此，代收行借出单据承担了一定的风险。

（3）凭银行担保提货。在进口贸易中，货物到达目的地而单据未到时（近洋贸易），进口商征得运输公司（承运人）同意后，凭银行担保书提货的方式。这也是银行向进口商提供融资的一种方式，担保提货业务适用于跟单托收和信用证结算方式。

4. 托收结算方式的特点

（1）比汇款结算方式安全。由于付款及交货方式的变化，使得进出口双方的安全性均有提高。出口商通过控制单据来控制货物，一般不会遭受"银货两空"的损失，比货到付款和赊销安全；进口商只要付了款或进行了承兑，即可得到货权单据，从而得到货物，比预付货款安全。

（2）结算的信用仍是商业信用。跟单托收的信用基础仍是商业信用，因为进出口双方能否取得合同规定的货款或按期收到合同规定的货物完全取决于对方的资信。托收中的银行只是一般的代理人，它们对托收过程中遇到的风险、费用和意外事故等不承担任何责任。

（3）资金负担仍不平衡。托收的资金负担仍不平衡，但比汇款结算有所改善且可融资。托收结算方式中，出口商的资金负担较重，在进口商付款之前，货物占用的资金都由出口商来承担；进口商基本没有资金负担。

（4）比汇款结算方式的手续稍多、费用稍高。从两者的业务流程可以看出，托收比汇款的流程更复杂，其手续也就稍多一些，费用也会略高一些。

5. 托收风险的防范

（1）争取有利的贸易术语。出口商争取以 CIF 或 CIP 条件成交，由出口商办理保险手续，如限于进口商所在国的规定，必须由买方办理保险，卖方应另行加保"出口信用险""特定买方保险"。

（2）严格按合同发货和制单。出口商要严格按照出口合同规定装运货物、缮制单据，以防止被进口商以各种理由拒付货款。

（3）做好对进口国和进口商的调查。出口商事先了解好进口国的贸易管制、外汇管制、商业习惯、海关手续和管理、银行业务等情况。另外，务必认真调查进口人的资信情况、经营规模和财务情况等，并控制好成交金额，防止大金额的托收。

（4）可以办理"保付代理"业务。出口商在货物装船后立即将发票、汇票和提单等有关单据卖给承购应收账款的财务公司或专门组织，收进全部或部分货款，从而取得资金融通。此外，还可以运用各种结算方式，将托收结算与信用证结算、买方预付部分货款、银行保函、付款担保书等节后使用。

6. 合同中的托收条款

在业务中采用托收方式结算时，交易双方应就使用的汇票类型、交单条件、付款时间等问题加以约定。托收有多种方式，采用不同的托收方式，在合同条款的规定上有所不同。

（1）Upon first presentation the buyers shall pay against documentary draft drawn by the sellers at sight. The shipping documents are to be delivered against payment only.

买方凭卖方开具的即期跟单汇票，于第一次见票时立即付款，付款后交单。

（2）The buyers shall duly accept the documentary draft drawn by the sellers at ×× days sight upon first presentation and make payment on its maturity. The shipping documents are to be delivered against payment only.

买方对卖方开具见票后××天付款的跟单汇票，于第一次提示时即承兑，并应于汇票到期日予以付款，付款后交单。

（3）The Buyers shall duly accept the documentary draft drawn by the Sellers at 60 days sight upon first presentation and make payment on its maturity. The shipping documents are to be delivered against acceptance.

买方对卖方开具的见票后60天付款的跟单汇票，于提示时应即予以承兑，并应于汇票到期日即予付款，承兑后交单。

三、国际贸易结算方式——信用证

（一）信用证的概念与当事人

1. 信用证的概念

信用证（Letter of Credit，L/C）是银行有条件的付款承诺。是指开证银行根据开证申请人的请求和指示，向受益人开立的、有一定金额的、并在规定期限内凭规定的单据在指定支付地点的书面文件。简单来说，信用证就是一种银行开立的有条件的承诺付款的保证书。

资料卡

《跟单信用证统一惯例》（《UCP600》）

国际商会在1930年拟定了《跟单信用证统一惯例》（简称UCP）作为国际商会74号出版物，建议各国银行采用。此后，该惯例经过多次修订，1983年修订本简称UCP400，1994年开始实施《UCP500》，2006年通过了《UCP600》，修订后的《UCP600》概念描述更为准确清楚，并且大大便利了国际贸易及结算的顺利进行。目前，《UCP600》已被170多个国家和地区的银行接受，成为全球作重要的惯例之一。

从信用证的定义可以看出，采用信用证方式结算时，只要出口人按信用证要求提交符合要求的单据，银行即保证付款。由于银行承担保证付款责任，所以，信用证性质属于银行信用，信用证结算方式是建立在银行信用基础上的。

2. 信用证的当事人

根据以上信用证的定义，信用证业务有三个基本当事人，即开证人、开证银行、受益人。此外，根据需要还会有其他当事人：如通知行、议付行、付款行、偿付行、保兑行、承兑行等。

（1）开证申请人（Applicant），是指向银行申请开立信用证的人，即进口人或实际买主。申请人应根据合同条款，在合理的时间内开出信用证。当符合信用证条款的单据到达开证行时，要及时付款赎单。赎单后，进口商便拥有货权，等货物抵达时，可以去提取货物。但如果单据与信用证条款不符合，进口商有权拒绝付款赎单。

（2）开证银行（Opening Bank，Issuing Bank），是指接受开证申请人的委托，开立信用证的银行，它承担保证付款的责任，开证行一般是进口人所在地的银行。开证行应根据开证申请书的条款，正确、完整、及时地开出信用证。信用证开出后，开证行在单证相符的情况下承担第一性的付款责任。

（3）受益人（Beneficiary），是指信用证上所指定的有权使用该证的人。即出口人或实际供货人。受益人同时还是信用证汇票的出票人、货物运输单据的托运人。

（4）通知银行（Advising Bank，Notifying Bank），是指受开证行的委托，将信用证转交出口人的银行。它只证明信用证的真实性，并不承担其他义务。通常是出口人所在地的银行。

（5）议付银行（Negotiating Bank），是指愿意买入受益人跟单汇票的银行。它可以是指定的银行，也可以是非指定的银行，由信用证的条款来决定。

议付，又称押汇，是在议付信用证项下，受益人依据信用证规定发货和备齐单据后，将单据交到议付行，一方面请其向开证行或其他指定银行收取货款，另一方面请其融通资金，将货款先行垫付受益人。只要单据与信用证要求相符，且开证行的资信良好，议付行一般都会同意垫付货款，即押汇成立。因此，议付实际上包含委托代收货款和凭单抵押借款两重意思。

（6）付款银行（Paying Bank，Drawee Bank），是指信用证上指定的付款银行。一般是开证银行，也可以是它指定的另一家银行，根据信用证的条款来决定。

（7）保兑银行（Confirming Bank），是指根据开证银行的请求在信用证上加以保兑的银行。保兑银行在信用证上加具保兑后，即承担与开证行同样的责任，就对信用证负独立的、确定的付款责任。

（8）偿付银行（Reimbursing Bank），是指接受开证银行在信用证中的委托，代开证行偿还垫款的第三国银行，即开证行指定的对议付行或代付行进行偿付的代理人。

（二）信用证的主要内容

信用证虽然没有统一的格式，但其基本项目是相同的（信用证示例见本任务附录示样3-4）主要包括以下几方面：

（1）对信用证本身的说明。包括信用证的种类、性质、金额及其有效期和到期地点等。

（2）货物的记载。货物的名称、品质规格、数量、包装、价格等。

（3）运输的说明。包括装运的最迟期限、启运港（地）和目的港、运输方式、可否分批装运和可否中途转船等。

（4）对单据的要求。包括单据的种类和份数。

（5）特殊条款。根据进口国政治、经济、贸易情况的变化或每一笔具体业务的需要，可能做出不同的规定。

（6）责任文句。开证行对受益人及汇票持有人保证付款的责任文句。

（三）信用证的业务流程

进出口商签订买卖合同，并约定以信用证方式进行结算，其典型的业务流程如图

3-11 所示。

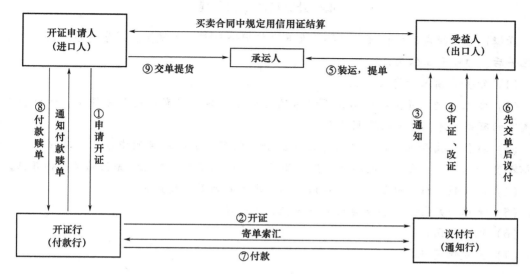

图 3-11　不可撤销议付信用证业务流程

1. 进口商申请开证

进出口双方在贸易合同中，规定使用信用证方式支付货款的，进口人在合同中规定的期限内以开证申请人的身份向当时银行开立信用证。申请开证时，进口人要填写"开证申请书"，以此作为银行开立信用证的依据。申请开证时开证申请人要交纳一定比例的押金和手续费。

"开证申请书"的主要内容包括两部分：一是信用证的内容，如开证行凭单付款时要求出口商提交哪些单据，二是开证人对开证行所做的声明，该声明明确申请人与开证行之间的权责关系，如申请人承认在其付清货款前，银行对单据及其所代表的货物拥有所有权；承认银行可以接受"表面上合格"的单据，对于伪造单据、货物与单据不符等银行概不负责等。具体包括以下项目：申请人、开证行、申请书日期、交单的有效日期和地点、受益人、信用证开立方式、信用证种类、保兑、金额、使用信用证的指定银行、分批装运、转运、货物保险、运输细节、货物描述、贸易条件、单据要求、交单日期、附加指示、资金结算及申请人签章。

2. 开证行开出信用证

开证行开立信用证之前要对申请人的资信状况进行调查，并对申请人提交的开证申请书进行审核，在审核通过后，就可以向受益人开立信用证了。开证行所开信用证的条款必须与开证申请书所列一致。开证行一般将信用证通过通知行通知或转交给受益人。

根据信用证信息的传递方式，信用证可以分为信开信用证和电开信用证。电开信用证还可以分为简电通知、全电开证和 SWIFT 开证。现在世界上 SWIFT 成员行在开立、修改信用证时几乎都通过 SWIFT 系统进行，标志着跟单信用证业务从纸质信用证时代演变到了电子信用证时代。

资料卡

银行开立信用证的前提

开证行为保护自己的利益和信誉，在开立信用证时都非常谨慎，通常要经过以下几个环节把关后，才能开立信用证：

（1）审查申请人的资信、能力。

（2）售汇。进口开证属贸易项下经常项目用汇，各国都有一些具体规定，开证行应熟悉国家的有关规定，并严格遵照执行。

（3）授信。指开证申请人存入开证保证金。已有开证行授信的申请人，开证行要扣减授信额度，也可以以第三人做担保开证，还可以以承兑汇票或其他担保物品做质押开证。

（4）缮制信用证。开证行按照申请书的要求和指示开立信用证。

（5）选择通知行。一般是自己的分支机构或代理行。

（6）审核信用证。

（7）签发信用证。

3. 通知行向受益人通知信用证

通知行收到信用证后，应立即核对信用证的签字印鉴或密押，还要审查信用证的条款，在信用证条款完整、清楚的情况下，除留存副本或复印件外，需迅速将信用证还交给受益人。如果收到的信用证是以通知行为收件人的，通知行应以自己的通知书格式照录信用证全文通知受益人。

4. 受益人审查、修改信用证

受益人收到信用证后，应立即进行认真审查，主要审核信用证中所列的条款与买卖合同中所列的条款是否相符。如发现有不能接受的内容，应及时通知开证人，请求其修改信用证。任何一方对信用证的修改都必须经过各方当事人的同意才能生效。由出口方提出修改时，出口方应请进口方向开证行申请修改，再由原开证行开出信用证修改书经通知行通知受益人；由进口方提出修改时，也应由进口方向开证行申请，然后开出信用证修改书经原开证行通过通知行通知受益人。

受益人在要求修改信用证时，应拟写改证函，将需要修改的地方一一指出来，同一份信用证中的多处条款的修改，应做到一次向对方提出。改证函寄给开证行申请人，由开证申请人请开证行改证。信用证的修改采用修改通知书的形式，修改通知书应通过原证的通知行转递或通知。

《UCP600》对信用证修改的相关规定包括：

（1）开证行自发出修改之时起，即不可撤销地受其约束。

（2）在受益人告知通知修改的银行其接受该修改之前，原信用证（或含有先前被接受的修改的信用证）的条款对受益人仍然有效。

（3）受益人应提供接受或拒绝修改的通知。如果受益人未能给予通知，当交单与信用证以及尚未表示接受的修改的要求一致时，即视为受益人已做出接受修改的通知，并且从此时起该信用证被修改。

（4）受益人对同一修改的内容不允许部分接受，部分接受将被视为拒绝修改的通知。

5. 受益人装船发运，缮制单据

受益人经审证无误或收到修改通知书确认后，应立即根据信用证规定发运货物，在货物发运完毕后取得信用证规定的全部单据。开立汇票和发票。

6. 先交单，后议付

受益人备妥全部单据后，连同信用证正本在信用证规定的交单期或信用证有效期内到银行交单，并要保证提交单据与信用证要求一致。

议付行收到单据后应立即按照信用证规定进行审单，并在收到单据次日起至多五个银行工作日来确定交单是否相符。银行审单仅基于单据本身确定其是否在表面上构成相符。如单证相符，议付行即向受益人进行付款。

资料卡

什么是"相符交单"

《UCP600》第二条定义中规定："相符交单是指与信用证条款、奉惯例的相关适用条款以及国际标准银行实务一致的交单。"受益人提交的单据不但要做到"单证相符、单单一致"。而且要做到与《UCP600》的相关适用条款相一致，还要做到与国际标准银行实务（简称 ISBP）一致，只有同时符合以上三个方面的要求，受益人所提交的单据才是"相符单据"。当开证行确定交单相符时，必须承付；当保兑行确定交单相符时，必须承付或者议付并将单据转递给开证行；当指定银行确定交单相符并承付或议付时，必须将单据转递给保兑行或开证行。

7. 议付行向开证行寄单索偿，开证行审单偿付

议付行办理议付后持有汇票成为善意持票人，议付行可按照信用证条款中有关寄单的规定将单据寄交开证行，并向开证行或其指定的偿付行索偿。索偿是指议付银行根据信用证规定，凭单据向开证行或其指定行请求偿付的行为。

偿付是指开证行或被指定的偿付行向议付行进行付款的行为。开证行收到议付行寄来的单据后，经检查认为构成相符交单，应将票款偿还给议付行。

8. 开证申请人（进口人）付款赎单

开证行在向议付行偿付后，应立即通知开证申请人付款赎单。开证申请人接到通知后，应立即到开证行检验单据，如认为无误，就应将全部货款和有关费用向银行一次付清而赎回单据。银行则返还在申请开证时开证人所交的押金和抵押品。此时开证申请人与开证行之间因开立信用证而构成的债权债务关系即告结束。如果开证人在审核单据时发现单证不符，亦可拒绝付款赎单，但申请人在拒付时只能以单据为依据。

如果开证申请人凭运输单据提货后发现货物与买卖合同不符，与银行无关，其只能向受益人、承运人或保险公司等有关责任方索赔。

9. 申请人提货

申请人赎单后就可以安排提货、验货、仓储等事宜。一笔以信用证为结算方式的交易即告结束。

(四) 信用证的特点

1. 信用证是一种银行信用, 开证行负第一性付款责任

银行开立信用证, 就表明它以自己的信用作为付款保证, 并因此处于第一性付款人的地位。只要受益人提交的单据与信用证条款一致, 开证行就必须承担首要付款的责任。可见, 信用证是一种银行信用, 开证行对受益人的责任是一种独立的付款责任。即使进口商倒闭或无力支付货款, 开证行仍要承担付款责任。

☞ 技能训练

我国某出口公司通过通知行收到一份国外不可撤销信用证, 该公司按信用证要求将货物装船后, 突然收到开证行通知, 称: 开证申请人 (进口商) 已经倒闭, 本开证行不再承担付款责任。开证行的做法是否正确呢?

2. 信用证是一种自足文件, 它不依附于贸易合同而存在

信用证的开立以贸易合同为基础, 但一经开出, 便成为独立于贸易合同以外的独立契约, 不受贸易合同的约束。根据《UCP600》规定, 信用证与可能作为其依据的销售合同或其他合同时相互独立的交易, 即使信用证中提及该合同, 银行也与该合同完全无关, 并不受约束。信用证各方当事人的权利和责任完全以信用证中所列条款为依据, 受益人 (出口人) 提交的单据即使符合买卖合同的要求, 但若与信用证条款不一致, 仍会遭到银行拒付。可见, 银行只对信用证负责, 对贸易合同没有审查和监督执行的义务。贸易合同的修改、变更, 甚至失效都不会影响信用证的效力。

☞ 技能训练

我国某公司从国外进口一批钢材货物分两批装运, 每批分别由中国银行开立一份信用证。第一批货物装运后, 卖方在有效期内向银行交单议付, 议付行审单后, 即向外国商人议付货款, 然后中国银行对议付行做了偿付。我方收到第一批货物后, 发现货物品质与合同不符, 因而要求开证行对第二份信用证项下的单据拒绝付款, 但遭到开证行拒绝。问: 开证行这样做是否有道理?

3. 信用证是一种纯粹的单据业务, 实行"单据相符的原则"

《UCP600》第五条单据与货物、服务或履约行为中明确规定: "银行处理的是单据, 而不是单据可能涉及的货物、服务或履约行为。""银行只根据表面上符合信用证条款的单据付款"。也就是说, 信用证业务是一种纯粹的单据买卖, 并且银行只根据表面上符合信用证条款的单据付款, 单据之间表明不一致, 即视为单据与信用证条款不符。

实际上, 在信用证业务中, 银行对于受益人履行契约的审查仅限于受益人交到银行的单据, 单据所代表的实物是否与合同一致银行并不关心。如果进口人付款后发现货物有缺陷, 可凭单据向有关责任方提出损害赔偿要求, 而与银行无关。

银行处理单据的责任是有限的, 即银行对任何单据的形式、完整性、准确性、真实性以及伪造或法律效力，在单据上规定的或附加的一般和/或特殊条件，概不负责。因此，在信用证方式下，实行的是"单据相符的原则"，即要求"单证一致、单单一致"。"单证一致"是指受益人提交的单据在表面上与信用证规定的条款一致；"单单一致"是指受益人提交的各种单据之间表面上一致。

☞ **技能训练**

我国某进出口公司（以下简称出口方）向欧洲某国际贸易公司（以下简称进口方）出口一批芝麻，合同签订后进口方通过银行开来信用证，信用证的有关部分条款规定："300公吨黄芝麻，装运期不得晚于××年3月31日从大连至鹿特丹港，不许部分发运"。卖方于3月11日收到开证行的信用证修改通知，内容为："装运条款改为150公吨黄芝麻从大连到鹿特丹港，另150公吨黄芝麻从大连到阿姆斯特丹港代替原装运条款规定"。

卖方于是根据信用证要求租船订舱，于3月16日在"黄海"轮船装150公吨至鹿特丹港，于3月17日在嘉兴轮装150公吨至阿姆斯特丹港。卖方在装运后于3月18日备妥信用证项下的所有单据向议付行交单办理议付。但3月29日接到议付行转来开证行拒付电，称："单据经审核发现单据不符：我信用证规定不许分批装运，而你方却分两批装运。因此，不符合信用证要求，构成单证不符。单据暂由我行留存，听候单据处理意见"。

卖方接到开证行拒付电后，向开证行提出反驳意见，认为"你行3月11日已将信用证的不许部分发运条款改为分两批装运，即150公吨至鹿特丹港，150公吨至阿姆斯特丹港。我方故于黄海轮装150公吨至鹿特丹港；嘉兴轮装150公吨至阿姆斯特丹港，因此我方单证完全相符。你行应按时付款"。

之后，卖方接到开证行的复电："你方完全误解我信用证修改的内容。我3月11日信用证修改只是将原规定到鹿特丹港的300公吨货改为150公吨到鹿特丹港，150公吨到阿姆斯特丹港。只修改目的港，并未修改关于部分发运的条款，原规定的不许部分发运条款仍然有效。即要求300公吨的货物装运在同一条船上运至两个目的港，你方却分别装在两条船上，所以不符合我信用证的要求。我行仍无法接受你方的单据。"

最后，卖方将上述开证行的电文与议付行研究，才认识到不应该分两条船装运。不得已只好与买方反复商洽，但均无效果，只能最终答应以降价处理而结案。请问卖方应吸取什么教训？

（五）信用证的作用

由于信用证明确的银行信用的特点以及信用证在使用过程中的严格要求，保障了信用证在国际贸易中具有以下两个方面的作用。

1. 银行的保证作用

银行的保证作用分别体现在进口商和出口商两个方面。对进口商来说，信用证可以保证进口商在支付货款时即可取得代表货物所有权的单据，并可通过信用证条款来控制出口商，使其按量、按时交货。对出口商来说，信用证可以保证出口商在履约交货后，按信用证条款规定向银行交单取款，即使在进口国实施外汇管制的情况下，也可保证凭单收到外汇。

2. 资金融通的作用

对进口商来说，开证时只需缴纳部分押金，单据到达后才向银行赎单付清差额。如果是远期信用证，进口商还可以凭信托收据向开证行借单先行提货出售，到期向开证行付款；对出口商来说，在信用证项下货物装运后即可凭信用证所需单据向出口地银行办理押汇，取得全部货款。

信用证业务不仅满足了买卖双方的贸易需要，对银行来说也有相当大的好处。开证行只承担保证付款责任，它贷出的只是信用而不是资金，进口商开证先要交付一定比例的押金，在进口商赎单付清差额前，银行控制看出口商交来的代表货物所有权的货运单据；至于出口地的议付行，因有开证行保证，只要出口商交来的单据符合信用证规定，就可以作出口押汇，从中获得利息和手续费等收入。

（六）信用证的种类

1. 以信用证项下的汇票是否附有货运单据为标准划分

（1）跟单信用证（Documentary Credit），是凭跟单汇票或仅凭单据付款的信用证。此处的单据是指代表货物所有权的单据（如海运提单、商业发票、保险单据等），或证明货物以交运的单据（如铁路运单、航空运单、邮包收据）。

（2）光票信用证（Clean Credit），是凭不随附货运单据的光票付款的信用证。银行凭光票信用证付款，也可要求受益人附交一些非货运单据，如发票、垫款清单等。由于不附货运单据，出口商可在货物装船取得提单以前，就开出汇票，请求银行议付。因此，光票信用证实际上具有预先取得货款的作用。但是有的出口商与进口商关系比较密切，先将货运单据按信用证规定寄给进口商，方便进口商提货，然后凭光票向进口商收款。

在国际贸易货款结算中，绝大部分使用跟单信用证。

2. 以开证行所负的责任为标准划分

（1）不可撤销信用证（Irrevocable L/C），指信用证一经开出，在有效期内，未经受益人及有关当事人的同意，开证行不能片面修改或撤销信用证，只要受益人提供的单据符合信用证规定，开证行必须履行付款义务。《UCP600》中明确信用证必须具有不可撤销性。

（2）可撤销信用证（Revocable L/C），指开证行不必征得受益人或有关当事人同意有权随时撤销的信用证。这类信用证应在信用证上注明"可撤销"字样。

需要注意的是，尽管《UCP600》中明确表明信用证的不可撤销性，但作为一项惯例，《UCP600》只适用于不可撤销信用证，申请人和开证行还是可以选择开立可撤销信用证，这符合合同自由的一般原则。并且《UCP600》中也并未禁止开立可撤销信用证。

资料卡

识别变相的可撤销信用证

有些信用证表面上标注为不可撤销，但实际上是一种变相的可撤销信用证。因为在这种信用证中附有大量的开证行可以随时随地自行免责的条款，我们将带有一些开证行免责或对信用证受益人设置陷阱条款的信用证，称为软条款的信用证（Soft Clause L/C）。这些软条款包括：

（1）变相可撤销信用证条款。当开证银行在某种条件得不到满足时（如未收到对方的汇款、信用证或保函等），可随时单方面解除其保证付款责任。

（2）限制生效条款。开出的信用证标有"不可撤销"的字样，但在该信用证中还规定：只有在开证人获得进口许可证后信用证方能生效，而这种生效还需经开证申请人的授权。

（3）暂不生效条款。信用证开出后并不生效，要待开证行另行通知或以修改书通知方可生效。

（4）开证申请人控制条款。信用证中规定一些非经开证申请人指示而不能按正常程序进行的条款。例如，发货需等申请人通知，运输工具和起运港或目的港需申请人确认等。

（5）要求提交受益人无法或不易获得的单据。如要求某个进口人指定的人签字的单据，或明确要求 FOB/CFR 条件下凭保险公司回执申请议付等，这些对受益人来说根本无法履行或无法控制。

（6）开证行的限制付款条款。例如，信用证规定必须在货物运至目的地后，货物经检验合格后或经外汇管理当局核准后才付款；或规定以进口商承兑汇票为付款条件，如买方不承兑，开证行就不负责任。从这些条款看已经不是信用证结算，出口商没有获得货款的保障。

3. 以信用证有无保兑划分

就信用证有无保兑而言，可分为保兑信用证和不保兑信用证。

（1）保兑信用证（Confirmed Credit），是指一家银行开出的信用证，由另一家银行保证对符合信用证各款规定的汇票、单据，履行付款。保兑信用证的银行叫作保兑行。当受益人对开证行的资信不够了解或不足以信任，或者是对进口国家政治或经济上有顾虑时，才提出加具保兑要求。也有开证行本身唯恐自己开出的信用证不能被受益人接受，主动要求另一家银行对它的信用证加具保兑。保兑行所承担的责任，相当于它自己开出信用证。也就是说，保兑信用证中的保兑行与开证行一样，承担第一性的对立付款责任。保兑信用证对出口商来说，取得了开证行和保兑行的双重保证付款。保兑行通常是信用证的通知行，但是有时也可能是出口地的其他银行或第三国银行。通知行在担负保证责任时，一般是在信用证通知书上加注保兑文句，如："此信用证已由我行加以保兑"字样。

（2）不保兑信用证（Unconfirmed Credit），是指未经另一家银行保证兑付的信用证，是由开证行负不可撤销的保证付款责任，按照国际惯例规定，若信用证没有注明 CONFIRMED 字样，都认为该信用证为不保兑信用证。

☞ 技能训练

2015 年，我出口企业收到国外开来的不可撤销信用证一份，由设在我国境内的某外资银行通知并加保兑。我出口企业在货物装运后，正拟将有关单据交银行议付时，忽接该外资银行通知，由于开证银行已宣布破产，该行不承担对该信用证的议付或付款责任，但可接受我出口公司委托向买方直接收取货款的业务。对此，你认为我方应如何处理为好？简述理由。

4. 根据付款时间不同划分

根据信用证下指定银行付款期限的不同，信用证可分为即期信用证和远期信用证。

（1）即期信用证（Credit Available by Payment at Sight），是指开证行或付款行收到符合信用证条款的跟单汇票或装运单据后，立即履行付款义务的信用证。

（2）远期信用证（Usance Credit），是指开证行或付款行收到符合信用证的单据时，在规定期限内履行付款义务的信用证。远期付款信用证有"银行承兑远期信用证"和"延期付款信用证"两种。

①银行承兑远期信用证（Banker's Acceptance Credit），是指开证行或付款行在收到符合信用证条款的汇票和单据后，在汇票上作承兑，待汇票到期时才履行付款的信用证。付款行对汇票承兑后，应按票据法规定，出票人、背书人、善意持票人承担到期付款责任。在实际业务中，承兑信用证汇票的是指定银行（包括开证行自己和另一被指定使用信用证的受票银行）。

②延期付款信用证（Deferred Payment Credit），是指开证行在信用证上规定受益人交单后若干天，或装船后若干天付款的信用证。

延期付款信用证由于没有汇票，也就没有银行承兑，对于受益人来说明显的不利之处在于无法像承兑信用证那样去贴现汇票。如果受益人急需资金而向银行贷款，银行贷款利率通常比贴现率高，因此不利于企业对资金的利用。

5. 根据受益人对信用证的权利可否转让划分

根据受益人对信用证的权利可否转让划分为可转让信用证和不可转让信用证。

（1）可转让信用证（Transferable L/C），是指信用证的受益人（第一受益人）可以要求授权付款、承担延期付款责任、承兑或议付的银行（统称"转让行"），或当信用证是自由议付时，可以要求信用证中特别授权的转让银行，将信用证全部或部分转让给一个或数个受益人（第二受益人）使用的信用证。开证行在信用证中要明确注明"可转让"，且只能转让一次。

（2）不可转让信用证（Non-transferable Credit），是指受益人不能将信用证的权利转让给他人的信用证。凡信用证中未注明"可转让"，即是不可转让信用证。

6. 循环信用证

循环信用证（Revolving L/C），是指信用证被全部或部分使用后，其金额又恢复到原金额，可再次使用，直至达到规定的次数或规定的总金额为止。它通常在分批均匀交货情况下使用。循环信用证可分为按时间循环信用证和按金额循环信用证。

（1）按时间循环信用证。按时间循环信用证是指信用证的受益人在一定的时间内可多次支取信用证规定金额的信用证。如信用证规定4月、5月、6月按月循环，那么4月信用证金额用完后，到5月1日信用证金额可以被复原再利用。

（2）按金额循环信用证。按金额循环信用证是指信用证金额议付后仍恢复到原金额可再使用，直至用完规定的总金额为止的信用证。恢复到原金额的具体做法有三种：

①自动循环，即信用证在规定时期内使用后，无须等待开证行通知即自动恢复到原金额。

②半自动循环，即受益人每次装货议付后若干天内，开证行未提出不能恢复原金额的通

知，信用证便自动恢复到原金额，并可继续使用。

③非自动循环，每期用完一定金额后，必须等待开证行通知，信用证才恢复到原金额继续使用。

7. 对开信用证

对开信用证（Reciprocal L/C），是指两张信用证申请人互以对方为受益人而开立的信用证。两张信用证的金额相等或大体相等，可同时互开，也可先后开立。它多用于易货贸易或来料加工和补偿贸易业务。

8. 对背信用证

对背信用证（Back to Back L/C）又称转开信用证，是指受益人要求原证的通知行或其他银行以原证为基础，另开一张内容相似的新信用证。对背信用证的开证行只能根据不可撤销信用证来开立。对背信用证的开立通常是中间商转售他人货物，或两国不能直接办理进出口贸易时，通过第三者以此种办法来沟通贸易。原信用证的金额（单价）应高于对背信用证的金额（单价），对背信用证的装运期应早于原信用证的规定。

9. 预支信用证

预支信用证（Anticipatory L/C），是指开证行授权代付行（通知行）向受益人预付信用证金额的全部或一部分，由开证行保证偿还并负担利息，即开证行付款在前，受益人交单在后，与远期信用证相反。预支信用证凭受益人的光票付款，也有要求受益人附一份负费补交信用证规定单据的说明书，当货运单据交到后，付款行在付给剩余货款时，将扣除预支贷款的利息。

10. 备用信用证

备用信用证（Standby L/C），又称商业票据信用证、担保信用证。是指开证行向受益人出具的旨在保证申请人随行合约业务，并在申请人未能履行该义务时，凭受益人提交的文件或单据，向受益人做出一定金额支付的书面付款保证承诺。即开证行保证在开证申请人未能履行其义务时，受益人只要凭备用信用证的规定并提交开证申请人违约证明，即可取得开证行的偿付。它是银行信用，对受益人来说是备用于开证人违约时，取得补偿的一种方式。

（七）合同中的信用证条款

在国际贸易中，当买卖双方商定采用信用证方式付款时，为了明确责任，在买卖合同中应对信用证支付条款的主要内容做出明确规定。合同中的信用证条款主要包括以下几个方面的内容。

1. 开证时间

按照国际贸易惯例和有关法律的规定，在信用证支付条件下，买方按时开立信用证是买方履约的一项主要义务，也是卖方按时交货的前提条件。所谓按时开证，是指按照合同规定的时间开证，以便卖方有充分的时间做好备货、装运等项工作。当合同中对开证时间作出规定后，买方如果不按时开证，即构成违约，卖方有权提出索赔。

开证时间的规定方法，主要有以下几种：

（1）签订合同后××天内开证。

（2）在装运月前××天内开到卖方。

（3）不迟于×月×日开到卖方。

（4）接到卖方货已备妥的通知后××天内开证。

2. 信用证的种类

由于信用证种类繁多，且随着具体交易的不同情况，对信用证种类的要求也有不同。因此，交易双方应根据具体交易的情况，合理选择信用证的类型，并在合同中明确规定。我国外贸实践中大多使用即期信用证。

3. 开证行的规定

信用证方式下，开证行是第一付款人。它的资信好坏对受益人更关重要。为了保证收汇的安全，卖方往往要求在买卖合同中对开证行的情况做出必要的规定。最常见的规定方法是"应通过卖方可接受的银行开证"。

4. 对开证金额的规定

信用证金额是开证行承担付款责任的最高金额，应在信用证中做出规定。在通常的交易中，都要求开立足额信用证，即信用证金额为发票金额的 100%。

5. 交单截止日和交单地点

根据《UCP600》的规定，信用证必须规定交单截止日。《UCP600》明确规定：信用证必须规定一个交单的截止日。规定的承付或议付的截止日将被视为交单的截止日。如信用证未规定交单截止日，则该证无效，不能使用。信用证的交单截止日是银行承担兑付责任的最后期限，同时也是约束受益人提交单据的最晚期限，如受益人交单晚于交单截止日，此信用证就失效，银行有权拒付。

可兑付信用证的银行所在地即为交单地点。信用证的交单地点有三种情况：议付信用证的交单地点、承兑信用证的交单地点和付款信用证的交单地点，议付信用证的交单地点一般在出口地；承兑和付款到期的地点则为开证行或承兑付款行所在地，无论规定的交单地点在哪里，开证行所在地也可以是交单地点。

6. 合同中的信用证支付条款举例

（1）即期信用证支付条款。

The buyer shall open through a bank acceptable to the seller an irrevocable sight L/C to reach the seller 30 days before the month of shipment, valid for negotiation in China until the 15th day after the date of shipment, but within the validity of the L/C.

买方应通过卖方可接受的银行于装运月份前 30 天开立并送达卖方不可撤销即期信用证，有效期至装运日后 15 天在中国议付，但须在信用证有效期之内。

（2）远期信用证支付条款。

The buyer shall open through a first-class bank an irrevocable letter of credit payable at 60 days' sight to reach the seller not later than August 20, 2002 and valid for negotiation in China until 15th day after the shipment.

买方应不迟于 2002 年 8 月 20 日通过 A 级银行开立不可撤销的见票后 60 天付款的信用证，信用证议付有效期延至装运期后 15 天在中国到期。

（3）保兑、不可撤销并有电报索偿条款的即期跟单信用证条款。

The buyer should open through a bank acceptable to the seller a confirmed, irrevocable documentary letter of credit stipulating T/T reimbursement clause which is available by beneficiary's sight draft for full invoice amount to reach the seller 45 days before the shipment date and valid for negotiation in China until 15th day after the date of shipment.

买方应通过卖方可接受的银行于装运月份前 45 天开立并送达卖方保兑、不可撤销并列有电报索偿条款的跟单信用证，凭受益人开立的发票全额的即期汇票支付，有效期至装运日后 15 天在中国议付。

（八）使用信用证时应注意的问题

信用证解决了进出口商人之间互相不信任的矛盾，同时也为进出口商人提供了融通资金的便利。在以信用证为支付方式的情况下应注意以下几点：

（1）信用证必须有有效期，信用证的有效期可以晚于装运期，但装运期却不能迟于有效期。

（2）如果信用证没有有效期，则以装运期来掌握信用证的有效期。

（3）商业发票中货物的描述，必须与信用证规定相符，其他单据则可以使用货物统称，但不得与信用证规定的货物描述有抵触。

（4）凡"大约""大概"或类似词语，用于信用证金额、数量和单价时，应解释为有关金额、数量或单价不超过 10% 的增减幅度。如果"在或大概在（on or about）"或类似用语用于时间时，这一用语将被视为规定事件发生在制定日期的前后 5 个日历日之间，起讫日期计算书在内。

（5）信用证除规定一个交单到期日外，凡要求提交运输单据的信用证还需规定一个在装运日后按信用证规定必须交单的特定期限。如未规定该期限，银行将不接受迟于装运日期后 21 天提交的单据，但无论如何，提交单据不得迟于信用证的到期日。

（6）信用证以销售合同为基础，但一经开立则独立于销售合同。银行只受信用证的约束，只对信用证负责，只凭完全符合信用证条款的单据付款。信用证是纯单据业务，银行只管单据，不管货物。出口商提交的单据必须和信用证严格相符合，否则银行可以拒付。

（7）进口商在申请开立信用证时，需注明信用证所遵循的 UCP 版本。同样，出口商在收到信用证后，要注意审核来证所遵循的 UCP 版本。因为《UCP600》于 2007 年 7 月 1 日生效后，《UCP500》并没有自动失效。

（8）《UCP600》规定每一种单据必须至少提交一份正本。

（9）《UCP600》规定发票中使用的货币必须与信用证中注明的货币一致。

四、其他结算方式

（一）银行保函

银行保函（Letter of Guarantee，L/C）又称银行保证书、银行信用保证书或简称保证书，是指由银行作为保证人向受益人开立的保证文件。银行保证若申请人未向受益人尽到某项义务时，则由银行承担保函中所规定的付款责任。保函内容根据具体交易的不同而多种多样，在形式上无一定的格式，对有关方面的权利和义务的规定、处理手续等未形成一定的惯例。遇有不同的解释时，只能就其文件本身内容所述来做具体解释。它有以下特点：

一是，保函依据商务合同开出，但又不依附于商务合同，具有独立的法律效力。当受益人在保函项下合理索赔时，担保行就必须承担付款责任，而不论申请人是否同意付款，也不管合同履行的事实，即保函是独立的承诺并且基本上是单证化的交易业务。

二是，银行信用作为保证，易于为合同双方接受。银行保函业务中涉及的主要当事人有三个，即委托人、受益人和担保银行。此外，往往还有反担保人、通知行及保兑行等。

银行用于货物买卖的主要有履约保函和预付款保函两类。在一般货物进出口交易中，履约保函又可分为进口履约保函和出口履约保函。

（1）进口履约保函是指担保人应申请人（进口商）的申请开给受益人（出口商）的保证承诺。保函规定，如出口商按期交货后，进口商未按合同规定付款，则由担保人负责偿还。这种履约保函对出口商来说，是一种简便、及时和确定的保障。

（2）出口履约保函是指担保人应申请商（出口商）的申请开给受益人（进口商）的保证承诺。保函规定，如出口商未能按合同规定交货，担保人负责赔偿进口商的损失。这种履约保函对进口商有一定的保障。

银行保函在实际业务中的使用范围很广，它不仅适用于货物的买卖，而且广泛适用于其他国际经济合作的领域。除上述两种保函外，还可根据其功能和用途的不同，分为其他种类的保函，如投标保函、补偿贸易保函、来料加工保函、技术引进保函、维修保函、融资租赁保函、借款保函等。

（二）国际保理

国际保理（International Factoring）又称托收保付，或又称为承购应收账款。它是在国际贸易中以托收、赊账方式结算货款时，出口方为了避免收汇风险而采用的一种请求第三者（保理商）承担风险责任的做法。例如，以 D/A 作为付款方式，出口商交货后把应收账款的发票和装运单据转让给保理商，即可取得应收取的大部分货款，日后一旦发生进口商不付或逾期付款，则由保理商承担付款责任。在保理业务中，保理商承担第一付款责任。

保理商为出口商提供下列服务中的至少两项服务：

1. 贸易融资

保理商可以根据卖方的资金需求，收到转让的应收账款后，立刻对卖方提供融资，协助卖方解决流动资金短缺问题。

2. 销售客户账管理

保理商可以根据卖方的要求，定期向卖方提供应收账款的回收情况、逾期账款情况、账龄分析等，发送各类对账单，协助卖方进行销售管理。

3. 应收账款的催收

保理商有专业人士从事追收，他们会根据应收账款逾期的时间采取有理、有力、有节的手段，协助卖方安全回收账款。

4. 信用风险控制与坏账担保

保理商可以根据卖方的需求为买方核定信用额度，对于卖方在信用额度内发货所产生的应收账款，保理商提供 100% 的坏账担保。

（三）福费廷

福费廷（Forfeiting）是指由包买商向出口商无追索地购买已经承兑的、并通常由进口商所在地银行担保的远期汇票或本票的业务，也叫作包买票据，音译为福费廷。

福费廷的特点是远期票据应产生于销售货物或提供技术服务的正当贸易；叙做包买票据

业务后，出口商放弃对所出售债权凭证的一切权益，将收取债款的权利、风险和责任转嫁给包买商，而银行作为包买商也必须放弃对出口商的追索权。出口商在背书转让债权凭证的票据时均加注"无追索权"（Without Recourse）字样，从而将收取债款的权利、风险和责任转嫁给包买商。

福费廷业务主要提供中长期贸易融资，利用这一融资方式的出口商应同意向进口商提供期限为6个月至5年，甚至更长期限的贸易融资；同意进口商以分期付款的方式支付货款，以便汇票、本票或其他债权凭证按固定时间间隔依次出具，以满足福费廷业务的需要。除非包买商同意，否则债权凭证必须由包买商接受的银行或其他机构无条件地、不可撤销地进行保付或提供独立的担保。福费廷业务是一项高风险、高收益的业务，对银行来说，可带来可观的收益，但风险也较大；对企业和生产厂家来说，货物一出手，可立即拿到货款，占用资金时间很短，无风险可言。

※项目阶段性训练

1. 知识训练

（1）什么是远期付款交单、承兑交单，它们之间的差别在哪里？

（2）电汇、信汇和票汇的特点分别是什么？

（3）简述信用证结算中议付行的权利和义务。

（4）托收业务对卖方来说有哪些风险？应怎样防范？

（5）信用证的主要当事人有哪些？信用证的基本流程是什么？

2. 能力训练

（1）我某公司与外商达成一项出口合同，付款条件为付款交单，见票后90天付交。当汇票及所附单据通过托收行寄抵进口地代收行后，外商及时在汇票上履行了承兑手续。货到目的港时，由于用货心切，外商出具信托收据向代收行借得单据，先行提货转售。汇票到期时，外商因经营不善，失去偿付能力。代收行以汇票付款人拒付为由通知托收行，并建议我公司向外商索取货款。对此，你认为我公司应如何处理？

（2）我国一企业向日本一进口商出售某商品发盘，其中付款条件为即期付款交单（D/P at sight），对方答复可以接受，但付款须按以下条件："付款交单见票后90天（D/P at 90 days after sight）并通过A银行代收。按一般情况，货物从我国运至日本最长不超过10天。对于这样的条件我方能接受吗？为什么？

（3）买方甲公司向国外乙公司买进生产灯泡的生产线。合同规定分两批交货，分批开证，买方应于货到目的港后60天内进行复验，若与合同规定不符，买方凭所在国的商检证书向乙公司索赔。甲公司按照合同规定，申请银行开出首批L/C，乙公司履行装船并凭合格单据向银行议付，开证行也在单据相符的情况下对议付行偿付了款项。在第一批货物尚未到达目的港之前，第二批的开证日期临近，甲公司又申请银行开证。此刻首批货物抵达目的港，经检验发现货物与合同严重不符，甲公司立即通知开证行："拒付第二次L/C项下的货款并请听候指示"。然而，开证行在收到议付行寄来的第二批单据并审核无误后，再次偿付议付行。当开证行要求甲公司付款赎单时，遭到该公司拒绝。试分析：开证行和甲公司的处理是否合理？甲公司应如何处理？

（4）我国进出口公司与外商在某年 11 月按 CIF 条件签订了一项出口 5 万码法兰绒的合同，支付方式为不可撤销即期 L/C。外商于次年 3 月上旬通过银行开来信用证，经审核与合同相符，其中保险金额为发票金额加一成。我方在备货期间，外商通过银行传递给我方一份信用证修改书，内容为将投保金领改为按发票金额加三成。我方按原证规定投保、发货，并于货物装运后在 L/C 有效期内向议付行提交了全套装运单据。议付行议付后将全套单据寄给开证行，开证行以保险单与信用证修改书不符为由拒付。问开证行拒付的理由是否合理？为什么？

（5）某年 8 月，香港 A 公司作为进口方与出口方江苏省 B 进出口公司签订贸易合同。9 月 30 日香港 C 银行开出不可撤销跟单信用证，信用证中规定最迟装运期为 12 月 31 日，议付有效期为来年 1 月 15 日。B 公司按证中规定的装运期装运，并取得签发日为 12 月 10 日的提单，当 B 公司备齐单据于 1 月 4 日向 C 银行议付时，银行以 B 公司单据已过期为由拒付货款。分析：C 银行拒付是否有道理？为什么？

3. 情景接力训练

谈判又进入关键时刻了。根据公司规定，第一次与新客服做贸易，必须采用信用证方式。但是，外商想用托收方式，谈判出现分歧，真是让人头疼。张华忙里偷闲到处逛，发现办公室一角有一张空白汇票。他想，以后要是能成交，结算时可能要用到汇票，于是他就以即期付款为条件，填了起来。

公司的开户银行为：中国银行北京分行

外商的开户银行为：花旗银行纽约分行

4. 情景接力训练

通过艰难的谈判，外商终于同意以即期不可撤销信用证成交。希望张华拟好合同尽快寄过去签字，对方将尽快开立信用证。请你分析一下张华拒绝外商托收方式，坚持信用证支付货款的原因。

附录

示样 3-4　不可撤销跟单信用证

中国农业银行

AGRICULTURAL BANK OF CHINA

IRREVOCABLE DOCUMENTARY CREDIT APPLICATION

开立不可撤销跟单信用证

To：AGRICULTURAL BANK OF CHINA, SHENZHEN BR. _____Sub-Br.

致：中国农业银行_____分行_____支行　　　　　　　　　　　　　　**Date 日期**

	Credit No. 信用证号码
[ ] Issued by Mail 信开 [ ] Issued by Teletransmission / SWIFT 电开	Expiry Date and Place 有效期及地点
Applicant 申请人	Beneficiary 受益人

续表

	Credit No. 信用证号码
Advising Bank（at your option or as follows）通知行	Amount（in figures and words）金额（大、小写）

Partial shipments 分批装运	Transhipment 转运	Credit available with 此证可由 _____ bank 银行
Allowed	Allowed	By（ ）sight payment 即期付款（ ）acceptance 承兑（ ）negotiation 议付（ ）deferred payment 迟期付款 against the documents detailed herein 连同下列单据
Not allowed	Not allowed	

Shipment form 装运从

For transportation to 运至

Latest date of shipment 最迟装运日

（ ）and Beneficiary's draft（s）at _____ day（s）sight drawn on issuing bank for _____ of contract value +5% of contract value

受益人按合同总价_____合同总价的_____出具以开证行为付款人，期限为_____天的汇票。

Terms 价格条款
[ ] FOB [ ] CFR [ ] CPT [ ] CIF [ ] CIP
[ ] FCA [ ] or other terms

Documents required：（marked with "×"）所需单据

PartA：

（ ）Signed Commercial Invoice in _____ indicating L∕C No. and Contract No. _____and shipping mark.

（ ）Clean on board ocean bills of lading made out to order and blank endorsed marked "freight prepaid" notifying applicant.

（ ）Insurance Policy ∕ Certificate in duplicate for _____ % of the invoice value, blank endorsed, showing claims payable at _____, in the currency of the draft, covering all risks, war risk and _____.

（ ）Packing List ∕ Weight Memo in _____ indicating quantity, gross and net weight of each package.

（ ）Certificate of Quantity ∕ Weight in _____ copies issued by _____.

（ ）Certificate of Quality in _____ issued by _____.

（ ）Certificate of Origin in _____ issued by _____.

（ ）Beneficiary's Certified copy of fax/telex dispatched to the applicant within _____ day（s）after shipment advising L∕C No., name of vessel, date of shipment, name of goods, quantity, weight and value of goods.

（ ）Declaration of heat treatment according to ISPM rule issued by the beneficiary certifying that all wood package have been IP-PC marked.

PartB：5% of contract value shall be paid within 180 days after shipping date indicated on the bill of lading.

Description of goods 货物描述

Additional instructions：附加条款

（ ）All banking charges outside the Issuing bank including reimbursing charges are for account of beneficiary.

（ ）Documents must be presented within _____ days after date of issuance of the transport document but within the validity of the credit.

（ ）All banking charges and interest if any outside opening bank are for account of beneficairy.

任务七　争议条款的拟定

※任务目标

通过学习，掌握商品检验、索赔、不可抗力和仲裁条款的主要内容，能够正确拟定合同中的商品检验、索赔、不可抗力和仲裁条款。

※任务详解

在订立国际货物买卖合同时，为避免日后方式争议以及争议发生后及时妥善处理争议，通常要订立商品检验、索赔、不可抗力和仲裁条款。

一、商品检验

商品检验（Commodity Inspection）简称商检，是指进出口商品检验机构对进出口货物的品质、规格数量、重量包装、卫生、安全等方面进行检验检疫，以确定商品的实际情况及责任的归属行为。商检是国际贸易发展的产物，它随着国际贸易的发展成为商品买卖的一个重要环节和买卖合同中不可缺少的一项内容。

资料卡

《中华人民共和国进出口商品检验法》

《中华人民共和国进出口商品检验法》（以下简称《商检法》）规定：列入目录的进出口商品，由商检机构实施检验，目录中的进口商品未经检验的，不准销售、使用；目录中的出口商品未经检验合格的出口。《联合国国际货物销售合同公约》规定："买方必须在按情况实际可行的最短时间内检验货物或由他人检验货物""如果合同实际货物的运输，检验可推迟至货物到达目的地后进行""如果货物在运输途中改运或买方须再发运货物，没有合理机会加以检验，而卖方在订立合同时已知道或理应知道这种改运或再发运的可能性，检验可推迟到货物到达新目的地后进行。"

（一）检验的作用

当我们作为一名消费者购买一件商品时，总要凭我们掌握的消费知识对这件商品进行仔细验看，这就是检验。当然有些商品只凭我们自己的眼看手控，难以断定是否合格，这时就要送到专门的机构进行检验了。

在国际贸易中也同样如此。买方通过检验，可确保自己所购货物的品质等各方面符合合同要求；而对卖方来说，通过检验可以证明对出口方而言，不但可证明交货的各方面符合合同规定，以避免在运输交接过程中事故发生时，责任不清的麻烦，还可以通过对出口商品的法定检验和监督管理，可发现出口商品的不足，以促使企业采取改进措施。

同时，在国际贸易活动中，进出口国家还要对涉及人、动物、植物的传染病、病虫害、疫情等进行强制性的检疫工作，以保障国家和社会的安全与健康。

由此可以见，商品检验在国际贸易中有着重要的地位和作用。首先，商检工作是使国际贸易活动能够顺利进行的重要环节，商品检验是进出口货物交接过程中不可缺少的一个重要环节。其次，商品检验是一个国家为保障国家安全、维护国民健康、保护动物、植物和环境而采取的技术法规和行政措施。因此，我国法律明确规定：我国商检机构和国家商检部门应对进出口商品实施检验；凡未经检验的进口商品，不准销售、使用；凡未经检验合格的商品不准出口。

（二）商品的检验权

1. 买方拥有检验权与复验权

在国际货物买卖中，买方对于货物的检验权是其一项不可剥夺的权力。《联合国国际货物销售合同公约》第五十八条明确规定："买方在未有机会检验货物前，无义务支付价款，除非这种机会与双方当事人议定的交货或支付程序相抵触。"买方的这项权利是与卖方应当提交与合同相符的货物的义务相对应的。我国《合同法》一百五十七条也规定："买受人收到标的物时应当在约定的检验期间内检验。没有约定检验期间的，应当及时检验。"

从法律角度看，买方拥有检验权，这项权利保障了买方获得符合合同规定的购货物。由此，根据合同要求所得出的检验结果，是判断卖方提交的货物是否与合同相符的标准，也是买方据此向卖方付款的依据。

买方的复验权就是买方对到货有实施再检验的权利。例如，在贸易中如果采用"象征性交货"贸易术语，特别是采用信用证结算方式时，通常的做法是：以货物在装运港的检验证书作为卖方议付货款的依据，在货物到达目的港后，允许买方有复验的权利。即货物须于装运前由装运港的检验机构进行检验，以其检验证书作为卖方要求买方支付货款或要求银行议付货款时提交的单据之一，货物运抵目的港卸货后，买方有复验权。如经复验发现货物与合同不符，并证明这种不符情况属卖方责任范围，买方可凭复验证书向卖方提出异议和索赔。

2. 买方检验权的丧失

买方对货物的检验权关系到买方发现货物质量与合同不符时的索赔权。在以下情况下，买方检验权会丧失：

（1）合同约定的检验期限已过。

（2）合同约定的索赔期限已过。

（3）买方没有在发现货物与合同不符之后的合理期限内向卖方提出索赔，丧失了声称货物与合同不符的权利。

（4）买方表示无条件地接受了货物。

（5）买方所做的检验不符合合同的规定。

☞ 技能训练

我方售货给加拿大的甲商，甲又将货物转卖给英国的乙商。货抵加拿大后，甲已发现货物存在质量问题，但仍将原货运往英国，乙收到货物后，除发现货物质量问题外，还发现有80包货物包装破损，货物短少严重，因而向甲索赔，据此，甲又向我方提出索赔。问：我方是否应负责赔偿？为什么？

（三）检验的时间与地点

在国际贸易业务中，对商品检验时间与地点的规定，主要有以下三种方法：

1. 在出口国检验

（1）产地或工厂检验。发货前，由卖方检验人员或买方检验人员对货物进行检验，卖方只对货物离开产地或工厂前的品质和重（数）量负责，离开产地后的运输途中的风险由买方负责。

《商检法》规定：对重要的进口商品和大型的成套设备，收货人应当依据对外贸易合同的约定在出口国装运前进行预检验、监造或监装，主管部门应当加强监督；商检机构根据需要可以派出检验人员参加。

（2）在装运港（地）检验。货物在装运前或装运时由双方约定的商检机构检验，并出具检验证书，作为确认交货品质和重（数）量的依据，这种规定叫作"离岸品质和离岸数量"为准。买方在货物到达目的港（地）后，可以复检，但无权再对货物的品质、重（数）量提出异议。这种做法对买方不利，故买方一般不愿采取这种做法。

2. 在进口国检验

（1）目的港（地）卸货后检验。货物在目的港（地）卸货后，由双方约定的商检机构检验，并出具检验证书，作为确认交货品质和重（数）量的依据，这种规定称为"到岸品质和到岸数量"为准。如发现货物的品质或重（数）量与合同规定不符，而责任属于卖方时，买方可向其提出索赔或按双方事先约定处理。

（2）买方营业处所或最终用户所在地检验。对于那些密封包装或技术规格复杂、精密度高的商品，因其不宜在使用前拆包检验，或需要安装调试后才能检验，可将检验推迟至买方营业处所或最终使用所在地，由双方认可的检验机构检验并出具证书。

3. 在出口国检验，在进口国复验

在出口国检验，在进口国复检是以装运港（地）的检验机构进行检验后，出具的检验证书作为卖方收取货款的依据，货物运抵目的港（地）后由双方约定的检验机构复验，并出具证书。如发现货物不符合合同规定，并证明这种不符情况确属卖方责任，买方有权在规定时间内凭复验证书向卖方提出异议和索赔，甚至拒收货物。由于这种做法肯定了卖方的检验证书是有效的交接货物和结算凭证，同时又确认买方在收到货物后有复验权，在检验问题上做到公平合理，因而对交易双方都有利。故在进出口合同中一般都采用这种方法。

（四）商检机构

在国际贸易中，大多数场合下买卖双方不是当面交接货物，而且在长途运输和装卸过程中，又可能由于各种风险和承运人的责任而造成货损。为了便于分清责任，确认事实，往往需要由权威的、公正的商检机构对商品进行检验并出具检验证书以资证明。各国的检验机构，从组织性质来分，有官方的、有半官方的，也有同业公会、协会或私人设立的；从经营的业务来分，有综合性的，也有只限于检验特定商品的。

1. 国外的商检机构

（1）官方检验机构。官方检验机构指由国家或政府投资，按照国家有关法律、法令对出入境商品实施强制性检验、检疫和监督管理的机构。如美国食品药物管理局（FDA）、美国动植物检疫署、美国粮谷检验署、日本通商省检验所、法国国家实验室检测中心等。

（2）半官方检验机构。半官方检验机构指由政府授权，代表政府行使某项商品检验或某一方面检验管理工作的民间机构。如某些商品须经美国保险人实验室（Underwriter's Laboratory）这一半官方检验机构检验认证合格，并贴上该实验室的英文缩写标志"UL"方可进入美国市场。

（3）非官方检验机构。非官方检验机构指由私人创办，具有专业检验、鉴定技术能力的公证行或检验公司。如英国劳埃氏公证行、瑞士日内瓦通用鉴定公司等。

2. 我国的商检机构

新《商检法》规定，我国商检机构的基本职责有三项：对进出口商品实施法定检验，办理各项进出口商品的检验鉴定业务，对所有进出口商品的质量和检验工作实施监督管理。

（1）2001年4月，国务院决定将国家质量技术监督局与国家出入境检验检疫局合并，组建中华人民共和国国家质量监督检验检疫总局（General Administration of Quality Supervision, Inspection and Quarantine of the People Republic of China），简称国家质检总局。国家质量监督检验检疫总局是主管全国出入境卫生检验、动植物检疫、商品检验、鉴定、认证和监督管理的行政执法机构。其还有设在各地的出入境检验检疫直属机构，即地方出入境检验检疫机构管理其所辖地区内的出入境检验检疫工作。此外，还有各种专门从事动植物、食品、药品、船舶、计量器具等检验的官方检验机构。

（2）中国进出口商品检验总公司（China Import and Export Commodity Inspection Corporation, CICC）。1980年成立的中国进出口商品检验总公司及其分公司，是接受国家委托从事进出口商品检验的具有法人资格的公司。我国商检机构也和一些国外检验机构建立了委托代理关系或合资检验机构。外国检验机构经批准也可在我国设立分支机构，在指定范围内接受进出口商品检验和鉴定业务。

（五）商检证书

商检证书是检验机构对进出口商品进行检验、鉴定后签发的书面证明文件。

1. 商检证书的作用

（1）作为证明卖方所交货物的品质、重量、数量、包装及卫生条件等是否符合合同规定的依据。

（2）作为买方对品质、数量、重量、包装以及卫生条件等提出异议、拒收货物、要求赔偿、解决争议的凭证。

（3）作为卖方向银行议付货款的证据之一。在信用证支付方式下，信用证规定卖方需提交的单据中往往包括商检证书，并对检验证书名称、内容等做出了明确的规定。

（4）作为海关通关放行的凭证。凡属于法定检验的商品，在办理进出口清关手续时，必须提交检验机构出具的合格商检证书，海关才准予办理通关手续。

2. 商检证书的种类

在具体业务中，究竟要提供哪种证书，要根据商品的种类、性质、贸易习惯以及政府的有关政策法令而定。常用的检验证书有：

（1）品质检验证书。即运用各种检测手段，对进出口商品的质量、规格、等级进行检验后出具的书面证明。

（2）重量检验证书。即根据不同的计量方法证明进出口商品重量的书面证明。

（3）数量检验证书。根据不同计量单位，以证明商品数量的书面证明。

（4）兽医检验证书。证明动物产品在出口前经过兽医检验，符合检疫要求，如冻畜肉、皮张、毛类、绒类、猪鬃及肠衣等商品。经检验后出具此证书。

（5）卫生检验证书。出口食用动物产品，如肠衣、罐头食品、蛋品、乳制品等商品，经检验后使用此种证明书。

（6）验残检验证书。证明进口商品残损情况，估定残损贬值程度，判断残损原因，供索赔时使用。

（7）价值检验证书。需要证明产品的价值时使用此种证书。

（8）产地检验证书。证明出口产品的产地时使用此种证书。

（六）商检条款

1. 商检条款的内容

在国际货物买卖合同中，商检条款的内容主要有检验权的规定、检验时间与地点、检验机构、检验证书、检验标准与方法等。

2. 商检条款范例

It is mutually agreed that the Certificate of Quality and Quantity（or Weight）issued by General Administration of Quality Supervision, Inspection and Quarantine of the People's Republic of China at the port/place of shipment shall be part of the documents to be presented for negotiation under the relevant L/C. The Buyers shall have the right to re-inspect the quality and quantity（or weight）of the cargo. The re-inspection fee shall be borne by the Buyers. Should the quality and quantity（or weight）be found not in conformity with that of the contract, the Buyers are entitled to lodge with the Sellers a claim which should be supported by survey reports issued by a recognized surveyor approved by the Sellers. The claim, if any, shall be lodged within××days after the arrival of the cargo at the port/place of destination.

买卖双方同意以装运港（地）中国国家质量监督检验检疫总局签发的品质和重量（数量）检验证书作为信用证项下议付所提交的单据的一部分。买方有权对货物的品质和重量（数量）复检，复检费用由买方承担。但若发现品质和重量（数量）与合同规定不符时，买方有权向卖方索赔，并提供经卖方同意的公证机构出具的检验报告。索赔期限为货物到达目的港后××天内。

（七）签订商检条款时应注意的问题

签订商检条款要注意以下问题：

（1）品质条款应订得明确具体、科学合理，切忌用笼统、模棱两可的语言，检验项目与标准要切合实际，并且能够检验。

（2）凡凭样品成交的出口商品，交货品质应与样品一致，还应将样品送交一份给商检机构，以便凭以验货出证。

（3）订立数（重）量条款时，应规定具体明确的计量单位和计量方法，不要用不规范、不准确的计量标准；散装货要规定溢短装比例。

（4）进出口商品的包装应与商品的性质、运输方式的要求相适应，并应在合同中订明包装容器所使用的材料、结构及包装方法等，应避免采用术语或笼统的不明确订法。

（5）出口商品的抽样、检验方法，一般均按中国的有关标准规定和商检部门统一规定的方法办理。凡按样品达成的交易，合同中应对抽样检验的方法和比例作出规定。有些商品如粮食，在国际上有一些惯用的标准化取样和定级方法，订立合同时应明确规定采用哪一种方法。如果买方要求使用其他的抽样、检验方法时，应在合同中具体订明，必要时，应先征得商检部门的同意再对外签约，以便为检验工作提供方便。

（6）对于一些规格复杂的商品和机械设备等的进口合同，应根据商品的不同特点，在合同条款中加列一些特殊性规定，如详细的检验标准、考核及检测方法、产品所使用的材料及其质量标准、样品及技术说明书等，以便检验时对照检验与验残。

二、争议与索赔

（一）争议及其产生的原因

国际货物买卖过程复杂、当事人多，任何一个环节出现差错或任何一个当事人由于某种原因不能履责任，都会影响合同的顺利履行或给另一方当事人带来损失，从而产生争议。

所谓争议（Dispute）是指交易的一方认为另一方没有履行合同规定的责任或义务而引起的纠纷。在合同履行过程中，争议产生的原因大致可归纳为以下几种情况。

所谓违约（Breach of Contract）是指买卖双方当事人中，任何一方违反合同义务的行为。

1. 卖方违约

卖方违约即卖方不按合同规定的交货期交货或不交货，或所交货物的品质、规格、数量、包装等与合同（或信用证）规定不符或所提供的货运单据种类不齐、份数不足等。

2. 买方违约

买方表现为当卖方按合同规定交货、交单时，买方无故拒不接货、接单。如在 FOB 条件下，买方不按合同规定如期派船接货等；在按信用证支付方式成交的条件下买方不按期开证或不开证；不按合同、信用证规定付款赎单等。

3. 买卖双方均负违约责任

这主要是由于买卖双方在订立合同时对合同条款规定得不明确、不详尽，致使双方理解或解释不统一，造成一方违约，引起纠纷；或在履约过程中，双方均有违约行为。

（二）索赔

索赔（Claim）是指遭受损害的一方在争议发生后，向违约方提出赔偿要求的行为。所谓理赔（Settlement of Claim）是一方提出索赔后，违约方受理对方的赔偿要求。索赔与理赔是一个问题的两个方面：对受害方是索赔，对违约方就是理赔。

1. 索赔对象

对于索赔应该负责的对象主要有卖方、买方、承运人和保险公司。他们所负的责任根据造成损失的原因不同和有关合同规定而有所不同。

（1）合同当事人——卖方、买方。凡属于合同当事人的责任而造成的损失，可向责任方提出索赔。属于卖方责任而引起买方索赔的情形主要有：卖方所交货物的品质、数量、包装和合同不符，卖方未按期交货，卖方其他违反合同或法定义务的行为。属于买方责任而引起卖方索赔的情形主要有：买方未按期付款；未及时办理运输手续；未及时开立信用证，买方其他违反合同或法定义务的行为。

（2）承运人。凡属承运人的责任造成的货物损失，应根据运输合同向承运人索赔。属于承运人责任的情形主要有：货物数量少于提单载明的数量；所持提单是清洁提单，而货物发生残缺短缺，货物所受的损失根据租船合约有关条款应由船方负责等。

（3）保险公司。凡属承保范围内的货物损失，应根据保险合同向保险公司索赔。属于保险公司责任的情形主要有：由于自然灾害、意外事故等风险导致货物受损，并且属于承保范围内，承运人不予赔偿的损失或赔偿金额不足以弥补货物的损失，而又属于承保范围内的。例如，按 CIP 条件成交的货物，在运输途中遭遇暴雨致水浸损坏，由于投保了水渍险，买方可凭保险合同向保险公司索赔。

2. 索赔的一般程序

索赔一般首先由受损害方在索赔期内发现问题，根据问题性质确定索赔对象并提出索赔声明，然后开始准备证明文件。常见的证明文件有公证报告、检验证明、破损证明、提单和发票等。接着进行正式索赔或理赔，由一方提出希望解决的办法，如请求协商赔偿一定的金额；进行补运或修理；提出减价或折让或拒收货物；要求退款并赔偿损失等。解决办法如获得另一方同意则索赔与理赔就算顺利完成。但由于双方立场不同，有的索赔可能进行得不顺利，而要通过第三者调解解决或仲裁，甚至采取诉讼的方式来解决。

3. 索赔条款

国际货物买卖合同中的索赔条款有两种规定方法：一种是异议和索赔条款，另一种是罚金条款。

（1）异议和索赔条款。在一般商品的买卖合同中，多数只订异议和索赔条款（Discrepancy and Claim Clause）。异议和索赔条款主要包括索赔的依据、索赔的期限、索赔的方法等内容。

①索赔依据。合同当事人在索赔时，必须提出充分的依据。索赔依据主要规定索赔时需提供证明文件及检验出证的机构。索赔依据包括法律依据和事实依据两个方面。前者是指买卖合同和适用的法律规定，后者则指违约的事实、情节及其书面证明以证实违约的真实性。

②索赔期限。索赔期限是指受损害一方有权向违约方提出索赔的期限。通常的索赔期有两种：一种是约定期限，是买卖双方在合同中明确规定的索赔期；另一种是法定期限，是根据有关法律受损害一方有权向违约方要求损害赔偿的期限。如《联合国国际货物销售合同公约》规定；无论如何，如果买方不在实际收到货物之日起两年内将货物不符合同情形通知卖方，他就丧失声称货物不符合同的权利，除非这一时限与合同规定的保证期限不符。

③索赔办法。在现实业务中，对于索赔办法包括金额一般只作笼统的规定，如整修、换货、退货、还款等。

异议和索赔条款范例：

Any claim by the buyer regarding the goods shipped should be filed within ×× days after the arrival of the goods at the port of destination specified in the relative bill of lading and/or transport document and supported by survey report issued by a surveyor approved by the seller.

买方对于装运货物的任何异议必须于装运货物的船只到达目的港后 30 天内提出，并须提供经卖方同意的公证机关出具的检验报告，如果货物已经加工，买方即丧失索赔权利。属于保险公司或轮船公司责任范围的索赔，卖方不予受理。

（2）罚金条款。罚金条款（Penalty Clause）又称违约金条款，是合同当事人一方未履行合同义务而向对方支付约定的违约金。罚金条款一般适用于一方当事人延迟履约，如卖方延期交货、买方延期接货或延迟开立信用证等违约行为。罚金的数额一般不以造成损失为前提条件，而是根据延误时间长短预先约定赔偿的金额，同时规定最高罚款金额。

罚金条款范例：

Should the buyer for its own sake fail to open the Letter of Credit on time stipulated in the contract，the buyer shall pay a penalty to the seller. The penalty shall be charge at the rate ××% of the amount of Letter of Credit for every ×× days of delay in opening the Letter of Credit，however the penalty shall not exceed ××% of the total value of the Letter of Credit which the buyer should have opened.

买方因自身原因不能按合同规定的时间开立信用证应向卖方支付罚金。罚金按迟开证每××天收取信用证金额的××%，不足××天者按××天计算，但罚金不超过买方应开信用证金额的××%。

三、不可抗力

（一）不可抗力的含义

不可抗力（Force Majeure）又称人力不可抗拒，是指在货物买卖合同签订以后，不是由于任何一方当事人的过失或疏忽，而是由于发生了合同当事人无法预见、无法预防、无法避免和克服的事件，以致不能履行或不能如期履行合同。遭受不可抗力事件的一方，可以据此免除履行合同的责任或延期履行合同，对方无权要求赔偿。

在国际贸易中，不可抗力的含义及其叫法并不统一。在英美法系中，有"合同落空"原则；大陆法系中则有所谓"情势变迁"或"契约失效"原则。

（二）不可抗力的构成条件

国际贸易中构成不可抗力应当具备以下条件：第一，事件是在有关合同成立后发生的；第二，不是由于任何一方当事人的故意或过失所造成的；第三，事件的发生及其造成的后果是当事人无法预见、无法控制、无法避免和不可克服的。

☞ **技能训练**

我国某地7月初发生洪水灾害，8月初该地的某贸易商与国外客户成交一批当地出产的农产品，合同签订后国外开来信用证。规定9月底以前交货。但该贸易商无法收购到合同所规定的产品。请问该贸易商可否以不可抗力为由要求免交货品？

（三）不可抗力条款

不可抗力条款是指买卖合同中订明当事人一方因不可抗力不能履行合同的全部或部分义务的，免除其全部或部分的履约责任，另一方当事人不得对此要求损害赔偿。因此，不可抗力条款是一种免责条款。

国际货物买卖合同中的不可抗力条款主要规定：不可抗力事件的范围、不可抗力事件的处理、不可抗力发生后通知对方的期限和方法以及出具证明文件的机构等。

1. 不可抗力事件的范围

不可抗力事件的范围通常可分为两种情况：一种是由于自然力量所引起的，如地震、海啸、台风、暴风雪、火灾、旱灾、水灾等；另一种是由于社会力量所引起的，如战争、罢工、政府禁令等。关于不可抗力事件的范围，应在买卖合同中订明。通常的规定方法有以下三种方式：

（1）概括式。即对不可抗力事件作笼统的提示，如"由于不可抗力的原因，而不能履行合同或延迟履行合同的一方可不负有违约责任。但应立即以电传或传真通知对方，并在××天内以航空挂号信向对方提供中国国际贸易促进委员会出具的证明书"。

（2）列举式。即逐一订明不可抗力事件的种类，如"由于战争、地震、水灾、火灾、暴风雪的原因而不能履行合同或延迟履行合同的一方不负有违约责任……"。

（3）综合式。即将概括式和列举式合并在一起，如"由于战争、地震、水灾、火灾、暴风雪或其他不可抗力原因而不能履行合同或延迟履行合同的一方不负有违约责任……"。综合式的规定方法，既明确、具体，又有一定的灵活性，是最为常用的一种方式。

2. 不可抗力事件的处理

发生不可抗力事件后，应按约定的处理原则及时进行处理。不可抗力事件所引起的法律后果主要有两种：一种是解除合同，另一种是延期履行合同。

不可抗力事件的处理，关键是对不可抗力事件的认定。尽管在合同的不可抗力条款中作了一定的说明，但在具体问题上，双方会对不可抗力事件是否成立出现分歧。通常应注意下列事项：

（1）区分商业风险和不可抗力事件。商业风险往往也是无法预见和不可避免的，但是它和不可抗力事件的根本区别在于一方当事人承担了风险损失后，有能力履行合同义务。典型情况是对"种类货"的处理。此类货物可以从市场中购得，因而卖方通常不能免除其交货责任。

（2）重视"特定标的物"的作用。对于包装后刷上唛头或通过运输单据等已将货物确定为某项合同的标的物，称为"特定标的物"。此类货物由于意外事件而灭失，卖方可以确认为不可抗力事件。如果货物并未特定化，则会造成免责的依据不足，比如30000米棉布在储存中由于不可抗力损失了10000米，若棉布分别售与两个货主，而未对棉布作特定化处理，则卖方对两个买主都无法引用不可抗力条款免责。

3. 不可抗力的通知和证明

在实务中，为防止争议发生，不可抗力条款中应明确规定具体的通知和提交证明文件的期限和方式，以及出具证明的机构。

不可抗力事件发生后如影响合同的履行时，发生事故的一方当事人，应按约定的通知期限和通知方式，将事故的情况如实通知对方，对方接到通知后，应及时答复，如有异议也应提出。

此外，发生不可抗力事件的一方当事人还应按约定办法出具证明文件，作为发生不可抗力事件的证据。不可抗力事件出具证明的机构，大多为当地商会或法定公证机构。在我国，一般由中国国际贸易促进委员会（或中国国际商会）出具。

4. 不可抗力条款范例

If the shipment of the contracted goods is prevented or delayed in whole or in part by reason of war, earthquake, flood, fire, storm, heavy snow or other causes of Force Majeure, the Seller shall not be liable for non—shipment or late shipment of the goods of this contract. However, the Seller shall notify the Buyer by cable or telex and furnish the latter within＿＿＿days by registered airmail with a certificate issued by the China Council for the Promotion of International Trade attesting such event or events.

由于战争、地震、水灾、火灾、暴风雨、雪灾或其他不可抗力的原因，致使卖方不能全部或部分装运或延迟装运合同货物，卖方对于这种不能装运或延迟装运本合同货物不负有责任。但卖方需用电报或电传通知买方，并须在_____天内以航空挂号信件向买方提交由中国国际贸易促进委员会出具的证明此类事件的证明书。

四、仲裁

（一）争议的解决方式

在国际贸易中，买卖双方在履约过程中有可能发生争议。由于买卖双方之间的关系是一种平等互利的合作关系，所以一旦发生争议，首先应通过友好协商的方式解决，以利于保护商业秘密和企业声誉。如果协商不成，则当事人可按照合同约定或争议的具体情况采用调解（Conciliation）、仲裁或诉讼（Litigation）方式解决争议。

1. 调解

由双方当事人自愿将争议提交选定的调解机构（法院、仲裁机构或专门的调解机构），由该机构按调解程序进行调解。若调解成功，双方应签订和解协议，作为一种新的契约予以执行；若调解意见不为双方或其中一方接受，则该意见对当事人无约束力，调解即告失败。

我国在诉讼和仲裁中，均采用了先行调解的程序。

2. 仲裁

双方当事人达成书面协议，在某一事件或问题发生争议又不能协商解决时，自愿把争议提交给双方同意的仲裁机构，由仲裁机构做出对双方都有约束力的裁决。裁决的结果是终局的。仲裁方式具有解决争议时间短、费用低、能为当事人保密、裁决有权威性、异国执行方便等优点。

3. 诉讼

一方当事人向法院起诉，控告合同的另一方，一般要求法院判令另一方当事人以赔偿经济损失或支付违约金的方式承担违约责任，也有要求对方实际履行合同义务的。诉讼是当事人单方面的行为，只要法院受理，另一方就必须应诉。但诉讼方式的缺点在于立案时间长，诉讼费用高。异国法院的判决未必是公正的，各国司法程序不同，当事人存异国诉讼比较复杂。

综观上述三种解决争议的方式，在国际贸易实践中。仲裁是被最广泛采用的一种方式。

（二）仲裁与诉讼的区别

1. 当事人是否自愿不同

仲裁以争议双方当事人自愿为基础，包括自愿决定采用仲裁方式解决争议，自愿决定解决争议的事项和仲裁机构。当事人还有权选择仲裁员，约定采用哪些仲裁规则和适用法律等。而诉讼具有强制性，只要一方当事人向有管辖权的法院起诉，另一方就必须应诉，争议双方都无权选择法官。

2. 手续繁简不同

仲裁的手续较为简单，施行的是一裁终局的制度。在裁决作出后，当事人一般是不能上诉的。因此，仲裁有利于在较短的时间内解决争议。而诉讼的手续比较复杂，处理问题也比仲裁慢。在诉讼中，一方当事人对法院判决不服的，可以上诉至更高一级的法院。我国的诉讼采用两审终审制，外国还有采用三审终审的。

3. 对当事人直接的关系影响程度不同

仲裁对双方的关系影响较小，仲裁庭审理案件一般不对外公开进行，裁决也不公开，这样有利于保守当事人的商业秘密，维护当事人的商业信誉；而诉讼则比较伤和气，法院审理案件一般是公开的，开庭时会有旁听，气氛相对比较紧张，不利于今后贸易关系的继续发展。

4. 费用高低不同

仲裁的费用较低，而诉讼的费用较高。

（三）仲裁协议的形式与作用

仲裁协议是指双方当事人自愿将他们之间已经发生或者可能发生的争议提交仲裁解决的协议。解决国际经济贸易争议必须向仲裁机构提交仲裁协议，且仲裁协议必须是书面的。对此，许多国家的立法、仲裁规则及国际公约等已有明确的规定。

1. 仲裁协议的形式

仲裁协议的形式有两种：一种是在争议发生前订立的，即合同中的仲裁条款；另一种是在争议发生后当事人订立并向仲裁机构提交的仲裁协议。两种仲裁协议具有同等的法律效力。

2. 仲裁协议的作用

（1）约束双方当事人只能以仲裁方式解决争议，任何一方都不得向法院起诉。

（2）排除法院对有关案件的管辖权。如果一方违背仲裁协议，自行向法院起诉，另一方可根据仲裁协议要求法院不予受理。各国法律一般都规定法院不受理双方订有仲裁协议的争议案件，包括不受理当事人对仲裁裁决的上诉。

（3）使仲裁机构取得对争议案件的管辖权。仲裁协议也是仲裁机构受理案件的依据，任何仲裁机构都无权受理无书面仲裁协议的案件。

（四）仲裁条款的内容

仲裁条款的内容一般应包括仲裁地点、仲裁机构、仲裁程序、仲裁裁决的实体法、仲裁裁决的效力及仲裁费用的负担等。

1. 仲裁地点

仲裁地点是仲裁条款中最为重要的一个问题。因为仲裁地点与仲裁适用的程序和合同争议所适用的实体法密切相关，通常均适用于仲裁所在地国家的仲裁法和实体法。

仲裁条款中的仲裁地点一般采用下列三种规定方法：规定在原告所在国仲裁、规定在被告所在国仲裁、规定在双方同意的第三国仲裁。由于我国企业目前大多缺乏在国外申诉的能力，所以应力争在我国仲裁。

2. 仲裁机构

仲裁机构不是国家的司法部门，而是依据法律成立的民间机构。国际贸易中的仲裁，可由双方当事人在仲裁条款中规定在常设的仲裁机构进行，也可由当事人双方共同指定仲裁员组成临时仲裁庭进行仲裁。当事人双方选用哪个国家（地区）的仲裁机构审理争议，应在合同中做出具体说明。

世界上许多国家或地区及一些国际组织都设有专门从事国际商事仲裁的常设机构，如国际商会仲裁院（The International Court of Arbitration，ICC）、英国伦敦国际仲裁院（The London Court of International Arbitration，LCIA）、英国仲裁协会、美国仲裁协会（American Arbitration Association，AAA）、瑞典斯德哥尔摩商会仲裁院（The Arbitration Institute of the Stockholm Chamber of Commerce，AISCC）、瑞士苏黎世商会仲裁院、日本国际商事仲裁协会以及中国香港国际仲裁中心等。我国内地专门从事国际商事仲裁的常设机构是中国国际经济贸易仲裁委员会（China International Economic and Trade Arbitration Commission，CIETAC）和海事仲裁委员会。

（1）国际商会仲裁院。国际商会仲裁院成立于1923年，总部在巴黎，是附属于国际商会的一个国际性常设仲裁机构。国际商会仲裁院是目前世界上提供国际经贸仲裁服务较多、具有重大影响的国际经济仲裁机构。

国际商会仲裁院由来自40多个国家具有国际商法专长和解决国际争端经验的成员组成。其管辖范围十分广泛，任何国家的当事人，不管该国是否为国际商会的成员国，均可缔结协议将具有国际性的商事争议提请国际商会仲裁院仲裁。

（2）英国伦敦国际仲裁院。英国伦敦国际仲裁院成立于1892年，是国际上成立最早的常设仲裁机构。它是英国最有国际影响的国际商事仲裁机构，由伦敦市政府、伦敦商会和女王特许仲裁协会共同组成的联合委员会管理。英国伦敦国际仲裁院可以受理提交给它的任何性质的国际争议，在国际社会上享有很高的威望，特别是海事案件，大多诉诸该院。

（3）美国仲裁协会。美国仲裁协会成立于1926年，由1922年成立的美国仲裁会和1925年成立的美国仲裁基金会合并而成，是独立的非营利性民间组织，总部设在纽约，在美国其他主要城市设有分会。协会受理的仲裁案件主要是货物买卖合同、代理合同、工业产权、公司的成立与解散以及投资方面的争议，多数为美国当事人与外国当事人之间的争议。

（4）瑞典斯德哥尔摩商会仲裁院。瑞典斯德哥尔摩仲裁院成立于1917年，是斯德哥尔摩商会下设的一个仲裁机构，总部设在瑞典的斯德哥尔摩。瑞典中立国的地位为其公平性提供了很好的保障，瑞典斯德哥尔摩仲裁院享有很好的国际声誉。该院与中国国际经济贸易仲裁委员会有业务联系。中国国际经济贸易促进委员会建议，我国当事人在选择第三国仲裁机构时，可优先考虑该仲裁院。

（5）中国香港国际仲裁中心。中国香港国际仲裁中心成立于1985年，该中心是受限制担保并按香港公司法的规定设立的民间非营利性公司。中心实行理事会制度，理事会由不同国籍资深的商界、律师界及其他各界人士组成。中心主要受理香港特别行政区内仲裁案件和国际商事仲裁案件。该中心没有制定自己的国际商事仲裁规则，在实践中，适用《联合国国际贸易法委员会仲裁规则》。

（6）中国国际经济贸易仲裁委员会。中国国际经济贸易仲裁委员会是以仲裁的方式，独立、公正地解决契约性或非契约性的经济贸易等争议的常设商事仲裁机构。它由中国国际贸易促进委员会根据中华人民共和国中央人民政府政务院1954年5月6日的决定，于1956年4月设立。中国国际经济贸易仲裁委员会总会设在北京，1989年和1990年在深圳和上海设立了深圳分会和上海分会。2004年深圳分会更名为中国国际经济贸易仲裁委员会华南分会。仲裁委员会北京总会及其华南分会和上海分会是一个统一的整体，是一个仲裁委员会。总会和分会使用相同的仲裁规则和仲裁员名册，在整体上享有一个仲裁管辖权。

3. 仲裁程序

仲裁程序是指双方当事人将所发生的争议根据仲裁协议的规定提交仲裁时应办理的各项手续。各国仲裁机构的仲裁规则对仲裁程序都有明确规定。按我国仲裁规则规定，基本程序如下：

（1）申请仲裁。申请人应提交仲裁协议和仲裁申请书，并附交有关证明文件和预交仲裁费。仲裁机构立案后应向被诉人发出仲裁通知和申请书及附件。被诉人可以提交答辩书或反请求书。

（2）指定仲裁员组成仲裁庭。当事人双方均可分别在仲裁机构所提供的仲裁员名册中指定或委托仲裁机构指定一名仲裁员，并由仲裁机构指定第三名仲裁员作为首席仲裁员，共同组成仲裁庭。如果用独任仲裁员方式，可由双方当事人共同指定或委托仲裁机构指定。

（3）仲裁审理。仲裁审理案件有两种形式：一种是书面审理，也称不开庭审理，由仲裁庭根据有关书面材料对案件进行审理并做出裁决，海事仲裁常采用书面仲裁形式；另一种是开庭审理，这是普遍采用的一种方式。仲裁庭审是不公开的，以保护当事人的商业机密。

（4）做出裁决。裁决是仲裁程序的最后一个环节。裁决做出后，审理案件的程序即告终结，因而这种裁决被称为最终裁决。

4. 仲裁适用的实体法

合同当事人可以选择适用法律。当事人没有选择的，适用于与合同有最密切联系的国家的法律，通常是指仲裁所在地法，也可以根据具体情况适用合同签订地或履行地所在国的法律。

5. 仲裁裁决的效力

仲裁裁决的效力主要是指由仲裁庭做出的裁决，对双方当事人是否具有约束力，是否为决定性的，能否向法院起诉变更裁决。在我国，凡由中国国际经济贸易仲裁委员会作出的裁决都是终局的，对双方当事人均有约束力，必须依照执行，任何一方都不得向任何机构提出变更裁决的请求。

仲裁裁决应由当事人自行执行。仲裁机构自身不具有强制执法的能力。一方如果逾期不予执行，另一方可向法院申请强制执行。

为了解决是否承认和执行外国仲裁裁决的问题，1958 年联合国通过了《承认和执行外国仲裁裁决公约》，简称《1958 年纽约公约》。我国于 1987 年正式加入这一公约，公约规定，各缔约国必须承认和执行外国的仲裁裁决。作为例外，缔约国可作两项保留：即经济互惠保留和商事保留。我国加入时也作了这两项保留，即在互惠的基础上，对另一缔约国领土内作出的仲裁裁决适用于该公约，且只承认商事法律管辖关系所产生的争议适用于该公约。

6. 仲裁费用的负担

仲裁费用的负担可在条款中订明，通常由败诉方负担，也可规定由仲裁庭裁决。

（五）仲裁条款范例

1. 规定由中国国际贸易促进委员会国际经济贸易仲裁委员会仲裁的条款

All disputes in connection with this contract shall be settled through friendly negotiation. In case no settlement can be reached through negotiation, the case should then be submitted to China International Economic and Trade Arbitration Commission for arbitration which shall be conducted by the Commission or its Shenzhen Sub—commission or its Shanghai Sub—commission at the Claimant's option in accordance with its existing rules of arbitration. The award of the arbitration shall be final and binding upon both parties. The arbitration fees shall be borne by the losing party.

凡有关本合同所发生的一切争议，应通过友好协商解决，若通过协商达不成协议。则提交中国国际经济贸易仲裁委员会，按照其仲裁规则进行仲裁。由申请人选定在该会总会、深圳分会或上海分会进行仲裁。该仲裁委员会的裁决为终局的，并对双方均有约束力，仲裁费由败诉方承担。

2. 由被告人所在国或第三国仲裁的条款

All disputes in connection with this contract shall be settled through friendly negotiation. In case no settlement can be reached through negotiation, the case should then be submitted for arbitration. The arbitration shall take place in the country where the defendant resides or in the third country mutually agreed upon by both parties. The award of the arbitration shall be final and binding upon both parties.

有关合同的一切争议，应通过协商友好解决。如协商不能解决，应提交仲裁，仲裁应在被告所在国进行，或者在双方同意的第三国进行，仲裁裁决是终局的，对双方均有约束力。

项目小结

本项目主要学习了签订合同的主要条款，包括品名、品质、数量与包装条款、价格条款、运输条款、保险条款以及支付条款。在签订每一条款必须懂得相关条款的注意事项，会处理买卖双方在相关方面产生的争议与矛盾。

项目评价

（一）知识应用

（1）规定数量机动幅度时应注意哪些问题？

（2）简述《2010 通则》中 E、F、C、D 四组贸易术语各自的特点。

（3）国际贸易中的商品单价应包括哪些必不可少的内容？

（4）海洋运输有哪几种经营方式？分别是什么？

（5）海上货物运输保险承保的范围是什么？

（6）简要说明信用证的基本内容。

（7）不可抗力事件的法律后果是什么？

（8）什么是仲裁？仲裁有哪些特点？

（二）规则练习

用《国际贸易术语解释通则》《海洋货物运输保险条款》以及《UCP600》规定回答以下问题：

1992 年 10 月，法国某公司（卖方）与中国某公司（买方）在上海订立了买卖 200 台电子计算机的合同，每台 CIF 上海 1000 美元，以不可撤销的信用证支付，1992 年 12 月马赛港交货。1992 年 11 月 15 日，中国银行上海分行（开证行）根据买方指示向卖方开出了金额为 20 万美元的不可撤销的信用证，委托马赛的一家法国银行通知并议付此信用证。1992 年 12 月 20 日，卖方将 200 台计算机装船并获得信用证要求的提单、保险单、发票等单证后，即到该法国议付行议付。经审查，单证相符，银行即将 20 万美元支付给卖方。与此同时，载货船离开马赛港 10 天后，由于在航行途中遇上特大暴雨和暗礁，货物与货船全部沉入大海。此时开证行已收到了议付行寄来的全套单据，买方也已知所购货物全部损失的消息。中国银行上海分行拟偿付议付行支付的 20 万美元的货款，理由是其客户不能得到所期待的货物。

根据国际贸易惯例，现问：

（1）这批货物的风险自何时起由卖方转移给买方？

（2）开证行能否由于这批货物全部灭失而免除其所承担的付款义务？依据是什么？

（3）买方的损失如何得到补偿？

（三）案例分析

案例 1：我方与印度尼西亚 A 公司签订 "CFR 上海" 的蔗糖进口合同，货物在运输途中在台湾海峡附近沉没，由于 A 公司未及时向我方发出装船通知，我方未办理投保，无法向保险公司索赔，故我方要求对方承担责任，但印度尼西亚 A 公司以货物离港、风险已经转移给我方为由拒绝承担责任。

问：印度尼西亚 A 公司的行为是否合理，究竟由谁承担责任？为什么？

案例 2：某欧洲客商对我某出口商品的接受价为每公吨 400 欧元 CIF 汉堡，而我公司对该商品内部掌握的价格为 FOB 中国口岸每公吨 1980 元。当时中国银行外汇牌价为每 100 欧元的买入价 728.09 元，卖出价 730.28 元。我公司备有现货，只要不低于公司内部掌握价即可出售。现该商品自中国某口岸至汉堡港的运费为每公吨人民币 600 元，保险费为每公吨 100 元。

试问：我方能否接受？为什么？

案例 3：信用证规定：从中国港口运至神户 100 公吨红小豆，不许部分发运。受益人交来的单据中包含两套提单：

第一套提单表明载货船名为 "Zhuang He"，航程为 "018"，装运港为 "Tianjin"，卸货港为 "Kobe"，净重为 "51.48"，装运日期为 "7 月 11 日"。

第二套提单表明载货船名为 "Zhuang He"，航程为 "018"。装运港为 "Qingdao"，卸货港为 "Kobe"，净重为 "51.05"，装运日期为 "7 月 17 日"。

银行接受单据并付款。

问：银行付款的依据是什么？此批货物的装运日期应为哪天？

案例 4：某外贸公司按 CIF 术语出口一批货物，装运前已向保险公司按发票总值的 110% 投保平安险，货物装妥顺利开航，但载货船舶在海上遇到暴风雨，致使一部分货物受到水渍，损失价值 2100 美元。数日后。该轮又突然触礁，致使该批货物又遭部分损失，价值为 8000 美元。

试问：保险公司对该批货物的损失是否应予赔偿？为什么？

案例 5：某出口公司对美成交女上衣 1000 件，合同规定绿色和红色上衣按 3：7 搭配，即绿色 300 件，红色 700 件。后国外来证上改为红色 30%，绿色 70%，但该出口公司仍按原合同规定的花色比例装船出口，后信用证遭银行拒付。

问：为什么银行拒付？收到来证后，我方应如何处理？

（四）技能实训

（1）某外贸公司出口一批商品，国内采购价共 10000 元，加工费支出 1500 元，商品流通费是 1000 元，税金支出为 100 元，该批商品出口销售外汇净收入为 2200 美元（USD1 = CNY6.5006）。试计算：该批商品的出口总成本是多少？该批商品的出口销售换汇成本是多少？该批商品的出口销售盈亏率是多少？

（2）以下是几份 CIF 条件出口合同中的装运条款，将下述条款翻译成中文并分析其含义。

①Time of shipment, within 10 days after receipt of your letter of credit from Shanghai to Singapore.

②Shipment will be effected during March/April/May 2017 in three equal quantity monthly lots.

③Shipment before the end of this year from Qingdao to London, allowing partial shipment and transshipment.

④The amount insured of all transactions on the basis of CIF is 110% of the invoice. The risk is decided by the stipulations in the sales contract. If the buyer require adding the amount insured or the covering range, the consent shall be got from the seller before the shipment and the extra premium shall be borne by the buyer.

（3）根据下列业务背景写出货款收付流程。

出口商：北京东方贸易公司　　　开户银行：中国银行北京分行

进口商：日本 JUOLA 贸易公司　　开户银行：东京三菱银行

支付方式：全部交易金额以银行汇票付款

（五）情景接力训练

至此，合同的主要条款已全部草拟完毕，请再次检查相关条款内容，将该合同整体核实确认，以确保合同前后内容的相符与一致。

项目四　进出口合同的履行

项目目标

*知识目标

（1）熟悉履行进出口合同的基本流程。

（2）通晓出口交易各环节涉及单据的填制要求和技巧。

*技能目标

（1）具备规范操作进出口合同业务的能力。

（2）具有审核信用证的能力。

（3）能正确填制出口业务相关单据的能力。

*素质目标

培养学生作为经贸从业人员应具有的法律意识、严谨务实的作风、按合同办事的素养。

*学习重点和难点

（1）出口交易各环节涉及单据的填制要求和技巧。

（2）信用证的审核和修改。

项目导入

合同条款拟好后，小李与小王将其整理成合同格式，交与经理，经理过目检查无误后，形成了正式合同。2017年1月5日，合同签订。经理将后面的合同履行工作交与小李与小王继续跟进，根据合同履行程序，小李将完成以下几项工作任务：

任务一：进行出口合同的履行；

任务二：熟悉进口合同的履行；

任务三：懂得如何进行索赔与理赔。

项目实施

任务一　出口合同的履行

※任务目标

通过学习，能说出履行出口合同的基本流程，会制作出口交易各环节涉及单据。

※任务详解

在出口业务中，卖方履行合同的基本义务是向买方提交符合合同规定的货物，并移交一切与货物有关的单据和转移货物的所有权。采用不同的价格术语、结算方式和运输方式，卖方履行合同的具体做法也不同。但在我国的外贸业务中，普遍采用的是以 CIF 价格术语成交和以信用证作为结算方式。在这样两个基本交易条件下，出口合同的履行一般需经过下列各环节：备货；催证、审证、改证；租船订舱、商品检验、投保、报关、装船；制单、交单、结汇。其中以货、证、船、款四个环节最为重要。

图 4-1 是以 CIF 术语和不可撤销、议付信用证条件为例，对出口合同履行程序与环节以及各个环节要点进行描述的示意图。

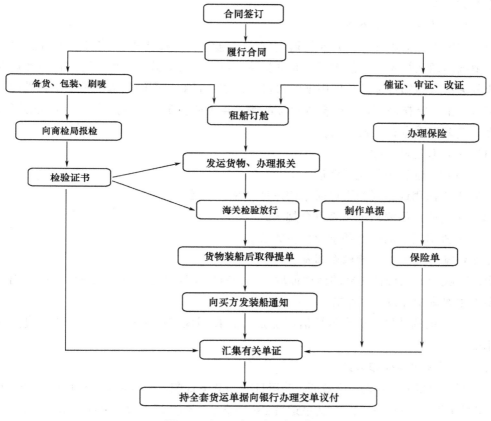

图 4-1　合同履行程序要点示意图

一、催证、审证、改证

（一）催证

所谓催证，是指卖方通知或催促国外买方按合同规定迅速通过开证银行开出信用证，以便卖方能按时交货。

进出口双方在洽谈交易时明确以信用证结算方式作为付款条件，在买卖合同签订之后，出口商可能要进行的工作是催促进口商依合同规定按时开出信用证。买方由于市场行情变化或资金周转困难等原因，延误开立信用证的情况时有发生。在这种情况下，卖方应催促买方尽快开证。若经催促对方仍不开证，应向对方提出保留索赔权的声明。

（二）审证

尽管信用证业务中，一般都要求进口商必须根据合同规定向开证行申请开立信用证，但在实际业务中，由于种种原因，进口商开来的信用证可能存在与相关的法律法规、国际惯例、合同条款有着这样或那样的不符之处。因此，为确保收汇安全和合同的顺利履行，出口商需要对收到的信用证进行认真核对和审查。

出口商审核信用证时主要的依据是国内的有关政策和规定、交易双方成交的合同、国际商会的《UCP600》以及实际业务中的具体情况。在实际操作中，信用证的审核主要分为以下两方面的工作。

1. 出口商银行审核信用证

通常情况下，信用证是由开证行通过邮寄、电传或 SWIFT 等方式发给出口国国内的通知行，由国内通知行先审核信用证表面真实性后再转交给受益人。如果通知行与受益人有较好的业务关系或通知行也是该信用证的议付行，该银行对信用证的基本条款也会进行一个初步的审核。银行审核信用证与受益人审证的侧重点不同，银行主要是审核信用证的可靠性与有效性，其审核重点有下列几点：

（1）审查政治性条款。

（2）审查开证行及保兑行资信。

（3）审查信用证是否为不可撤销信用证，是否生效。

（4）审查协定国家来证是否符合规定。

（5）审查信用证的保证条款及偿付方法。

2. 出口商（受益人）审核信用证

出口商收到通知行转交来的信用证后，必须对信用证进行仔细、认真的审核。出口商的审证要点主要集中在以下几个方面：

（1）信用证的种类。重点审核信用证是否为合同规定的不可撤销、可转让或经过保兑的信用证。

（2）当事人的名称和地址。

（3）信用证的开立日期、有效期、装运日期和交单日期。一般来说，信用证的开立日期最早，有效期最迟，交单期一般规定为装运后 10~15 天。若信用证未对交单日期作出规定，一般按《UCP600》规定，受益人应在装运日后 21 天内交单，且必须在信用证的有效期内。

（4）信用证的金额。审证时要注意货币币种与合同规定是否一致，金额大小写是否一致，同时还要注意金额是否有增减幅度。

（5）信用证的兑付方式及汇票条款。审核信用证时应严格检查兑付方式及指定银行是否与合同规定相符合。汇票条款中关于汇票的付款期限、金额、出票人、付款人也要符合合同规定，尤其是汇票的付款期限。

（6）信用证的运输条款。信用证中的装运港（地）与目的地港应与合同相符；合同规定允许转船运输或分批运输，信用证应作出相应的规定；此外，信用证中的货物装运时间必须严格按合同来规定。

（7）信用证对所装运货物的描述。受益人在审证时，必须要注意商品的名称、规格、数量、包装、运输标志、单价等内容是否与合同规定一致。

（8）信用证中的单据条款。信用证下开证行付款的唯一依据是受益人按信用证规定提交的单据。信用证单据条款中，不但说明了单据的种类、份数，还对单据的性质和内容作了具体规定，所以受益人审核单据条款时，必须明确其内容不能有悖于买卖合同，并应遵守国际惯例的规定。

（9）信用证中的软条款。信用证中的"软条款"易使得受益人收到的信用证效力处于不确定状态或难以取得完全符合信用证规定的完整单据，从而影响受益人的顺利制单、交单或收款，因此，如果信用证中带有此类条款，均应要求开证申请人修改。

（10）关于银行费用支付责任的审核。若信用证存在不合理的费用分摊条款，也应要求开证申请人改证。

除上述内容外，信用证中其他的条款受益人都应认真核对，避免错漏或不合理的规定，以保证安全收汇。

资料卡

信用证软条款

信用证中的"软条款"（Soft Clause）也称为"陷阱条款"（Pitfall Clause），是指不可撤销信用证中含有规定信用证附每件生效的条款，或规定某些单据应具备特别手续的条款，或规定信用证受益人应提交某些不合理单据的条款等内容，使受益人收到的信用证效力处于不确定状态或难以取得完全符合信用证规定的完整单据，从而影响受益人的顺利制单、交单或收款。带有此种条款的信用证实质上是变相的可撤销信用证，使受益人极易造成单证不符而遭开证行拒付。若信用证中带有此类条款，均应要求开证申请人改证。实践中常见的信用证软条款类型如下：

（1）信用证暂时不生效，何时生效由银行另行通知。

（2）信用证规定必须由申请人或其指定的签字人验货并签署质量检验合格证书，才能付款或生效。

（3）信用证对银行的付款、承兑行为规定了若干前提条件，如货物清关后才支付、收到其他银行的款项才支付等。

（4）有关运输事项的规定，如船名、装船日期、装卸港等须以申请人的通知为准。

（5）信用证前后条款互相矛盾，受益人无论如何也做不到单单一致。

☞ **技能训练**

出口商收到的信用证中有以下三个条款：

（1）Commercial invoice should be approved by China Council for Promotion of International Trade and certified in the usually accepted manner by any Arab Embassy, Legation or Consulate.

（2）Full set of clean on board ocean B/L, made out to order, blank endorsed, marked "freight prepaid" and notify applicant, shipper is applicant. One of the original B/L should be air-mailed to the applicant before presentation for negotiation.

（3）Certificate of origin issued by applicant.

请分析作为出口商来说，能否接受上述条款？为什么？

（三）改证

1. 修改信用证应注意的问题

信用证经过审核后，发现有不能接受的条款时，应将所要求修改的条款归纳、整理，尽快向开证申请人提出。根据银行业务操作惯例及《UCP600》的要求，改证应注意以下几个方面：

（1）信用证中有些项目是必备的，如果出现必备项目的缺漏或错误。例如，信用证没有有效期或是证号码前后不一致等，就可以直接经通知行提请开证行修改，这样既快捷又能节省银行费用。

（2）如果信用证中有多处需要修改的地方，应集中一次提出，避免一改再改，既浪费时间又增加修改费用。

（3）不允许部分接受修改，部分接受修改将被视为拒绝接受修改。

（4）开证行接受开证申请人或通知行的改证申请后，会按原信用证的开立方式开出信用证修改书经原通知行转到受益人手中。

2. 改证函的撰写

向开证申请人提出改证要求一般是通过向对方发送改证函来进行的。一封规范的改证函应包括以下三个方面的内容：

（1）感激对方开来的信用证。

（2）列明不符点并说明如何修改。

（3）感谢对方合作，并希望信用证修改书早日开到，以利于继续履约。

改证函范文如下：

Dear Sirs,

Thank you for L/C No. 0011 LCl23756 issued by ALRAJHI BANKING AND INVESTMENT CORPORATION RIYADH dated Feb 3, 2017.

After checking up the L/C, we found the latest date of shipment is 2017-09-25. This date of shipment could not be accepted by us. Therefore, we kindly ask you to amend the latest date of shipment as 2017-10-25. In the meantime, the date of expiry should be extended to 2017-12-01 accordingly.

Your prompt action will be highly appreciated!

Yours faithfully

二、备货、报检

（一）备货

备货环节是指卖方根据出口合同的规定，按时、按质、按量地准备好应交的货物，并做好包装、刷唛等工作，对要求检验和需要申领出口许可的商品做好申请报验和领证工作。如果出口商是生产型出口企业，备货一般是向生产加工或仓储部门下达备货联系单，要求它们按联系单要求，对应交货物进行生产、清点、加工、整理、包装、刷唛；对于贸易型出口企业，企业没有固定的生产加工部门，那么就要向国内工厂联系货源，订立国内采购合同。

在备货工作中，出口商应注意以下问题：

（1）所备货物的品质、规格、品种应符合规定，不要偏高，也不要偏低。

（2）备货数量应留有余地，尽量准备多于合同和信用证规定的数量，以备必要时可以进行调换。实际交货数量应符合合同或信用证的规定。

（3）货物的包装必须符合合同规定和运输要求，确保包装能适应长途运输和保护商品的要求，如发现包装不良或有破损，应及时修整或调换。运输标志应按合同和信用证规定的样式刷制，要注意清楚醒目，颜色不易脱落，特定商品应按要求刷制指示性标志和警告件标志。

（4）备货时间要考虑生产周期的长短、装运期限以及距离启运港远近等况，合理地提前进行。

（5）针对不同商品的情况，对出口货物进行检验是不可缺少的重要环节。

（二）报检

1. 报检的相关操作要求

凡属《出入境检验检疫机构实施出入境检验检疫的进出境商品目录》（以下简称《法检目录》）及其他法检范围内的出口商品，在货物备齐后，应向出入境检验检疫局申请检验。只有取得出入境检验检疫局签发的出境货物通关单后，海关才准予放行；不属于法检范围的商品，若合同、信用证中有要求商检的，可根据合同或信用证规定向出入境检验检疫局或其他指定检验机构申请报检，取得指定检验证书后再安排出口。检验程序一般包括报检、抽样、检验、出证、放行等环节。向出入境检验检疫局申请报检时，报检员需提供贸易合同、信用证、商业发票、装箱单等单据，并填制"出境货物报检单"，最迟于报关或装运前七天报检。对列入《法检目录》的出口商品，应在产地检验检疫机构办理报检手续，由产地检验检疫机构进行检验。经检验检疫机构检验合格、已发给检验证书或通关单的商品，一般应在单据签发之日起两个月内装运出口；鲜活类出口商品应当在两周内装运出口。

2. 报检单据

报检时，需要提供的单据有贸易合同、商业发票、装箱单、出境货物报检单以及商检机构要求提供的其他单据。

（1）商业发票（Commercial Invoice），是出口商对所装运货物详细、全面的说明。它是国际贸易中最重要的单据之一。作为外贸业务的核心单据，商业发票是一笔业务的全面反映，其内容包括发票编号、签发日期、收货人名称、运输标志（唛头）、商品的名称、规格、数量、包装、单价、总值等。

（2）装箱单（Packing list），又称包装单，是业务中经常要求的单据之一，也是发票的补充单据，主要用来说明商品包装的详细情况。装箱单并无统一固定的格式和内容，制作时一般由各公司根据信用证或合同要求以及货物特点自行设计，一般包括货物名称、规格、数量或重量、唛头、箱号、件数以及包装方式等项目，其填制要求与商业发票各栏填制要求类似。

（3）出境货物报检单（Single-exit Inspection of Goods）。为了使出口商品的检验检疫工作能顺利进行，报检员必须按规定认真如实填写出境货物报检单，每份报检单只限填报一种商品，报检单的项目要填写齐全，具体包括：报检单位、收发货人、货物名称及 H.S. 编码、产地、数/重量、货物的总值、包装件数及种类、运输工具名称号码、贸易方式、合同号、信用证号、用途、发货日期、输往国家（地区）、启运地、到达口岸、集装箱规格及号码、标记及号码、随附单据、需要单证名称等内容。

☞ **技能训练**

翻译下列信用证中对发票或装箱单的规定条款：

（1）Commercial invoice in 5 copies price CIF Marseilles showing FOB value, freight charges and insurance premium separately.

（2）Signed commercial invoice in 8 copies.

（3）Commercial invoice must indicate that each item is labeled 'MADE IN CHINA'.

（4）Packing list showing gross and net weight expressed in MT of each type of goods required.

（5）Packing list in triplicate issued by beneficiary indicating quantity, gross and net weight of each package or container.

三、租船、订舱和装运

出口方收到国外开来的信用证经审查无误后，应尽快办理租船或订舱、投保、报关等工作，争取早装运、早收汇。

在 CIF 或 CFR 条件下，租船订舱是卖方的责任之一。如出口货物数量较大，需要整船载运的，则要对外办理租船手续；对出口货物数量不大，不需整船装运的，则安排班轮或租订部分舱位运输。

出口商通常委托货运服务机构（如国际储运公司、国际货运代理公司）办理货物运输。办理托运业务时，出口商需制作或委托货运代理制作出口海运托运单，交由货运代理代为向承运人订舱。船运公司或其代理人在接受托运人的托运单据后，若接受该笔承运业务，将会根据出口商的要求安排舱位，落实装运时间，并发给托运人进舱通知书，通知托运人送货地点和时间，同时发给托运人一份装货单，供托运人在办理出口报关时使用。

办理托运时，需要用到的单据有：海运托运单（Booking Note for Cargo）、商业发票、装货单以及货运代理要求提供的其他单据。海运托运单是托运人根据贸易合同与信用证条款向承运人或其代理办理托运时所填制的单据，同时也是承运人或其代理签发海运提单的主要依据，因此，原则上要根据合同或信用证的规定仔细填写。

四、出口报关

出口货物在装船出运之前，需向出境口岸海关办理出口报关手续。自理报关出口企业可自行报关出口，未办理自理报关注册登记的企业需委托代理报关企业代为报关。一般贸易出口货物的通关包括了申报、查验、征税和放行四个环节。除海关特许外，出口货物的发货人或其代理应在装货的 24 小时前向海关申报，以保证海关工作的正常进行。海关在接受申报并审核报关单据的基础上，会根据需要在海关规定的时间和监管场所进行货物查验，并根据有关政策、法规对出口货物征收相关税费。完成上述操作后，海关在出口报关单和装货单上签盖放行章，发货人便可凭此安排货物装船、启运。

出口货物在报关时应填写出口货物报关单，并根据海关规定随附装货单、发票、装箱单/

重量单、出口收汇核销单等，必要时还需提供合同、信用证、产地证、出境货物通关单及其他有关证件。出口货物报关单的填制内容包括出口口岸、经营单位、抵运港（站）、合同（协议）号、贸易性质（方式）、贸易国别（地区）、消费国别（地区）、运输工具名称及号码、装货单或运单号、结汇方式、起运地点、海关统计商品编号、货名规格、标记唛头、件数及包装种类、数量/重量、随附单据等项目。

资料卡

出口关税的计算

出口货物应缴纳出口关税的，出口货物的发货人或其代理应在海关填发"税款缴纳证"次日起的 7 日内向海关缴纳税款。税款的计算应先确定完税价格，我国《海关法》规定，出口货物以海关审定的正常离岸价格（FOB 价格）扣除出口关税后为完税价格。应纳税额的计算公式为：

$$出口关税税额 = 出口货物完税价格 \times 出口关税税率$$
$$出口货物完税价格 = FOB 价格 \div （1 + 出口关税税率）$$

☞ 技能训练

某公司对香港出口磷酸氢二胺 4500 桶，每桶净重 100 千克，毛重 102 千克，每公吨售价 CFR 香港 8610 港元，申报运费为每公吨 850 元。已知税款缴纳证填发之日的外汇牌价为 1 港元 = 0.89 元，磷酸氢二胺的出口税率为 13%，则该批磷酸氢二胺的出口税额为多少？

分析：

（1）将 CFR 价格折算为人民币报价：8610×0.89×450 = 3448305（元）

（2）接毛重计算运费总额：850×102×4500÷1000 = 390150（元）

（3）求完税价格：

FOB 价格 = 3448305 - 390150 = 3058155（元）

完税价格 = 3058155 ÷ （1 + 13%）≈ 2706332（元）

（4）该批商品的出口关税为：2706332×13% ≈ 351824（元）

五、出口投保

（一）出口投保的操作要求

凡是按 CIF 价格成交的出口合同，卖方在装船前，须及时向保险公司办理投保手续，填制投保单。出口商品的投保手续，一般都是逐笔办理的，投保人在投保时，应将货物名称、投保金额、运输路线、运输工具、开航日期、投保险别等一一列明。保险公司接受投保后，即签发承保凭证给投保人，当被保险货物遭受保险凭证责任范围内的损失时，承保凭证就成为索赔的理赔的依据。

（二）承保凭证

承保凭证的类型包括保险单（Insurance Policy）、保险凭证（Insurance Certificate）、联合保险凭证（Combined Insurance Certificate）、预约保单（Open Policy/Cover Note）等，其中

以保险单或保险凭证最为常见。

（1）保险单，俗称"大保单"，是一种正规的保险合同，除载明被保险人名称、被保险货物名称、数量或重量、唛头、运输工具、保险起讫地点、承保险别、保险金额、出单日期等项目外，还会在单据背面列明保险人的责任范围以及保险人与被保险人各自的权利、义务等方面的详细条款。保险单可由被保险人背书，随物权的转移而转让，是一份独立的保险单据。

（2）保险凭证，俗称"小保单"，它没有保险单背面的保险条款，但单据的正面内容及其法律效力与保险单没有差别，是一种简化的承保凭证。

（3）联合保险凭证，是我国保险公司特别使用的一种更为简化的保险单据，由保险公司在出口商提交的发票上加注保险编号、承保险别、保险金额、装载船只、开船日期等内容，并加盖保险公司印章。

（4）预约保险单，是保险人对被保险人将要装运的属于约定范围内的一切货物自动承保，并且没有"总保险金额限制"的预约保险总合同。保险合同中一般只规定承保货物的范围、险别、费率、保险合同生效期限以及双方当事人的相关权利和义务等内容。在预约保险单下，一旦出口商装运货物，出口商或进口商立即将货物装运的详细资料（包括货物名称、总值、船名、航次、装运时间、发票和提单号码及预约保险单号码）书面通知保险公司，以此作为正式投保的依据，保险公司收到该书面通知后按预约保险单条款自动予以承保。

☞ 技能训练

翻译下列信用证中对保险单据的规定条款：

（1）Marine insurance policy or certificate in duplicate, endorsed in blank, for full invoice value plus 10 percent stating claim payable in Thailand covering FPA as per Ocean Marine Cargo Clause of the People's Insurance Company of China dated 1/1/1981, including T. P. N. D. and/or DAMAGE CAUSED BY HEAT, SHIP'S SWEAT AND ODOUR, HOOP-RUST, BREAKAGE OF PACKING.

（2）Marine insurance policy or certificate in duplicate, endorsed in blank for 110%of the invoice value. Insurance policy or certificate must expressly stipulate that claims are payable in the currency of the draft and must also indicate a claim settling agent in Korea. Insurance must include Institute Cargo Clause A and War Risk.

六、完成装船前的其他相关操作

货物在装船前，还需要根据合同或信用证的规定，完成其他的出口操作，这些操作不是每笔业务都需要完成的，但是某些合同或信用证的特殊规定所要求的，这里介绍两种情况。

（一）申领原产地证明书

原产地证明书（Certificate of Origin）是证明商品原产地，即货物的生产或制造地的一种证明文件，也是进口国对货物确定税率待遇、进行贸易统计、实行数量限制（如配额、许可证等）和控制从特定国家进口的主要依据之一。目前，我国出口业务中使用的原产地证明书根据用途和使用范围不同可分为一般原产地证书、普惠制原产地证书、区域性经济集团国家原产地证书等类型。

1. 一般原产地证书

一般原产地证书，简称产地证（即 C/O，CO）。它是证明出口货物确系中国原产的证明文件，是进口国海关据此对口商品适用何种税率的依据，由各地出入境检验检疫局或各地贸易促进委员会签发。

2. 普惠制原产地证书

普惠制原产地证书即 GSP FORM A 产地证。它是普惠制受惠国的授权机构依据给惠国指定的原产地规则，针对受惠商品所出具的证明货物原产地的证明文件。它可使产品出口至给惠国时享受减免进口关税的待遇，由各地出入境检验检疫局审核、证明以及签发。

3. 区域性经济集团国家原产地证书

这类产地证书目前主要有《中国—东盟自由贸易区》优惠原产地证明书（即 FORM E 产地证）、《亚太贸易协定》原产地证明书（即 FORM B 产地证）等，它们是协定成员国之间就特定产品享受互惠减免进口关税待遇的具有法律效力的官方凭证，由各地出入境检验检疫局审核，证明以及签发。

申领原产地证明书时，出口商一般应自行缮制"原产地证书申请书"和"原产地证明书"，同时提供商业发票及发证机构所需的其他证明文件，在货物出口装船前向指定机构办理。

☞ 技能训练

翻译下列信用证中对产地证的规定条款：

（1）Certificate of origin G. S. P. Form A one original and one copy, evidencing China as origin of goods.

（2）Certificate of origin issued by the Chamber of Commerce certifying that goods are of Chinese origin in one original and one copy. The original legalized by the A. R. E. representative in China.

（二）办理特殊发票

有的合同或信用证中规定，出口商除要提供商业发票外，还需要提供一些特殊类型的发票，以便进口商在进口通关时使用。目前在实践业务中，常见的特殊发票有以下几种：

1. 海关发票（Customs Invoice）

它是出口商应进口商要求出具的一种单据，以便进口商在进口通关时使用。海关发票的基本内容同普通的商业发票类似，格式一般由进口国海关统一制定并提供，主要是用于进口国海关统计、核实原产地、查核进口商品价格的构成等用途。

2. 领事发票（Consular Invoice）

它是由进口国驻出口国领事出具的一种特别发票，由出口商根据进口国驻出口国领事所提供的特定格式填制，并经领事签证。这种发票用于证明出口货物的详细情况，便于进口国核实进口商品是否存在低价倾销行为，同时可用作进口税计算的依据。

3. 厂商发票（Manufacturer's Invoice）

它是由出口货物的制造厂商所出具的以本国货币为计价单位，用来证明出口国国内市场出厂价格的发票。其目的是供进口国海关估价、核税以及征收反倾销税和反补贴税。厂商发票的基本内容与普通的商业发票类似，区别主要在于厂商发票的抬头为出口商、出票日期应早于商业发票日期，货币使用出口国国内货币、价格等。

七、装船后换领提单，并向进口商发装运通知

完成报关后，托运人根据货运代理通知，将加盖有海关放行章的装货单交港区理货公司，安排货物装船。货物装船后，船长或大副签发收货单，即大副收据（Mate's Receipt，M/R），作为货物已装妥的临时收据，托运人可凭此向船运公司或其代理人交付运费并换取正式海运提单。

海运提单（Bill of lading，B/L），是承运人或其代理应托运人要求所签发的货物收据（Receipt of Goods）。在托运人将货物交由承运人保管后签发，证明承运人已收到海运提单上列明的货物；它是承运人所签署的承运人与托运人之间运输契约的证明（Evidence of Shipping Contract）；此外，海运提单还代表所载货物的所有权，是一种货物所有权凭证（Document of Title），海运提单持有人可凭此提取货物，也可凭此向银行押汇，还可在载货船舶到达目的地港交货之前进行转让。

海运提单的内容可分为正面与背面两部分。背面内容是一些格式条款，内容受相关国际海运条约制约，如《汉堡规则》；正面内容由承运人或其代理根据每笔承运业务实际情况填制，主要包括托运人、收货人、被通知人、前程运输、船名及航次、装运港与卸货港、唛头与集装箱号、包装种类以及货物描述、毛重与尺码、运费支付方式、提单签发的地点和时间、正本提单签发份数等项目。

货物装船后，出口商需要尽快向进口商发送一份装运通知（Shipping Advice），将装船的情况通知进口商，以便进口商安排接货事宜。特别是在以 CFR 术语成交时，由出口商安排运输而进口商办理保险的情况下，这个操作尤为重要。装运通知的内容主要包括货物名称、数量、运输工具名称、装运港、目的港、货物总价、提单号、货物运输标志等项目。

☞ 技能训练

翻译下列信用证中对提单的规定条款：

（1）Full set of clean on board Bills of Lading consigned to order, blank endorsed, marked freight prepaid and notifying applicant.

（2）Full set of clean on board marine Bills of Lading, made out to order of BOSMAN BV, P. O. BOX54064, NL-3008 JB ROTTERDAM NETHERLANDS, marked freight prepaid and notifying applicant（as indicated above）.

（3）Full Set of not less than two copies of clean on board marine Bills of Lading marked freight collect and made out to order and endorsed to our order, showing ABC CO, as notifying party, short form Bills of Lading are not acceptable. Bills of Lading state shipment has been effected in containers and marked container numbers.

八、制单结汇

（一）出口交单的基本要求

出口货物装运之后，出口企业应按信用证的规定，缮制各种单据，并在信用证规定的有效期内，送交银行办理议付结汇手续。信用证项下出口交单的基本要求如下：

1. "单证相符，单单不冲突"

"单证相符"即所有单据的种类、份数和单据本身的项目都要与信用证保持一致。"单单不冲突"即单据与单据之间的内容不能冲突、矛盾，单单之间能够相互印证。

2. 完整

包括内容完整、份数完整、种类完整。

3. 及时

在信用证项下交单必须把握装运期、交单期和信用证有效期，及时将单据送交银行。

4. 简明

单据的文字内容应按信用证要求和国际惯例填写，力求简明。

5. 整洁

单据的缮制必须力求表面整洁，单据缮写或打印的字迹要清楚。

需要注意的是，在《UCP600》第十四条 d 款中规定："单据中的数据，在与信用证、单据本身以及国际标准银行实务参照解读时，无须与该单据本身中的数据、其他要求的单据或信用证中的数据等同一致，但不得矛盾。"例如，在《UCP600》中明确规定，单据中申请人和受益人的地址，只要所处国家不变，不需要与信用证和其他单据规定的完全一致。《UCP600》的审单标准放弃了单据之间以及单证之间完全相符的"镜像"原则，相反，强调只要单证的内容"不矛盾"或者"不冲突"，即可确定单证相符。

（二）结汇单据

信用证项下的单据主要是发票、汇票、提单、保险单、装箱单、商品检验证书、产地证明书等。开证行只有在审核单据与信用证规定完全相符时，才承担付款的责任。因此，各种单据的缮制是否正确、完备，与安全、迅速地收汇有着直接的关系。信用证要求的单据（Documents Required）种类很多，通常根据这些单据的作用和性质的不同，可以分为主要单据和辅助单据两种。主要单据包括汇票、商业发票、提单、保险单等；辅助单据包括商检证书、出口许可证、产地证、装箱单和重量单等。按单据签发人的不同，可以分为出口商签发的单据如汇票、发票、装箱单、重量单等；有关机构或团体签发的单据如提单、保险单、商检证书、出口许可证等。

1. 汇票

必须列明出票条件（Drawn Clauses），在信用证结算方式下，需说明是根据哪家银行在何日开立的哪一份信用证出具的；应按信用证的规定填写付款人，《UCP600》规定信用证项下的汇票不能开成以申请人为付款人；议付汇票的受款人通常应为议付行。汇票一般开具一式两份，两份具有同等效力，任何一份付讫，另一份自动失效。信用证汇票基本上是跟单汇票，信用证对随付的单据会提出具体要求。

☞ **技能训练**

翻译下列信用证中对汇票的规定条款：

（1）Drafts in duplicate at sight bearing the clauses "Drawn under…L/C No. …dated…"

（2）Drafts to be accompanied by the documents marked…below.

（3）Accompanied by the following documents marked…in duplicate.

2. 提单

提单是代表货物所有权的凭证，因而也是卖方提供的各项单据中最重要的一种。提单的各项内容如提单的种类、收货人、货物的名称和件数、目的港、有关运费的记载、提单的份数等一定要与信用证相符。

信用证通常要求提供"全套清洁已装船做成凭指示和空白背书的提单"。对此要求应注意：

（1）全套。是指由承运人签发的正本提单份数，包括仅有一份的正本提单，通常是一式两份或三份。

（2）清洁。提单上不能有"货物受损""包装不良"等批注。

（3）已装船。提单上应注明船名和装船日期，并有承运人或船长签名。

（4）凭指示。是指提单上的收货人一栏中填有"凭指示""凭××指示"字样。

（5）空白背书。是指背书人（出口商）仅在提单背面签字，并不注明被背书人。

☞ **技能训练**

翻译下列信用证中对提单的规定条款：

（1）Full set（shipping company）clean on board bill of lading marked "Freight Prepaid" to order of shipper endorsed to…Bank，notifying buyers.

（2）Bills of lading must be dated not before the date of this credit and not later than Aug. 15, 2017.

3. 保险单和保险凭证

保险单（大保单）一般要求被保险人的名称、被保险货物的名称、数量或重量、唛头、运输工具的种类和名称、承保险别、起讫地点、保险期限和保险金额与信用证条款一致。

保险凭证（小保单）与保险单有同等的效力。但如果信用证要求提"Insurance Policy"，则出口商不能使用保险凭证。我国保险公司大都签发大保单。

在信用证没有特别规定的前提下，信用证受益人为被保险人，并加空白背书以转让保险权益。

☞ **技能训练**

翻译下列信用证中对保险单的规定条款：

Insurance Policy/Certificate in 2 fold issued for 110% of the invoice value，covering Institute

Cargo Clause A and War Clause，stating claims payable in Holland by claims paying agent.

4. 商业发票

简称发票，它是出口企业开立的凭此向买方收款的发货价目清单，是供买卖双方凭此发货、收货、记账、收付货款和报关纳税的依据。发票并无统一格式，但其内容大致相同。主要包括：发票编号、开立日期、有关出口合同号码、信用证号码、收货人名称地址、运输标志以及商品的名称、规格、数量、包装方法、单价、总值和装运地、目的地等。发票内容必须符合买卖合同规定，在采用信用证结算方式时，则应与信用证的规定相符，特别是发票上的货物描述要严格依据信用证，决不能有丝毫差异。在《UCP600》中非常明确地指出，除发票以外的其他单据包括提单中的货物描述可以不照搬发票上的文字，只要和信用证的描述不矛盾即可，但发票的描述要与信用证中的描述一致。商业发票可以只标明出单人名称而不加签署。

☞ 技能训练

翻译下列信用证中对发票的规定条款：

（1）Signed commercial invoice.

（2）4% discount should be deducted from total amount of the commercial invoice.

5. 装箱单和重量单

装箱单（Packing List）也叫包装单，它和重量单（Weight Memo）是商业发票的补充单据。装箱单主要用于工业品，对每件包装内的货物名称、规格、花色等逐一进行详细说明，以便进口地的海关检验和进口商核对。重量单多用于以重量计价的初级产品，载明每件商品的重量，有的还分别列明每件商品毛重、净重，其作用与装箱单相同。

☞ 技能训练

翻译下列信用证中对装箱单的规定条款：

Packing list detailing the complete inner packing specification and contents of each package.

6. 检验证书

我国的检验证书一般由中国出入境检验检疫局出具，如信用证无特别规定，也可区分不同情况，由进出口公司或生产企业出具，但证书的名称及所列项目或检验结果，应与信用证规定相同。要注意的是检验证书的有效期，一般货物为 60 天；新鲜果蔬类为 2~3 个星期。出口货物务必在有效期内出运，如超过期限，应重新报验。

☞ 技能训练

翻译下列信用证中对检验证书的规定条款：

Certificate of inspection certifying quality & quantity in triplicate issued by⋯

7. 产地证明书

普通产地证用以证明货物的生产国别，进口国海关凭以核定应征收的税率。在我国，普通产地证可由出口商自行签发，或由进出口商品检验局签发，或由中国国际贸易促进委员会签发。在实际业务中，应根据买卖合同或信用证的规定，提交相应的产地证。

除上述单证外，根据不同交易情况，信用证可能规定其他单据，常见的有寄单证明（Beneficiary Certificate for Dispatch of Documents）、寄样证明（Beneficiary Certificate of Dispatch of Shipment Sample）、邮局收据（Post Receipt）、快速收据（Courier Receipt）、装运通知（Shipping Advice）以及有关运输和费用方面的证明。

（三）我国常见的三种结汇方式

结汇是指出口商将所收取的外汇按照银行牌价卖给国家外汇银行。在信用证结算方式下，我国银行提供以下三种结汇方式。

1. 收妥结汇

收妥结汇又称收妥付款，是指信用证议付行收列出口企业的出口单据后，经审查无误，将单据寄交国外开证行和指定的付款行索取货款的结汇方式。在这种方式下，议付行都是在收到付款行的货款后，即从国外付款行收到该行账户贷记通知书（Credit Note），才按当日外汇牌价，按照出口企业的指示，将货款折算成人民币拨入出口企业的账户。

2. 押汇

押汇又称买单结汇，即指议付行在审单无误的情况下，按信用证条款贴现受益人的汇票或者以一定的折扣买入信用证下的货运单据，从票面金额中扣除从议付日到估计收到票款之日的利息，将余款按议付日外汇牌价折成人民币，拨给出口企业。议付行向受益人垫付资金、买人跟单汇票后，即成为汇票持有人，可凭票向付款行索取票款。银行之所以做出口押汇，是为了给出口企业提供资金融通的便利，这有利于加速出口企业的资金周转。

3. 定期结汇

这是指议付行根据向国外付款行索偿所需时间，预先确定一个固定的结汇期限，并与出口企业约定，该期限到期后，无论是否已经收到国外付款行的货款，都将主动将票款金额折成人民币拨交出口企业。

任务二 进口合同的履行

※任务目标

通过学习，了解履行进口合同的基本流程，会制作进口交易各环节涉及单据。

※任务详解

国际货物买卖合同中，买方的基本义务是接货、付款。目前我国进口合同大多数以 FOB

条件成交和以信用证方式结算货款。履行这类进口合同的一般程序是：开立信用证，租船订舱、装运、办理保险，审单付款；接货、报关、检验、拨交等。进口商应与各有关部门密切配合，逐项完成。进口合同的履行程序如图4-2所示。

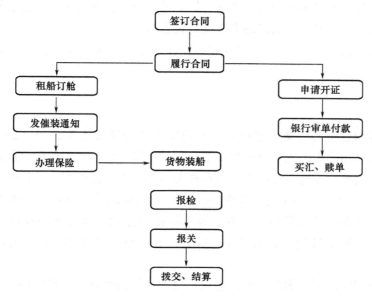

图4-2 进口合同的履行程序

一、申请开立信用证

在采用信用证支付方式的进口业务中，履行合同的第一个环节就是进口商向银行申请开立信用证。进口商按照合同规定填写开立信用证申请书向银行办理开证手续，该开证申请书是开证银行开立信用证的依据。进口商填写好开证申请书，连同进口合同一并交给银行，信用证的内容应与合同条款一致，特别是品质规格、数量、价格、交货期、装货期、装运条件及装运单据等，应以合同为依据，并在开证申请书中一一作出规定。同时，开证申请人还应按规定向开证银行支付开证手续费。

一般情况下，若在合同中买卖双方已约定买方的开证时间，进口方应按合同规定时间申请开证；如合同规定在卖方发出备货通知后开证，进口方应在接到卖方上述通知后开证；如合同规定在卖方领到出口许可证或支付履约保证金后开证，应在收到对方已领到许可证的通知，或银行通知保证金已照收后开证。

对方收到信用证后，如提出修改信用证的请求，经进口方同意后，如同意修改，即可向银行办理改证手续，最常见的修改内容有展延装运期、变更信用证有效期、变更装运港口等。

二、租船订舱和催装

FOB价格条件下的进口合同，租船订舱应由我方负责。我国外贸公司大都通过外运代理机构办理此项业务，也可直接向中国远洋运输公司等实际承运人洽办。

在安排接货过程中，应注意船货衔接。如果由出口商在交货前的一定时内，将预期货物备妥待装的日期通知我方，我方在接到上述通知后，应及时向外运公司办理租船或订舱手续。在办妥租船或订舱手续后，应按规定的期限通知出口商船名和船期，以使出口商备货装船。同时，还应随时了解和掌握出口商的备货和装船前的准备等情况，必要时催促出口商按时装运。对成交数量大或重要的进口货物，如有可能应请我驻外机构就地了解和催促卖方履约。在特殊情况下，可派人到出口地点检验监督装运。

货物在国外装船后，出口商应按合同规定的内容，用电报通知我方以便我方办理保险和接货等项手续。

三、投保

我国外贸货物运输大都是由进口公司委托中国对外贸易运输公司（简称"中外运"）办理，并由外运公司同中国人民保险公司签订预约保险合同。预约保险合同已对进口货物的投保险别、保险费率、赔付方法和承保货物的范围都做了具体的规定。按照预约保险合同的规定，所有按 FOB 及 CFR 条件进口货物的保险，都由中国人民保险公司承保。因此，每批进口货物，在收到国外装船通知后，应立即填制预约保险启运通知书或将装船通知（内容为船名、提单号、开船日期、商品名称、数量、装运港、目的港等项）通知保险公司，即可办妥保险手续。

未与保险公司签订预约保险合同的企业，对进口货物需逐笔办理保险。进口企业在收到国外卖方的装船通知后，应立即填制投保单，保险公司接受承保后将签发一份保险单作为双方之间保险合同的证明文件。

四、审单和付汇

国内开证行（或付款行/保兑行）收到国外寄来的汇票及单据后，对照信用证的规定，校对单据的份数和内容。审单后认为交单相符，即应予以即期付款或承兑或于信用证规定的到期日付款，开证行付款后无追索权。开证行向外付款的同时，即通知进口企业付款赎单。进口企业付款赎单前，同样需审核单据，若发现单证不一致，有权拒绝赎单；审单后认为交单相符，进口公司用人民币按照国家规定的牌价到银行买汇赎单。如果是代理进口的货物，进出口公司再凭银行出具的"付款通知书"向国内用户进行结算。

资料卡

进口审单中发现不符点的处理方法

如开证行经审单后发现单证不符或单单不符，应于收到单据次日起七个银行工作日内，以电信方式通知寄单银行，说明单据的所有不符点，并说明是否保留单据以待交单人处理或退还交单人。

在实际业务中，银行对不符点单据的处理方法有：

（1）征求开证申请人的意见，以确定拒绝或仍可接受。作为开证申请人的进口方对此应持慎重态度，因为银行一经付款，即无追索权。

（2）由国外银行通知卖方更正单据。

（3）由国外银行书面担保后付款。

（4）拒付。

五、接货、报验、报关

（一）接货

进口货物载货船只抵港后，船方按提单上的地址，将"准备卸货通知"（Notice of Readiness to Discharge）寄交收货人或收货人指定的接货代理（接货代理是指我国进口贸易中，大多数情况下进口方委托货运代理公司作为收货人的代表，如有接货代理时需要在合同或信用证中明示接货代理的名称、联络方式）。收货人或接货代理应负责现场监卸。监卸时如发现货损货差，应会同船方和港务当局，填制"短卸报告"，交由船方签认，并根据短缺情况向船方提出保留索赔权的书面声明。卸货时如发现残损，货物应存放于海关指定仓库，待保险公司会同商检局检验后再作处理。

（二）报验、报关

进口货物到货后，进口企业可自行报关，也可委托货运代理公司或报关行根据进口单据填写"进口货物报关单"向海关申报，并随附发票、提单及保险单。如属法定检验的进口商品，还需随附商品检验证书。货、证、单经海关查验无误后才能放行。

海关接受申报后，对进口货物实施查验，校对实际进口货物是否与报关单所列相一致。查验一般在海关监管区域内的仓库、场所进行；对散装货物、大宗货物和危险品等，结合卸货环节，可在船边等现场查验；对于在海关规定地点查验有困难的。经报关人申请，海关可派员到监管区域以外的地点查验放行。

《联合国国际货物销售合同公约》规定，卖方交货后，在买方有一个合理的机会对货物加以检验以前，不能认为买方已接受了货物。如果买方经检验，发现卖方所交货物与合同规定不符，买方有权要求损害赔偿直至拒收货物。因此，买方收到货物后，应在合同规定的索赔期限内对货物进行检验。

进口货物经检验检疫局进行检验后如有残损短缺，凭检验检疫局出具的证书对外索赔。

进口货物接受查验，交纳关税后，由海关在货运单据上签章放行，即为结关。收货人或其代理可持海关签章的货运单据提取货物。

我国贸易实际中，通常是由进出口公司委托中国对外贸易运输公司提取货物并拨交给国内用户部门，外运公司以"进口物资代运发货通知书"通知用户部门在目的地办理收货手续。同时通知进出口公司代运手续已办理完毕。如用户部门不在港口，所有关税及运往内地的费用由外运公司向进出口公司结算后。由进出口公司再向用户部门结算货款。

任务三　进出口索赔与理赔

※任务目标

通过学习，知道索赔的原因，了解理赔时应注意的问题。

※任务详解

在国际货物贸易中，往往因为货物出现问题，特别是由于卖方交货与合同规定不符而引起买方索赔的情况居多，索赔和理赔是一个问题的两个方面，所以本节将进口索赔和出口理赔作为重点。

一、进口索赔

（一）索赔对象

在国际贸易中，进口商品的索赔对象主要有卖方、承运人、保险人以及其他可能的人。他们根据各自的责任范围，承担相应经济责任。

1. 卖方

进口商可以向卖方索赔的情况主要包括：

（1）疏忽或故意少装，致使交付的货物数量或重量短少。

（2）无法按照合同约定交货，卖方实际交货的质量低于合同约定。

（3）包装不良造成的货物短失或损坏。

（4）延迟交货，造成收货人经济损失。

（5）因合同签订后市场价格上涨或资金困难等因素，故意违约，不按期装运货物。

（6）错发货物，给收货人造成丧失市场机会和经济上的损失；增加仓储运输费用或其他损害。

2. 承运人

进口商向承运人索赔主要有以下一些情况：

（1）短卸。在卸船交货时，由于船方工作失误造成其数量或重量少于提单所列。

（2）误卸。误将应卸 A 港的货物卸在 B 港。

（3）短失。指发货人确实已经将货物按照发票、装箱单所列交付给运输部门，但由于运输途中货物被盗等造成短失。

（4）破损。运输中人为因素造成的货物破损。

3. 保险人

进口商向保险人索赔主要是因为：

（1）由于不可抗力的原因，造成货物损毁，被保险人可以向投保的保险公司索赔，保险公司按承保责任条款赔付。

（2）收货人遭受意外损失，无适当责任人（包括发货人或承运人）及/或责任人拒赔或赔付不足时，保险公司根据承保责任条款赔付。

向其他人索赔可能是以下这些情况：因银行工作人员未按信用证条件议付货款，或因误寄、错开、遗失单证等原因而导致进口商利益受到损害，由银行承担责任；此外还有可能是装卸、搬运、港口等部门承担责任。

（二）索赔的证明文件

在办理索赔时提供证明文件是重要的条件，进口索赔所要求的证明文件包括：检验机构签发的证明货物实际状态的检验鉴定证书，索赔账单或索赔要求函件，提单，正式商业发票，装箱单或重量单，理货报告，事故证明文件，陆、海、空难证明书，承运人签发的事故证明书，保险单以及其他有关的证明文件。具体提供哪些证明文件需要根据索赔对象而定。

（三）索赔的有效期限

索赔时限的长短，根据商品的性质、数量及金额大小、运输条件、港口情况等多方面的因素，由买卖双方在合同中约定。如果预计商检工作需要更长的时间，可向对方要求延长索赔期限。

有些货物买卖合同有"品质保证期"即卖方对买方做出质量承诺的有效时限，买方若在质量保证期内发现货物的内在质量问题。可根据合同约定，向卖方提出索赔要求。国际贸易中的货物品质保证期限一般为两年，合同中另有约定的除外。

需要注意，关于索赔金额，除受损商品的价值外，有关的费用也可包括在内，如商品检验费、装卸费、银行手续费、仓租、利息等，都可包括在索赔金额内，至于具体哪几项，应根据具体情况确定。

目前，我国对外贸易中的进口索赔工作，属于船方和保险公司责任的由外运公司代办；属于卖方责任的由进口公司直接办理。为了做好索赔工作，要求进出口公司、外运公司、订货部门、商检局等各有关单位密切协作，要做到检验结果正确、证据属实、理由充分、赔偿责任明确，并要及时向有关方面提出，力争使货物所受到的损失得到如数补偿。

资料卡

出口方向进口方提出的索赔

出口方向进口方索赔主要是因为：

（1）签订合同之后，由于货物市场价格下跌等因素，买方不想接货，故意不开或迟开信用证，或在信用证中提出过高的要求，使卖方难以履约造成经济损失。

（2）在 FOB 价格条件下，买方因故延迟租船，致使卖方不能按时发货而造成经济损失，卖方有权向买方索赔。

此外，出口方也可以向有关责任方如保险公司、承运人或其他责任人索赔。

二、出口理赔

在国际贸易中，如果进口方提出索赔，出口方应该如何理赔呢？

首先，要认真细致地审核索赔方提出的单证和出证机构的合法性。对其检验的标准和方法也都要一一校对，以防索赔一方串通检验机构弄虚作假或检验机构的检验有误。

其次，要认真做好调查，对造成货物损失的原因进行仔细研究，在弄清事实的基础上分清责任。在调查中要会同生产部门和运输部门对商品品质、包装、储存、装卸、运输等方面进行周密的核实取证，查清货物发生损失的环节、原因，并确定责任属于何方。如果属于船运公司或保险公司的责任范围，由船运公司或保险公司处理；如确实属于卖方的责任，就应实事求是地予以赔偿。对索赔方提出的无理、过分的要求，必须根据可靠的资料，予以回拒。

最后，要合理确定损失程度、金额和赔付方法，向索赔方提出理赔方案，最好能够通过友好协商解决，达成赔偿的协议，自行消除纠纷，以利于进一步合作；如果不能友好协商，只能通过合同中约定的仲裁方式仲裁解决。从我国的贸易实践看，借助我国仲裁庭的调解程序，可以争取采用协商的方式来解决争议，大部分贸易纠纷案件经仲裁员调解后，都能撤销仲裁申请，较好地处理索赔问题。当以上方式都不能使双方达成一致意见时，就要进入仲裁程序，由仲裁庭以第三者的身份，对有关的争议在事实上作出判断，在权利、义务上做出裁决。但如果买卖双方争议激烈，在合同中没有约定将争议提交仲裁庭解决，也可以采用向法院提起诉讼的方式来解决索赔问题，但这种方式耗时长、费用高，还影响当事人之间的关系和日后的贸易交往，故应慎用。

项目小结

本章主要介绍了进出口合同的履行。在履行 CIF 或 CFR 出口合同时，必须切实做好备货、催证、审证、租船订舱、报验、报关、投保、装船和制单结汇等环节的工作。在这些环节中，以货、证、船、款四个环节的工作最为重要。在履行 FOB 进口合同时，必须切实做好开立信用证、租船订舱、装运、办理保险、审单付款、接货报关、检验等环节的工作。进出口合同的履行是进行对外贸易时至关重要的环节之一，对外出口业务中的单证在实际工作中要特别注意。

项目评价

（一）知识应用

（1）CIF 条件、信用证支付方式的出口合同在履行时要经过哪些环节？

（2）信用证一般审查哪些内容？

（3）修改信用证应该注意什么问题？

（4）当前我国出口结汇有哪几种方式？

（5）卖方在处理索赔时，应注意哪些问题？

（6）采用 FOB 条件、信用证支付方式的进口合同履行一般包括哪些环节？

（7）申请开立信用证时，应注意哪些问题？

（8）进口索赔的对象有哪些？应如何根据损失的原因区别索赔对象？

（二）规则练习

根据业务操作习惯及《UCP600》规定审核下列国外来证，并根据下列国外来证及有关信息制单。AWC-23-522 号合同项下商品的有关信息如下：该批商品用纸箱包装，每箱装 10 盒，每箱净重为 75 千克，毛重为 80 千克，纸箱尺寸为 113 厘米×56 厘米×30 厘米，商品编码为 6802. 2110，货物由"胜利"（V645）轮装运，2017 年 8 月 28 日装船完毕。

FROM：HONGKONG AND SHANGHAI BANKING CORP. ，HONGKONG

TO：BANK OF CHINA, GUANGDONG BRANCH, GUANGZHOU CHINA

TEST：12345 DD. 090705 BETWEEN YOUR HEAD OFFICE AND US. PLEASE CONTACT YOUR NO. FOR VERIFICATION.

WE HEREBY ISSUED AN IRREVOCABLE LETTER OF CREDIT

NO. HKH123123 FOR USD9 560. 00, DATED 090705.

L/C EXPIRATION: 15 SEP. 2017 1N CHINA

APPLICANT: RICH AND POWER INDUSTRIAL CO. , LTD.

342—3 FLYING BUILDING KINGDOM STREET HONGKONG

BENEFICIARY: GUANGZHOU TAIXIANG IMP AND EXP CO. , LTD.

13/F RONG HUA BUILDING NO. 88ZHONGSHAN ROAD, GUANGZHOU, CHINA

THIS L/C IS AVAILABLE WITH BENEFICIARY'S DRAFT AT 30 DAYS AFTER SIGHT DRAWN ON US ACCOMPANIED BY THE FOLLOWING DOCUMENTS:

1. SIGNED COMMERCIAL INVOICE IN TRIPLICATE.

2. PACKING LIST IN TRIPLICATE INDICATING ALL PACKAGE MUST BE PACKED IN CARTON/NEW IRON DRUM SUITABLE FOR LONG DISTANCE OCEAN TRANSPORTATION.

3. CERTIFICATE OF CHINESE ORIGIN IN DUPLICATE.

4. FULL SET OF CLEAN ON BOARD OCEAN MARINE BILL OF LADING MADE OUT TO ORDER AND BLANK ENDORSED MARKED "FREIGHT PREPAID" AND NOTIFY APPLI-CANT.

5. INSURANCE POLICY OR CERTIFICATE IN DUPLICATE ENDORSED IN BLANK FOR THE VALUE OF 110 PERCENT OF THE INVOICE COVERING FPA/WA/ALL RISKS AND WAR RISK AS PER CIC DATED 1/1/81.

6. SHIPPING ADVICE.

7. BENEFICIARY'S CERTIFICATE IN TWO COPIES STATING THAT THREE SETS OF EACH NONNEGOTIABLE B/L HAVE BEEN AIRMAILED DIRECT TO THE BUYER IMMEDI-ATELY AFTER SHIPMENT.

SHIPMENT FROM: GUANGZHOU, CHINA.

SHIPMENT TO: HONGKONG.

LATEST SHIPMENT 31 AUGUST 2009.

PARTIAL SHIPMENT IS ALLOWED, TRANSSHIPMENT IS NOT ALLOWED.

COVERING SHIPMEN OF:

COMMODITY AND SPECIFICATIONS	QUANTITY	UNIT PRICE	AMOUNT
			CIF HONGKONG
1625/3D GLASS MARBLE	4 000BOXES	USD2. 39/BOX	USD9 560. 00

SHIPPING MARK: R&P

P. 7

HONGKONG

NO. 1—400

ADDITIONAL CONDITITIONS:

5 PERCENT MORE OR LESS BOTH IN QUANTITY AND AMOUNT IS ALLOWED.

ALL BANKING CHARGES OUTSIDE ISSUING BANK ARE FOR ACCOUNT OF BENEFICIA-RY.

DOCUMENTS TOBE PRESENTED WITHIN 15 DAYS AFTER THE DATE OF ISSUANCE OF THE SHIPPING DOCUMENT BUT WITHIN THE VALIDITY OF THE CREDIT.

INSTRUCTIONS.

NEGOTIATING BANK IS TO SEND DOCUMENTS TO NUS IN ONE LOT BY DHL.

UPON RECEIPT OF THE DOCUUMENTS IN ORDER WE WILL COVER YOU AS PER YOUR INSTRUCTIONS.

THIS L/C IS SUBJECT TO UNIFORM CUSTOMS AND PRACTICE FOR DOCUUMENTARY CREDITS (2007 REVISION) INTERNATIONAL CHAMBER OF COMMERCE PUBLICATION NO. 600.

PLEASE ADVISE THIS L/C TO THE BENEFICIARY WITHOUT ADDING YOUR CONFIR-MATION.

THIS TELEX IS THE OPERATIVE INSTRUMENT AND NO MALL CONFIRMATION WILL BE FOLLOWED.

（三）案例分析

案例 1： 某出口商通过中国银行××分行收到新加坡某银行电开信用证一份，金额为 100 万美元，购花岗岩石块。目的港为巴基斯坦卡拉奇，证中有下述条款：

（1）检验证书于货物装运前开立并由开证申请人授权的签字人签字，该签字必须由开证行检验。

（2）货物只能待开证申请人指定船只并由开证行给通知行加押电通知后装运，而该加押电必须随同正本单据提交议付。

请问：该信用证可不可以接受？

案例 2： 江苏某外贸公司曾收到一份由香港某客商面交的信开信用证，金额为 127318 万美元。当地中行审核后，发现该证金额、装交期及受益人名称均有明显涂改痕迹，于是提醒受益人注意，并立即向开证行查询，最后查明此证是经客商涂改后交给外贸公司的，企图以此要求我方银行向其开出 630 万美元的信用证，以便在国外招摇撞骗。事实上，这是一份早已过期失效的旧信用证，幸亏我方银行警惕性高，才及时制止了这起巨额信用证诈骗案。

请你谈谈对这个案例的感受，并回答如何在对外贸易中最大限度地杜绝这种事情的发生。

案例 3： 某货代公司接受货主委托，安排一批茶叶海运出口。货代公司在提取了船公司提供的集装箱并装箱后，将整箱货交给船公司。同时，货主自行办理了货物运输保险。收货人在目的港拆箱提货时发现集装箱内异味浓重，经查明，该集装箱前一航次所载货物为精萘，致使茶叶受精萘污染。

请问：（1）收货人可以向谁提出索赔？为什么？

（2）最终应由谁对茶叶受污染事故承担赔偿责任？

（四）技能实训

请写出进口交易的合同履行全过程，贸易条件为 FOB 条件和即期信用证付款。

（五）仿真情景接力训练

交易到了最后也是最关键的时刻了，开始制单结汇。请：

（1）先将信用证中的单据条款翻译成中文，解释其含义与具体的要求。

（2）请对照着信用证缮制所有单据。

（3）了解中国银行议付货款的方式，并办理交单议付。

参考文献

[1]吴百福，徐小薇，聂清，等.进出口贸易实务教程[M].7版.上海：格致出版社；上海人民出版社，2015.

[2]安徽.国际贸易实务教程[M].3版.北京：北京大学出版社，2011.

[3]李湘滇，刘亚玲.国际贸易实务[M].北京：北京大学出版社，2011.

[4]谭安萍，蔡晟.国际贸易实务[M].合肥：中国科学技术大学出版社，2012.

[5]黎孝先，王健.国际贸易实务[M].6版.北京：对外经济贸易大学出版社，2008.

[6]夏合群.国际贸易实务模拟操作教程[M].3版.北京：对外经济贸易大学出版社，2015.

[7]徐盛华，明贵.进出口贸易实务操作指南[M].2版.北京：清华大学出版社，2012.

[8]李平.国际贸易规则与进出口业务操作实务[M].2版.北京：北京大学出版社，2011.

[9]王雨连.国际贸易操作实务[M].北京：北京邮电大学出版社，2015.

[10]崔亚娜.国际贸易实务（原理技能规则）[M].上海：上海社会科学院出版社，2014.

[11]袁建新.国际贸易实务[M].4版.上海：复旦大学出版社，2015.